庆祝中国共产党
成立
100周年

光荣之城

上海红色纪念地 100

中共上海市委党史研究室 编

马 婉 张 鼎 著

上海人民出版社 学林出版社

编|委|会

前　言

习近平总书记 2019 年考察上海时强调："上海是我们党的诞生地，党成立后党中央机关长期驻扎上海。上海要把这些丰富的红色资源作为主题教育的生动教材"。上海，一座光荣之城。百年来，党领导中国人民进行革命、建设和改革开放筚路蓝缕的奋斗历程，在上海留下珍贵的红色印迹，已融入上海城市血脉，铸造了上海城市精神的红色之魂。这些星罗棋布、熠熠生辉的红色印迹，生动诠释了中国共产党在内忧外患中诞生、在磨难挫折中成长、在攻坚克难中壮大，与人民同呼吸、共命运、心连心的光荣历史，也是对上海这座光荣之城的伟大注解。百川终究入海，星火注定燎原。

为了回望党在上海的奋斗足迹，感悟上海厚重的红色文化底蕴，中共上海市委党史研究室基于已完成的上海市革命遗址普查复核成果，编写出版《光荣之城：上海红色纪念地 100》一书。本书以中国共产党在上海活动的革命遗址遗迹为聚焦点，精心撷选出具有代表性的一百处红色纪念地，分日出东方、领导中枢、先驱足迹、红色文化、浦江堡垒、英烈丰碑、峥嵘岁月等七大版块，通过图文并茂的方式作系统性、具象化介绍，对纪念地背后隐藏的历史故事进行深度挖掘，力求生动地描绘出从党的创建到新中国成立这一时间跨度里，党在上海领导人民从黑暗走向光明的奋斗场景。

2021 年 2 月，习近平总书记在党史学习教育动员大会上指出："回望过往的奋斗路，眺望前方的奋进路，必须把党的历史学习好、总结好，把党的成功经验传承好、发扬好。"历史是最好的教科书，是最好的营养剂。我们真情期盼，这部建党百年的献礼之作，可以让广大读者身临其境般感知那段风云激荡的热血岁月，深情缅怀党开天辟地奋勇前进的峥嵘历史，发扬红色传统，传承红色基因，赓续共产党人精神血脉，以大无畏奋斗精神，迈进新征程、奋进新时代、续写新辉煌。

1

第一章
日出东方

作始也简，将毕也巨   025
中国共产党第一次全国代表大会会址

7　中国共产党第一次全国代表
　　大会会址

8　中国共产党第一次全国代表
　　大会代表宿舍旧址

"天下工人是一家"   034
中国劳动组合书记部旧址

9　中国劳动组合书记部旧址

10　沪西工人半日学校遗址

11　上海机器工会临时会所
　　遗址

革命征途中的"指路明灯"   042
中国共产党第二次全国代表大会旧址

12　中国共产党第二次全国代
　　表大会旧址

从小团体到群众性大党   048
中国共产党第四次全国代表大会遗址

13　中国共产党第四次全国代
　　表大会遗址

2 第二章
领导中枢

3 第三章
先驱足迹

4 第四章
红色文化

5 第五章
浦江堡垒

6 第六章
英烈丰碑

7 第七章
峥嵘岁月

第一章

日出东方

中国共产党开『史』的地方

中国共产党发起组成立地（《新青年》编辑部）旧址

　　位于黄浦区南昌路100弄（原环龙路老渔阳里）2号，是一幢坐北朝南的两楼两底砖木结构石库门旧式里弄住宅建筑。1920年初，陈独秀到上海后曾寓居于此，《新青年》编辑部也设在这里。6月，中国共产党发起组在此成立。8月，定名为共产党。1921年7月，中共一大召开后，这里成为最早的中共中央局机关所在地。旧址现为上海市文物保护单位。

扫一扫
微听上海

中国共产党发起组成立地（《新青年》编辑部）旧址今景

"共产党"的定名

　　中国在巴黎和会上的外交失败后，1919年5月4日，北京爆发了一场中国人民反对帝国主义、封建主义的五四爱国运动。6月5日，上海工人开始大规模罢工。6月6日，上海各界联合会成立，反对开课、开市，并且联合其他地区，告知上海罢工主张。此后，全国22个省150多个城市都开始有不同程度的罢课、罢工、罢市等爱国行动。在全国人民的一致压力下，北洋政府被迫释放全部被捕学生，撤销曹汝霖、章宗祥、陆宗舆三人的职务，并拒绝在巴黎和会对德和约上签字，五四爱国运动取得伟大胜利。

　　作为五四运动的领导人，陈独秀和李大钊通过中国工人运动的实践和对俄国十月革命经验的学

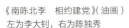

《南陈北李　相约建党》(油画）
左为李大钊，右为陈独秀

习，逐步认识到，要用马克思主义改造中国，必须建立俄国那样的无产阶级政党。就在陈独秀从北京秘密来上海的途中，李大钊与陈独秀两人商讨了在中国建立共产党组织的问题。

陈独秀到上海后，马上深入工人中宣传马克思主义。1920 年 5 月 1 日，在陈独秀指导下，上海各工界团体组织各业工人集会庆祝五一国际劳动节。当日，陈独秀、陈望道等人在上海澄衷中学发起纪念五一国际劳动节活动。初具共产主义思想的知识分子在五一节纪念活动中，迈出走向工人运动的第一步。

与此同时，1920 年 4 月，经共产国际批准，俄共（布）远东局海参崴分局外国处派出全权代表维经斯基等来到了上海，很快与陈独秀等建立联系。维经斯基介绍了俄国的情况及苏俄的对华政策，介绍了共产国际和国际共产主义运动的状况和经验，在了解到五四运动后中国工人阶级和马克思主义在中国传播的情况后，认为中国已经具备建立共产党的条件。在维经斯基等人的帮助下，陈独秀等人加快了建党工作的步伐。

中国共产党发起组成立地
（《新青年》编辑部）旧址旧景

1920 年 6 月，陈独秀同李汉俊、俞秀松、施存统、陈公培 5 人在老渔阳里 2 号开会商议，决定成立共产党组织。这次会议明确建立的是共产主义的政党，初步定名为社会共产党。会上以马克思主义为指导，起草了具有党纲、党章性质的若干条文。8 月，陈独秀致信李大钊征求对于党的名称的意见，李大钊主张定名为"共产党"。陈独秀接到回信后，表示非常赞同。在上海成立的共产党早期组织，实际上是中国共产党的发起组织，是各地共产主义者进行建党活动的联络中心。

中国共产党发起组成立后，积极推动各地共产党早期组织的建立。1920年秋至1921年春，北京、武汉、长沙、广州、济南等地的先进分子以及旅日、旅法留学生和华侨中的先进分子相继建立了共产党早期组织。中国共产党从此开"史"了！

陈独秀

暗夜里的火种

各地的共产党早期组织建立后，加强对马克思主义的学习、研究和宣传，批判各种非马克思主义思潮，逐步扩大马克思主义的阵地，犹如在黑暗的旧中国点亮星星之火。

1920年9月，陈独秀等人将《新青年》从八卷一号开始改为发起组的机关刊物。陈独秀还在此发表长篇论文《谈政治》，明确宣布："我承认用革命

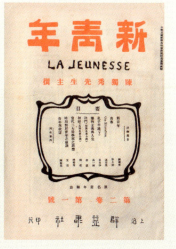

左：《新青年》第八卷第一号封面

右：1915年9月，陈独秀在上海创办《青年杂志》，从第二卷起改名为《新青年》。图为《新青年》第二卷第一号封面

的手段建设劳动阶级（即生产阶级）的国家，创造那禁止对内对外一切掠夺的政治法律，为现代社会第一需要。"并且对刊物进行了大胆的改组和革新，开辟了"俄罗斯研究"专栏，登载介绍苏俄革命和宣传马克思主义的文章以及列宁著作、列宁传略等。《新青年》的革新增强了中国早期一大批共产主义知识分子对走俄国十月革命道路的信心。

在把《新青年》作为公开机关刊物的同时，为了更直接、鲜明地宣传马克思主义，开展共产主义教育，推动共产党组织的扩大和发展，1920 年 11 月 7 日，发起组又创办了《共产党》月刊。这是第一份中国共产党早期组织面向早期党员进行理论教育的党刊。该刊的编辑部亦设在老渔阳里 2 号。1921 年 2 月，编辑部遭法租界巡捕房搜查时，李达曾一度转移编刊地点，把其住所南成都路辅德里 625 号当作编辑部。《共产党》月刊用大量的篇幅宣传马克思主义的建党学说，宣传俄国共产党的经验和列宁的学说，介绍共产国际和国际共产主义运动的情况。该刊出版后，被各地的共产党早期组织列为必读材料之一，在革命知识分子中广泛流传。1921 年 1 月，毛泽东在给蔡和森的信中，曾赞扬《共产党》月刊"颇不愧'旗帜鲜明'四个字"。

中国共产党发起组除公开或半公开出版理论刊物外，还翻译出版了一批马克思主义理论著作。《共产党宣言》即为其中一本。1920 年 2 月，陈望道接受《星期评论》社的邀请，用了"平常译书的五倍功夫"，在义乌老家翻译了《共产党宣言》。

《共产党》月刊

左:《共产党宣言》首版

右:《共产党宣言》第2版

译罢，陈望道把译稿连同日文、英文版书籍，委托俞秀松送到陈独秀家中，请陈独秀和李汉俊再次校阅。6月，《星期评论》周刊停刊，中国共产党发起组便建了又新印刷所，印刷出版《共产党宣言》。8月，该书出版首版本，印1000册，很快售完。许多想购买该书的读者纷纷向上海《民国日报》写信，询问哪里能买到这本书。沈玄庐特意在《民国日报》《觉悟》副刊发表《答人问〈共产党宣言〉底发行》："你们来信问《陈译玛格斯共产党宣言》的买处，因为问的人多，没工夫一一回信，所以借本栏答复你们问的话：一、社会主义研究社，我不知道在哪里。我看的一本，是陈独秀先生给我的，独秀先生是到新青年社拿来的，新青年社在'法大马路大自鸣钟对面'。"在此暗示《共产党宣言》购买的地点在法大马路大自鸣钟对面的《新青年》发行处。《共产党宣言》的出版，对马克思主义在中国的传播，中国共产党的创建和早期共产主义者的成长都起了极其重要的作用。

最早的中共中央局机关

1921 年 6 月，马林和尼克尔斯基受第三国际的派遣来到上海。在了解中国国情及中国共产党发起组在上海成立的情况后，他们建议应当及早召开全国代表大会，宣告党的成立。于是，上海共产党早期组织成员李达、李汉俊分别向海内外已建立共产党早期组织的北京、济南、武汉、长沙、广州和法国巴黎、日本东京等处去信。1921 年 7 月 23 日，中国共产党第一次全国代表大会在上海望志路 106 号召开。

中共一大闭幕后，老渔阳里 2 号成为最早的中共中央局机关所在地。之后，中央局书记陈独秀从广州回到上海，仍住在此处，主持中央工作。然而此时，危险正向老渔阳里 2 号袭来。

1921 年 10 月，法租界巡捕突然闯入，逮捕了陈独秀和他的妻子高君曼以及正在陈宅聚会的杨明斋、包惠僧、柯庆施 5 人，《新青年》等印刷品也一并被搜去。第二天，在会审公堂审问时，陈独秀对一同被捕的同志说，他家里有马林给他的信，如果被搜出来可能要判

中国共产党发起组成立地（《新青年》编辑部）旧址内景

七八年的刑期。他打算坐牢，让一同被捕的同志出去继续干革命。于是，他坚称，其他人都是客人，高君曼是家庭妇女，客人是来陪高君曼打牌而已。

陈独秀被捕的消息不胫而走，社会各界纷纷组织营救。马林还为此请了律师、买了铺保等等。陈独秀最终获释。法租界当局只是以"违背禁令"出售《新青年》之罪名，命令销毁抄没书籍，交罚款结案。

然而不幸的是，1922年8月，距中共二大闭幕不久，法租界当局又在此处将陈独秀逮捕，罪名还是家中藏有违禁书籍。陈独秀第二次被捕后，进步团体"极为愤慨"，纷纷刊载《为陈独秀被捕敬告国人》的宣言。胡适也写信给驻法大使顾维钧，称法国人近年做的事实在大伤中国青年的感情，"我并不是为陈独秀一个人的乞援；他曾三次入狱，不是怕坐监的人，不过一来为言论自由计，二来为中法两国国民间的情感计"。

在各方营救下，中法会审官最终以"宣传布尔什维克主义"的罪名，判陈独秀交罚款保释。两年间，陈独秀在此处接连两次被法租界巡捕房逮捕。出于安全考虑，此次出狱后，陈独秀便离开老渔阳里，在上海隐蔽了起来。老渔阳里2号就此结束了她的历史使命。

2
又新印刷所旧址

链接《《《

又新印刷所旧址

位于黄浦区复兴中路 221 弄（原辣斐德路成裕里）12 号。旧址为一幢两层坐北朝南砖木结构旧式石库门里弄住宅。

1920 年 2 月，上海《星期评论》周刊约请陈望道翻译《共产党宣言》，准备在该刊转载。译稿完成后，却遭该刊停刊无法登载。6 月，中国共产党发起组成立后，陈独秀与维经斯基商量，以"社会主义研究社"的名义秘密出版此书。陈独秀在此处租下一间房子，建立了一个小型印刷所——"又新印刷所"，取"日日新又日新"之意。又新印刷所承印的第一本书便是《共产党宣言》。1920 年 8 月，第一个中文全译本《共产党宣言》错印成《共党产宣言》，印刷 1000 本，很快售罄，9 月再版，加印 1000 册。同时印刷的还有《马克思资本论入门》等书籍。《共产党宣言》的出版使马克思主义在中国迅速传播开来。

成裕里弄口今景

扫一扫
微听上海

留法勤工俭学出发地主要集中在汇山码头和黄浦码头。汇山码头位于北外滩滨江公平路—临潼路岸线；黄浦码头位于秦皇岛路东侧。现黄浦码头尚在，汇山码头已拆除。

1919年至1920年，为探寻救国救民的真理，向往民主与科学的青年学子和有识之士从此地出发，走上了留法勤工俭学之路。他们中有些人在留学期间接受了马克思主义，最终走上革命的道路。

探索真理的启航

留法勤工俭学出发地

黄浦码头旧址今景

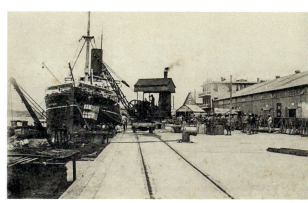

汇山码头遗址旧景

扫一扫
微听上海

"先生远行吸欧风"

　　1919 年 3 月，26 岁的毛泽东来到上海，这是他人生中第一次踏上上海这片土地。和他一同来到上海的还有一批准备留法勤工俭学的湖南青年。辛亥革命前后，中国政局混乱，军阀你争我夺，"教育摧残殆尽"，青年学生都想到国外求学，寻找救国真理，但又乏于资财，无力前往。一批曾在法国的留学生便发起了留法勤工俭学活动。

　　1918 年，毛泽东和蔡和森从《新青年》杂志和在北京大学任教的杨怀中先生的来信中，得知北京等地有人正在组织留法勤工俭学的消息，便由蔡和森先行赶赴北京。之后，毛泽东带着李维汉、罗章龙等 20 余名湖南青年来到北京。除毛泽东

第一批留法勤工俭学学生自上海启程，寰球中国学生会于 3 月 15 日举行送别会。图为会后合影

左：部分留法勤工俭学青年乘坐的法国轮船——"博尔多斯"号

右：《申报》关于留法勤工俭学的报道

在北大图书馆任职外，这些湖南青年均在留法预备班学习。

1919 年 3 月，毛泽东与这些湖南青年抵达上海，汇合全国各地的留法勤工俭学生，远赴法国。这批学生共 89 人，其中湖南青年 43 人。3 月 15 日，寰球中国学生会为这些留法勤工俭学生举行送别会。3 月 17 日上午，他们乘坐日本的"因幡丸"号轮船启航，毛泽东亲自前往送行。作为留法勤工俭学的组织者和支持者，他看着留法勤工俭学航船的远行，对未来满怀憧憬。

之后，越来越多的中国青年从上海乘船出发，到法国"勤以作工，俭以求学"。根据当时报刊的记载，1919 年 3 月到 1920 年 12 月，约有 20 批共 1600 余名勤工俭学生从这里启航。其中著名的有天津的周恩来、郭隆真、刘清扬，湖南的蔡和森、李富春、李立三、李维汉、向警予、蔡畅、徐特立等，四川的赵世炎、邓小平、陈毅、聂荣臻等，贵州的王若飞，安徽的陈延年、陈乔年等。这些留法勤工俭学生们怀着寻求救国之道的坚定信念和学习先进科学技术的强烈愿望，克服了各种困难，冲破了家庭、礼教、习惯势力等各种阻挠，踏上了人生新的启航之路。

脱去长衫，亲身下马

勤工俭学生到了法国后，有的进入学校，有的进入工厂，入学以枫丹白露、蒙塔尔纪、沙多居里、圣日耳曼、默伦、暮岚等公学居多；进厂的大多分布在圣太田、勒阿佛尔、圣夏门等处；也有到矿山、农场，但大多是做粗工或学徒工，所得工资微薄，日工资才十法郎左右，生活更是无定，"时而学生，时而工人"。但即便如此，他们仍自豪地说："从素来'万般皆下品，惟有读书高'的社会中间出来的学生，一旦脱去长衫，亲身下马，进工厂、农场去作工，我们相信这真是极可纪念的事实。"而且通过勤工俭学，他们还逐步认清了资本主义的本质，对所谓的"西方文明"也从崇拜变成失望，开始向无产阶级、向马克思主义靠拢。陈毅在谈到他勤工俭学的两年时光时，曾感慨地说："尝见工人被退出厂的情形，就是'神情丧失''面如死灰'都形容不尽致，令人表无限同情，觉社会革命是极合道理的事，……欧洲资本界是罪恶的渊薮。"

因此，这些具有斗争精神的勤工俭学生在一批具有初步共产主义思想的革命青年的组织领导下，在1921年发动了三次大的斗争：为争取生存权和求学权向北洋军阀政府驻法公使请愿示威的二二八运动；反对北洋军阀政府向法国秘密借款的拒款运动；为争取进入里昂中法大学学习而开展的

参加矿山劳动的四川勤工俭学生同法国工人合影

进占里昂中法大学的斗争。这三次重大斗争的锻炼促进了勤工俭学生的团结和觉醒，许多人抛弃教育救国、实业救国、科学救国等幻想，认识到靠工读改造不了中国，由此走上了革命的道路。

"明目张胆正式成立一个中国共产党"

留法勤工俭学生的先进分子中，首先开展建党活动的当推蔡和森。1920 年 7 月，在新民学会旅法会员的蒙塔尔纪会议上，蔡和森明确提出："我对于中国将来的改造，以为完全使用社会主义的原理和方法。"而且，蔡和森还影响了一批勤工俭学生。陈毅曾回忆他同蔡和森一起学习马克思主义的情形，说道："在我们这个地区鼓吹马克思主义最有力者是蔡和森。"在蔡和森的影响下，陈毅开始读《共产党宣言》，认为这本书里有很多深刻的分析、新鲜的提法，并体会到了"马克思主义思想在头脑中高扬"，他"逐渐参加政治活动，向革命方向靠拢了"。

蔡和森曾给毛泽东写过三封长信，信中明确主张在中国必须"成立一主义明确、方法的（得）当、和俄一致的党"，而且要"明目张胆正式成立一个中国共产党"。毛泽东于 1921 年 1 月 21 日回信，对蔡的主张深表赞同："唯物史观是吾党哲学的根据……你这一封信见地极当，我没有一个字不赞成。"

之后，这些接受马克思主义思想的勤工俭学生建立了旅欧共产党组织，其中中共旅法早期组织于 1921

蔡和森

左：中共旅欧支部在法国的活动场所——索邦公寓今景

右：旅法共产党早期组织部分成员合影。左起：张申府、刘清扬、周恩来、赵光宸

年三四月间成立，由张申府、赵世炎、陈公培、刘清扬、周恩来5人发起，负责人为张申府。蔡和森、李维汉、李富春、李立三、向警予等也建立起各革命团体。1922年6月，旅欧中国少年共产党（后改成旅欧中国共产主义青年团）在巴黎成立。同年年底，中国共产党旅欧支部正式宣告成立。旅欧党团组织为中国革命培养了一大批优秀干部。他们回国后，分别在中共中央和各地区、各部门以及军队中担任重要领导职务，为中华民族的解放事业出生入死、无私奉献，立下丰功伟绩，而追根溯源，则不能不说这是留法勤工俭学运动对中国革命的一个历史贡献。

青春渔阳里

中国社会主义青年团
中央机关旧址

位于黄浦区淮海中路567弄6号（原霞飞路渔阳里6号），是一幢两楼两底砖木结构石库门住宅，原为戴季陶寓所，后杨明斋在此创办中俄通信社。1920年8月，俞秀松等8位青年在这里发起创立上海社会主义青年团。旧址现为全国重点文物保护单位，纪念馆为全国爱国主义教育示范基地。

中国社会主义青
年团中央机关旧
址今景

扫一扫
微听上海

共产党得力的左右手

1920 年 6 月，陈独秀等人发起成立中国共产党发起组。发起组成立后，陈独秀又提议，可参照苏俄少年共产党的模式，在中国成立社会主义青年团，作为共产党的助手和后备军。8 月 22 日，俞秀松、袁振英、叶天底、金家凤等 8 位青年在霞飞路渔阳里 6 号成立上海社会主义青年团。

当时共产党是一个秘密组织，而青年团则是半秘密半公开的组织。因此，党的许多活动以团的名义开展，团干党的工作，党做团的工作，在当时要真正分清这是团的工作，那是党的工作还很困难。例如，许多党员保留团籍，同时参加党、团组织的活动；许多会议与革命活动由党、团联合举行；在团和党的关系上，团接受党给予的组织罢工和其他政治活动的任务。这些都奠定了青年团紧跟共产党，成为党的忠实助手的优良传统。

上海社会主义青年团成立后，各项工作如火如荼地展开了。俞秀松撰写了社会主义青年团章程，并将章程寄给各地共产主义者，要求各地建团。不久，李大钊开始在北京筹建社会主义青年团，最早的团员有邓中夏、何孟雄、张国焘、刘仁静等。1920 年 12 月底，毛泽东在长沙成立团组织，新民学会的郭亮、夏曦、罗学瓒、萧述凡等是湖南最早的团员。在上海社会主义青年团的倡导下，北京、武汉、长沙、广州、天津等地陆续建立了团组织，团员发展到 1000 多人。在此基础上，1921 年 4 月在上海成立了中国社会主义青年团临时中央执行委员会。

社会主义青年团的成立，如同一块巨大的磁铁，把立志于改造旧世界的进步青年紧紧吸引在一起，成为共产党得力的左右手。

"第一个"和"最好的一个"

俞秀松

上海社会主义青年团第一任书记是俞秀松。俞秀松出生于1899年的浙江省诸暨县溪埭村。在那个山河破碎、民不聊生的时代,俞秀松从小便发奋读书,立志救国。1916年,俞秀松考入浙江省立第一师范学校。在他进校的第二年,俄国十月革命成功了。它犹如一声警钟,唤醒了正处于茫然状态的俞秀松,使他看到民族解放的新希望。五四运动后,俞秀松与同学宣中华、施存统、沈端先(夏衍)等人一起商量创办刊物,以启发民智,发起出版《双十》周刊,后改名为《浙江新潮》。

在《发刊词》中,主编俞秀松写道:作为"知识阶级里面觉悟的人,应该打破知识阶级的观念,投身劳动界中,和劳动者联合一致"。《浙江新潮》第二期还刊载了施存统的《非孝》一文。军阀政府大为震惊,视之为大逆不道的邪说,要求抓住罪魁祸首。这点燃了师生们的怒火,引发了震惊全国的一师学潮。俞秀松因此被迫退学。

被学校"斥退"后,俞秀松在陈独秀、李大钊、蔡元培等的支持与赞助下于1919年底赴北京。次年1月,俞秀松加入北京工读互助团,想借此来打破劳力与劳心的差别。但是,由于缺乏统一领导,又崇尚绝对的自由,不久,工读互助团宣告失败。3月,俞秀松离开北京,奔赴上海。先是在陈独秀、戴季陶、沈定一的支持下参加《星期评论》社的工作。之后,又到东鸭绿路的厚生铁工厂做工,并且

"改名换服"以示作个"革命家"的决心。

进入工厂后，俞秀松和普通工人一样，每天在昏暗的工厂里做工，一边还观察着工人的心理、生活状况；一边琢磨着应该采用何种教育方法。为了向工人群众宣传、灌输马克思主义，俞秀松还与陈独秀、李汉俊等一起创办出版了《上海店员周刊》。这些都是对工人阶级进行马克思主义启蒙教育的好教材，被工人亲切地称为自己的"喉舌"和"明星"。

1920 年 6 月，陈独秀等人发起成立中国共产党发起组，俞秀松是成员之一，而且是发起组中最年轻的成员。同年 8 月，上海社会主义青年团在霞飞路渔阳里 6 号成立，俞秀松为第一任书记。

1921 年 7 月，俞秀松与张太雷出席了在莫斯科召开的青年共产国际第二次代表大会，并递交了报告，阐述了上海社会主义青年团的产生、中国青年革命运动情况、上海的工人运动以及全国临时中央执行委员会的建立等情况，受到与会代表的密切关注。青年共产国际东方部书记达林称赞，上海社会主义青年团是中国青年团中"最好的一个"。

渔阳里的读书声

1920 年 9 月 28 日，上海《民国日报》头版刊登了一条招生广告："本学社拟分设英、法、

外国语学社招生广告

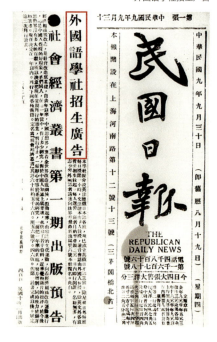

杨明斋

德、俄、日本语各班，现成立英、俄、日本语三班，除星期日外每班每日授课一小时，文法读本由华人教授，读音会话由外国人教授，除英文外各班皆从初步教起。每人选习一班者月纳学费二元，日内即行开课，名额无多，有志学习外国语者速向法界霞飞路渔阳里6号本社报名。此白。"

这份广告说的就是中国共产党发起组和社会主义青年团在渔阳里开办的，旨在培养革命干部的外国语学社。外国语学社由杨明斋负责，俞秀松任秘书，维经斯基及其夫人教俄语，李达教日语，李汉俊教法语，袁振英教英语。它虽然是个培训学校，但其目的是在培养干部，输送他们去苏俄深造，学习革命理论，走俄国十月革命的路。

外国语学社旧址今景

　　看到这则招生广告后，全国各地的共产党早期组织和进步团体纷纷向外国语学社推荐和介绍进步青年前来学习，其中就有刘少奇、任弼时、罗亦农、王一飞、汪寿华、萧劲光、柯庆施、许之桢等 50 余人。他们告别家乡，来到上海，经过一年左右的刻苦学习与艰苦生活，终于踏上前往苏俄的道路。萧劲光曾回忆："我们几个人住在法租界贝勒路的一个亭子间里，吃着最便宜的包饭，没有床，睡在地板上。但一想到将来去俄国学习革命本领，回来改变中国落后的面貌，我们学习的劲头就非常足，特别是对学习俄文很刻苦。"这批学生学成回国后，犹如播撒在祖国大地上的革命种子，为中国人民的解放事业作出了重大贡献。

链接《《《

中国社会主义青年团
中央机关遗址

　　位于静安区大沽路400—402号（原新大沽路356—357号）。原建筑是砖木结构一开间两层旧式石库门住宅，坐北朝南，现已拆除，所在地块改建为中凯城市之光住宅社区。遗址现为上海市文物保护单位。

　　1922年1月，施存统从日本回国，党中央派他负责团的临时中央局工作。施存统租下这里作为团临时中央局办公机关。在此期间，临时中央局在上海发动悼念被反动派杀害的湖南劳工会负责人黄爱、庞人铨的活动；组织"马克思学说研究社"和"非基督教学生同盟"；发展团组织，至1922年5月，各地建立团组织的有17处，团员达5000余人；出版团的机关刊物《先驱》半月刊第4—7期；等等。1922年，在广州召开中国社会主义青年团第一次全国代表大会后，此处成为团中央机关所在地。

　　1922年6月9日，公共租界巡捕房以"妨碍治安"为由查封此处。此后，团中央机关移至他处，继续领导全国青年运动。

中国社会主义青年团中央机关遗址旧景

施存统

6

任弼时旧居及
团中央机关遗
址

链接《《《

任弼时旧居及团中央机关遗址

位于黄浦区延安东路 1472 弄 7 号。原建筑因延安东路高架建设拆除。

1925 年 1 月，团中央机关设在这里的前楼，任弼时住在这栋房子简陋的亭子间。屋内陈设极为简单，只摆了一张床、一张桌子和一只陈旧的书架。当时，团中央书记张太雷在广州，由任弼时代理团中央书记兼组织部长，恽代英任宣传部长，贺昌任青年部长。任弼时在这里多次召开团中央会议，组织发动各界青年学生积极投入反帝斗争。五卅惨案后，团中央迁往北四川路大德坊附近。

左：任弼时

右：任弼时旧居及团中央机关遗址
（手绘）

位于黄浦区兴业路76号（原望志路树德里106号），是一幢沿街砖木结构一开间旧式石库门里弄住宅，坐北朝南，曾是一大代表李汉俊与其兄李书城寓所，人称"李公馆"。1921年7月23日至7月30日，中国共产党第一次全国代表大会在这里举行，宣告中国共产党正式成立。中共一大会址是全国重点文物保护单位，纪念馆是全国爱国主义教育示范基地。

作始也简，将毕也巨

中国共产党第一次全国代表大会会址

扫一扫
微听上海

中共一大会址

树德里内，风云际会

1921 年 6 月，上海已由春入夏，北京、武汉、长沙、广州、济南等地早已相继建立了共产党早期组织，在共产国际代表马林和尼克尔斯基的建议下，上海共产党早期组织成员李达、李汉俊分别向海内外的中国共产党早期组织去信。信中提出将在上海召开中国共产党第一次全国代表大会，商量建立中国共产党等事宜，要求各地选派两名代表参加。

接信后，各地早期党组织开始筹措准备。然而，6 月初，李大钊为北京大学教师讨薪时遭军警殴打，身负有伤，无法参加大会，便委托张国焘代表北京党组织参与大会筹备工作。张国焘在 6 月中旬率先赶到上海，和李达、李汉俊一起做筹备工作。

张国焘在来沪的途中还曾路经济南，停留了一日，与济南党组织的王尽美、邓恩铭碰面谈话。在张国焘离开后，王、邓二人也随之赶赴上海。较早到达上海的还有长沙代表毛泽东，他在接到李达的开会通知后，约了《湖南通俗日报》经理何叔衡一起前往，7 月初便到了上海。

7 月中旬，已是盛夏，来自海内外七个共产党早期组织的代表陆续到达上海。北京代表除张国焘外，还有一位是 19 岁的

树德里中共一大会址

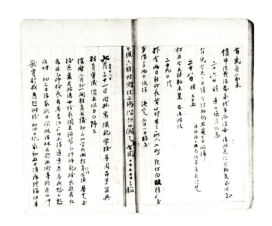

1921 年 6 月 29 日谢觉哉记载毛泽东、何叔衡赴会的日记

李达　李汉俊　董必武　陈潭秋　毛泽东　何叔衡　王尽美　邓恩铭

张国焘　刘仁静　陈公博　周佛海　包惠僧　马林　尼克尔斯基

中共一大与会人员一览

北京大学学生刘仁静。李大钊无法前往，本应派邓中夏和罗章龙参加，然而，当时邓中夏作为少年中国学生会员赴重庆参加川东道属夏令讲学会，罗章龙则要赴二七机车车辆厂召开工人座谈会，搞工人运动，只好派刘仁静来沪。时过境迁，刘仁静后来在回忆录中感慨："这个莫大的光荣就这样历史地落在了我的头上。"

参加中共一大的还有武汉的董必武、陈潭秋，广州的陈公博，旅日的周佛海，以及在沪的李达和李汉俊。共产国际代表马林和尼克尔斯基出席了会议。陈独秀因事务繁忙未出席会议，即委派包惠僧与会。

这些代表都非常年轻，大多年龄在 35 岁以下，即使是最为年长的何叔衡，当时也不过 45 岁。代表们的平均年龄只有28 岁，正好是毛泽东当时的年龄。

除原住在上海的代表外，毛泽东等九人就以"北京大学暑期旅行团"的名义住在白尔路 389 号博文女校。自此，共产党早期组织的代表们风云际会，齐聚上海树德里，拉开了中共一大会议的序幕。

遭遇巡捕，转移西湖还是南湖？

1921 年 7 月 23 日，中国共产党第一次全国代表大会在树德里望志路 106 号召开。两位共产国际代表先后致词。马林在开幕会上宣布"中国共产党——第三国际东方支部，正式宣告成立"。大会明确了必须制定党的纲领和实际工作计划的任务，拟定了议事日程。第二天，大会听取了各地共产党早期组织的汇报。25 日和 26 日，休会两天，由起草委员会起草党的纲领和工作计划。27 日至 29 日，大会专门讨论了纲领。

会议的前几天，一切都进行得较为顺利，直至 7 月 30 日晚举行第六次会议时，出现了始料不及的情况。会议刚开始，

中共一大召开时的情景
（油画）

突然有一个穿灰色竹布长褂的陌生男子闯了进来。问他是谁，他也不回答，只敷衍地说要找社联组织的王主席。虽然李家附近确实有一个社联组织，但是这一组织并没有设立主席，更没有姓王的人。当时，有着丰富秘密工作经验的马林十分机警，见状立即要求停止会议，代表们各自分散离开会场。除了李汉俊和陈公博留下应对外，其他代表们迅速从前门撤离，考虑到巡捕可能已经探知了住宿地——博文女校，便汇集于陈独秀寓所，环龙路老渔阳里2号。

在代表们离开后不久，法租界巡捕房果然派了9个人前来搜查。巡捕对李家进行了严密的搜查，足足两小时，却只找到了一些公开的马克思主义书籍，其他一无所获。巡捕心有不甘，但知道这里是著名的李公馆，又没有搜查到真凭实据，只得悻悻离去。

嘉兴南湖红船

虽然躲过了一次危险，但又有一个难题摆在了代表们面前：接下来的会议如何安排？上海显然已经不够安全，有代表建议到杭州西湖，但大家讨论后认为西湖游人太多，容易发生意外，不宜前往。李达的夫人王会悟是嘉兴人，她建议将会议转移至嘉兴。一则嘉兴与上海相邻，交通便利；二则相比西湖，嘉兴南湖上的游人较少。

在西湖与南湖之间，代表们选择了南湖，于是从上海北站乘车出发，在嘉兴南湖的一艘游船上汇合。马林和尼克尔斯基因为是外国人，容易引人注目，没有参加，李汉俊和陈公博在巡捕搜查后考虑到可能被盯梢，也未能前往。

虽然历经波折，中国共产党第一次代表大会最终通过了《中国共产党第一个纲领》和《中国共产党第一个决议》，确定党的名称为"中国共产党"，并选举陈独秀担任中央局书记。

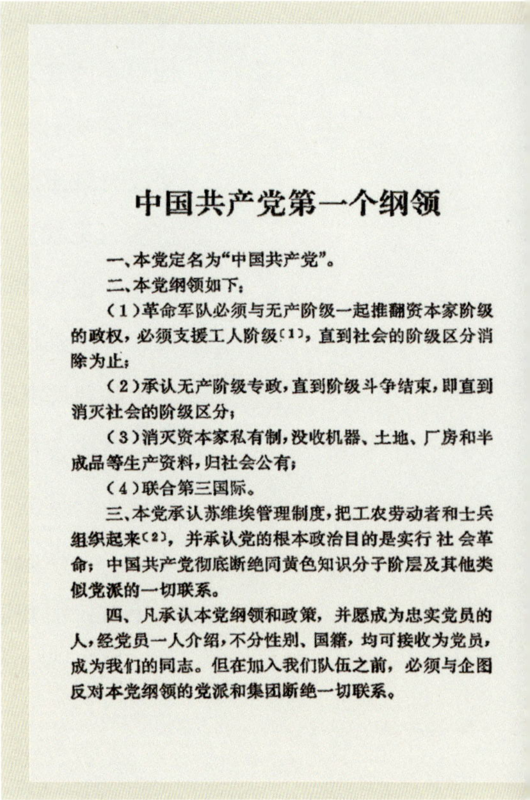

中共一大的胜利召开宣告了中国共产党的成立，是中国历史上"开天辟地的大事变"。"中国革命的面目就焕然一新了"！

中国共产党第一个纲领

一、本党定名为"中国共产党"。

二、本党纲领如下：

（1）革命军队必须与无产阶级一起推翻资本家阶级的政权，必须支援工人阶级[1]，直到社会的阶级区分消除为止。

（2）承认无产阶级专政，直到阶级斗争结束，即直到消灭社会的阶级区分；

（3）消灭资本家私有制，没收机器、土地、厂房和半成品等生产资料，归社会公有；

（4）联合第三国际。

三、本党承认苏维埃管理制度，把工农劳动者和士兵组织起来[2]，并承认党的根本政治目的是实行社会革命；中国共产党彻底断绝同黄色知识分子阶层及其他类似党派的一切联系。

四、凡承认本党纲领和政策，并愿意成为忠实党员的人，经党员一人介绍，不分性别、国籍，均可接收为党员，成为我们的同志。但在加入我们队伍之前，必须与企图反对本党纲领的党派和集团断绝一切联系。

中国共产党第一个纲领
（俄文中译本，部分）

还原"一大"

由于中共一大在党史上的重要地位，解放后，寻找一大会址成了上海市政府的重要任务之一。1951 年，会址经初步勘查后，市政府邀请一大代表李达亲自踏勘确认。1952年，将修缮后的旧址建为纪念馆，并在兴业路78号楼上布置一大会议室。但附近居民反映会址房屋已经改建，并非当年原状。董必武和李书城夫人踏勘视察后回忆当年大会在76号楼下举行。经复查核实，会址于1958年重新按当年建筑原状修复，拆除改建时增添的厢房，会议室则布置在76号楼下。

那么中共一大的会场如何布置？翻阅代表们的回忆，他们似乎对会场布置的记忆都较为含糊，有些甚至都记不清在楼上还是在楼下召开。即使对此有些记忆的李达，也只描述了"会场布置很简单，只有一个大菜台，围坐着十余人，代表席上放着几张油印的文件，没有张贴什么标语"寥寥数语。

时光溯至1921年4月，日本有一位作家名为芥川龙之介，他在访问上海时曾拜访李汉俊。当时，李汉俊与其兄李书城已住在此处。青砖红瓦，白粉勾缝，静谧而不失典雅的石库门楼房让芥川龙之介对这次拜访印象深刻，回国后便在《上海游记》中详细勾勒了李家，"会客室内一张长方形的桌子，两三把洋式椅子，桌上有盘子，里面盛着陶制的水果。除了这些梨、葡萄、苹果等粗制的仿制品外，没有任何赏目的装饰。但房间却一尘不染，朴素之气让我爽悦"。在芥川龙之介回味这幢房子时，他可能怎么也想不到，三个月后，中国共产党第一次全国代表大会在这里召开。

正是这个"回味"，让我们对一大会场有了进一步的了解。现

1951年中共一大会址勘察核定时的外景

中共一大会场

在中共一大会址的复原会议室就是融汇了代表们的
回忆与《上海游记》中的描述，只摆放了长方桌和
洋式座椅，屋内简朴得没有多余的饰物。1956 年，
董必武来到中共一大会址，看着朴素的会议场所，
不禁感慨万千。他引用毛泽东在中共七大上对一大
的回忆，为中共一大会址纪念馆题词："作始也简，
将毕也巨。"

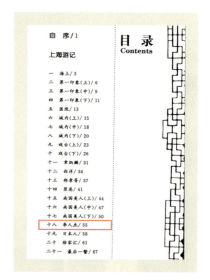

《上海游记》目录，李人
杰即李汉俊

链接《《《

8

中国共产党第一次全国代表大会代表宿舍旧址

中国共产党第一次全国代表大会代表宿舍旧址

位于黄浦区太仓路 127 号（原白尔路 389 号）。旧址为沿马路两层砖木结构石库门建筑，坐南朝北，内外两进，现为全国重点文物保护单位。

1921 年 7 月，李汉俊、李达筹备中共一大时，正值暑假，博文女校校址靠近望志路 106 号。于是，他们就以北京大学暑期旅行团名义向博文女校校长黄绍兰借得校舍。参加中共一大的毛泽东、何叔衡、董必武、陈潭秋、王尽美、邓恩铭、包惠僧、刘仁静、周佛海等 9 人在会议召开期间借宿于此。代表们均住前进二楼，毛泽东、何叔衡住西半间，董必武、陈潭秋住东半间，包惠僧、周佛海、刘仁静住沿路的东侧北半间和中间。由于天气酷热，代表们大多睡在铺了草席的楼板上。7 月 22 日，代表们曾在东侧北半间举行预备会议，推举张国焘为会议主席，毛泽东、周佛海为记录，商讨并通过大会议程和开会地点。中共一大会议中讨论交流、酝酿有关文件等大量活动亦在此举行。

中共一大代表宿舍旧址今景

扫一扫
微听上海

『天下工人是一家』

中国劳动组合书记部旧址

位于静安区成都北路899号（原北成都路19号C），原是一幢沿街砖木结构一开间两层坐西朝东石库门里弄住宅。1921年8月11日，中国劳动组合书记部成立，成为中国共产党早期公开领导工人运动的总机构。1999年，因成都路高架工程建设需要，在成都北路893弄7号易地重建。旧址现为上海市文物保护单位。

扫一扫
微听上海

中国劳动组合书记部旧址今景

机关之名缘何而来？

1919 年五四运动爆发，工人阶级在运动中显现出巨大威力，开始登上中国政治舞台。工人阶级力量的逐步壮大，劳资矛盾的日渐激化，为中国革命的新发展提供了客观的阶级基础和社会基础。

上海是当时产业工人最集中的地区。在中外工厂企业中，工人劳动条件很差、劳动时间很长、生活十分贫困。中国共

《共产党》月刊上刊登的《中国劳动组合书记部宣言》

产党在创建时期，就将"成立产业工会"和"提高工人的觉悟"作为当时党的基本任务。为了加强党对工人运动的统一领导，更好地凝聚工人阶层力量，中国劳动组合书记部应运而生。

这个指导全国工人运动的总机关应当如何命名？当时在中共中央局负责组织工作的张国焘认为，这个机构不是由各地工会选举产生的，不能称为总工会。他问共产国际代表马林，根据各国工人运动的经验，这个机构应该叫什么名字合适？马林建议叫"中国劳动组合书记部"。据罗章龙回忆，中国劳动组合书记部来源于英文"Trade Union Secretariate"，其中，"Trade Union"即现在的工会，日本人早先翻译为"劳动组合"；"Secretariate"即"书记处"（秘书处）。全称"中国劳动组合书记部"，即意为中国工会的秘书处。罗章龙推测，由于马林早年曾在日本从事过工人运动，这一名称可能是由他引荐到上海的。

《劳动周刊》

1921 年 8 月 11 日，中国劳动组合书记部正式成立。书记部主任为张特立（张国焘），干事有李启汉、李震瀛、包惠僧等。8 月 16 日，在中共中央局机关刊物《共产党》月刊上发表了由张特立等 26 人联名签署的成立宣言，指明"中国劳动组合书记部是一个要把各个劳动组合都联合起来的总机关，他的事业是要发达劳动组合，向劳动者宣传组合之必要，要联合或改组已成立的劳动团体，使劳动者有阶级的自觉"。

为了扩大宣传和联络，书记部编辑出版机关报《劳动周刊》，这是中国第一个全国性的工人刊物。随后，在长沙、武汉、北京、济南、广州等地设立了 5 个分部，毛泽东为湖南分部的负责人。

小小书记部，掀起大工潮

作为党"公开的做职工运动的总机关"，许多工厂工人在罢工前都来书记部请求指导和帮助。据曾在书记部工作的董锄平回忆，"那时，劳动组合书记部很活跃，人家也知道这是共产党办的，来找我们实际上就是找共产党，他们并不感到可怕"，"工人来（北成都路 19 号 C）找我们，接上了头，就另外约定联系地方，不再到那里去了"。

为启发和提高工人的阶级觉悟，书记部自成立伊始就派员来到沪西工人半日学校任教，并在半日学校的基础上，易

香港海员大罢工

名为"上海第一工人补习学校"。李启汉和李震瀛轮流住在那里主持工作，书记部的工作人员经常来学校上课。他们用通俗的方法来启发工人觉悟，在教授工人们认识"工人"二字时，就把这两个字拼成一个"天"字，指出"工人就是天"，并让他们懂得"天下工人是一家"的道理，逐步引导工人们按产业团结组织起来。

书记部另有一项重要工作，就是深入和发动工人群众，组织工会开展罢工斗争。这项工作是十分艰巨的。在工厂企业里，不仅有中外反动势力爪牙和暗探的监视，且有帮派分子的活动。为了打开局面，书记部决定派几名同志打入一些帮派中，利用帮会关系，取得广泛联系工人群众的条件和机会。对此，包惠僧曾回忆："李启汉同志在工人补习学校里认识了一个纺织工人，她是一个在帮的人，她同李启汉同志处得很好；由她的引荐，李启汉同志就拜了她的师父。李启汉同志加入青帮以后，由小沙渡纺织工厂辗转发展到杨树浦的各纺织厂至浦东的烟草工厂，都发生了联系，工作这才逐渐开展起来。在上海的广大工人群众中扎下了根基。"

就这样，在中国劳动组合书记部的支持和领导下，从 1922 年 1 月香港海员大罢工起，到 1923 年 2 月京汉铁路工人大罢工的十三个月里，全国发生罢工 100 余次，参与人数多达 30 余万人，形成了中国工人运动的第一个高潮。卓有成效的工作让书记部为工人阶级的觉醒立下了不朽功勋，得到了全国工人阶级的拥护。1922 年 5 月，在广州召开的第一次全国劳动大会一致通过了"在全国总工会未成立以前，请中国劳动组合书记部为全国通讯机关"的决议，公认书记部在全国工人阶级中的领导地位。

"我党坐牢最早最苦的第一位同志"

工人运动的蓬勃开展，使租界当局极为惊恐。帝国主义勾结国内反动势力，把镇压的矛头对准了书记部。1922年6月1日，有人和书记部取得联系，声称要买五十份《劳动周刊》，而且还要来谈谈工作。听到敲门声后，李启汉、张国焘等人从窗口向外望去，看到这个人身着长袍，完全不像工人打扮。张国焘要李启汉下楼去和他接头。李启汉下去后，故意大声讲话，发出"情况危险"的信号。张国焘等翻墙从隔壁逃脱。李启汉被逮捕。公共租界工部局判处他三个月徒刑。当李启汉徒刑满期后，租界当局又以驱逐出境为名，将他递解给上海护军使署。护军使署竟将李启汉关进监狱。党组织虽经千方百计营救，均未成功。李启汉遭受了两年零四个月的牢狱之灾。直至1924年10月，江浙军阀战争爆发，李启汉才由党组织解救出狱。邓中夏曾深有感触地说："李启汉是我党坐牢最早最苦的第一位同志。"出狱后的李启汉改名"李森"，依然积极为工人运动和革命事业四处奔忙，直至1927年壮烈牺牲。

李启汉

1922年7月18日，中国劳动组合书记部被查封。当月，总部从上海迁到北京，由邓中夏继任书记部主任，上海改设为分部。书记部上海分部在极其严峻的形势下，继续不懈地开展帮助建立工会、利用时机进行合法斗争，以及支援和领导罢工斗争等活动。1925年5月，在第二次全国劳动大会上成立了中华全国总工会。至此，书记部完成了光荣的历史使命。

10

沪西工人半日
学校遗址

链接《《《

沪西工人半日学校遗址

位于普陀区安远路 62 弄（锦绣里）178—179 号。原建筑是一栋简陋的两层砖木结构工房，现已拆除。遗址现为普陀区文物保护单位。

1920 年秋，中国共产党发起组在上海建立后，为实践马克思主义必须和工人运动相结合的理论，对工人进行文化和马克思主义思想教育，李启汉租下此处，开办工人学校。楼下 3 间连成一大间作教室，内放 28 套课桌和凳子。楼上一大一小两间，小间放一张床和一只写字台，为李启汉的宿舍兼办公室；大间两室连通，用作教室。当时没有电灯，教室里挂一盏煤油灯，用于上课照明；又放一台留声机，供学生学习使用。工人分早晚两班上课，故称"半日学校"。这是中国共产党早期组织创办的全国第一所工人学校。

1921 年 8 月，中国劳动组合书记部派干事李震瀛来校任教，在半日学校基础上，易名为"上海第一工人补习学校"。1922 年 7 月，中国劳动组合书记部被租界当局封闭，学校也就被迫停办。

沪西工人半日学校遗址旧景

锦绣里弄口旧景（手绘）

链接《《《

11

上海机器工会
临时会所遗址

上海机器工会临时会所遗址

　　位于黄浦区自忠路 225 号（原西门路泰康里 41 号）。原建筑是一幢坐南朝北砖木结构的两层沿街住宅，现已拆除，所在地块改建为住宅小区。

　　中国共产党发起组成立后，在创办工人半日学校对工人进行启蒙与教育的同时，还号召觉悟的工人迅速联合起来，组织真正的工人团体。1920 年 8 月，江南造船所锻工、中国共产党发起组成员之一的李中发起组织上海机器工会。10 月 3 日下午，上海机器工会发起会在霞飞路渔阳里（今淮海中路 567 弄）6 号召开。李中担任临时主席并作报告。陈独秀、杨明斋、李汉俊、李启汉等上海早期党组织成员到会，并被推举为名誉会员，陈独秀还发表了演说。会上，选举产生机器工会理事会，通过了《机器工会章程》。临时会所设在西门路泰康里 41 号。同年 11 月 21 日，上海机器工会在白克路（今凤阳路）207 号上海公学举行成立大会。这是中国产业工人在党领导下成立的第一个工会组织。

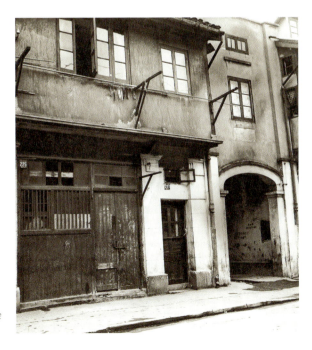

上海机器工会临时会
所遗址旧景

革命征途中的『指路明灯』

中国共产党第二次全国代表大会旧址

位于静安区老成都北路 7 弄 30 号（原南成都路辅德里 625 号），是一幢一楼一底老式石库门里弄住宅建筑，是当时中央局负责宣传工作的李达的寓所。1922 年 7 月 16 日，中国共产党第二次全国代表大会第一次全体会议在此召开。这里又是党的第一个出版社——人民出版社所在地。旧址现为全国重点文物保护单位，纪念馆是全国爱国主义教育示范基地。

扫一扫
微听上海

中共二大会址

辅德里内 "腾蛟起凤"

中共一大后，党的力量逐步发展壮大，对工人斗争的领导也在不断加强。同时，面对错综复杂的国内国际环境，为给身处黑暗的中国人民指出一条光明的道路，中国共产党迫切需要旗帜鲜明地提出自己的政治主张，迫切需要制定一个符合中国实际情况的具体的革命纲领。这些中共一大没有完成的任务，必须要由随后召开的第二次全国代表大会给出答案。

当时，上海的政治环境十分严峻，选择一处相对安全的地方是一个难题。中央局最终选择南成都路辅德里625号作为开会地点，颇费一番心思。这里是李达和王会悟的寓所，深巷内前门后门都可通行。周围整片相同的石库门房屋，使得这一处湮没其中，并不抢眼。而党创办的平民女校正对李达家的后门，万一突发情况便于疏散。另外，辅德里处于公共租界和法租界交汇处，是中共在上海尚未

李达

左：辅德里弄口旧景

右：辅德里弄口今景

中共二大会址石库门房屋门楣
上的"腾蛟起凤"

暴露的联络站，相对较为安全。

　　1922 年 7 月 16 日，中共二大在上海召开，出席大会的
有中央局成员、党的地方组织代表和参加远东各国共产党及
民族革命团体第一次代表大会回国的部分代表。陈独秀、张
国焘、李达、杨明斋、罗章龙、王尽美、许白昊、蔡和森、
谭平山、李震瀛、施存统等 12 人（尚有一人姓名不详）从全
国各地风尘仆仆地赶来，齐聚申城。毛泽东本来也是准备参
加此次会议的，但后来却因故没能与会。1936 年，毛泽东在
陕北保安同美国记者埃德加·斯诺的谈话中，提到了自己未
能参加二大的原因，他不无遗憾地说："第二次党代表大会在
上海召开，我本想参加，可是忘记了开会的地点，又找不到
任何同志，结果没有能出席。"

　　中共二大的召开，犹如一盏"指路明灯"，照亮了中国革
命的伟大征途。正如中共二大会址门楣上至今依然"闪亮"
的四个大字——"腾蛟起凤"，寓意中国共产党自此"蛟龙腾
跃，凤凰起舞"。

"二大"创造的多个"第一"

中共二大召开了八天。这次会议吸取了中共一大的经验，为避免租界巡捕房的注意，以小型分组讨论为主，尽量少开全体会议，且每次全体会议都要更换地点，而小会则安排在党员家中召开。八天时间里，一共举行了三次全体会议，第一次在辅德里召开，其余两次都因历史久远而无从查考。

大会推举陈独秀、张国焘、蔡和森组成起草委员会，负责起草《中国共产党第二次全国代表大会宣言》和其他决议案。会议的中心议题是制定"党为共产主义而奋斗的最高纲领和现阶段开展民主革命的最低纲领"。会议选举产生中央执行委员会，陈独秀当选委员长，蔡和森、张国焘分别负责党的宣传工作和组织工作。

中共二大是党史上的重要里程碑，它承前启后，诞生了多个"第一"：第一次提出了彻底反帝反封建的民主革命纲领；第一次提出了党的统一战线思想——民主联合战线的思想；第一次公开发表了《中国共产党宣言》；第一次比较完整地对工人运动、妇女运动和青少年运动提出要求；第一次决定加入共产国际；第一次提出了"中国共产党万岁"的口号……特别是在此次会议上制定并通过的首部《中国共产党章程》，对于坚持党的无产阶级先锋队性质，指导党员言行，健全党内生活，促

中共二大发表的《中国共产党宣言》

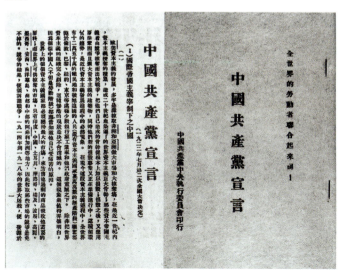

进组织发展，提高党的战斗力发挥了积极作用，成为党的首部根本大法。

自此，中国共产党完成创建任务，并逐步发展壮大，对中国革命形势的认识也愈加清晰明朗。在党的领导下，全国各地的罢工斗争风起云涌，工人的政治觉悟迅速提升，组织程度明显提高，青年、妇女运动也展现出全新的面貌。

第一部《中国共产党章程》

首部党章的神秘守护者

如何在白色恐怖的环境中将弥足珍贵的首部党章保存下来？这里必须要提到一位神秘的守护者——张人亚。

张人亚，本名张静泉，1898年出生于浙江宁波。1922年加入中国共产党，是最早加入中国共产党的宁波人，也是上海最早的几个工人党员之一。中共二大召开后，党中央把党章、决议等文件铅印成册，分发给党内有关人员学习贯彻，张人亚也获得一本。此后，张人亚在党组织的安排下，到闸北的商务印书馆工人合作社工作，从事工人运动，并承担党、团领导机关出版的书籍和报刊发行工作。妻子早逝、没有孩子，张人亚几乎将所有精力都扑在革命事业上，开始了以社会职业为掩护的革命生涯。

1927年大革命失败后，中国共产党被迫转入地下，白色恐怖笼罩着上海。张人亚首先考虑的是党的文件的安危，既不能让国民党反动当局搜去，也不该轻易付之一炬，所以一定要保存好。他悄悄返回宁波老家，将秘密收藏的包括首部

张人亚

张人亚留下的文献《工钱劳动与资本》

党章、第一个《共产党宣言》中文全译本在内的重要文献交给父亲张爵谦，托其保管。他告诉父亲："这些书刊和文件比我的生命还重要。"

张爵谦将儿子的重托牢记在心。他思来想去，决定把这包东西悄悄拿到自家的菜园里，塞进停放张人亚亡妻棺材的草棚。后来，父亲向邻居们佯称他的不肖二儿子张静泉长期在外不归，杳无音信，恐怕早已死了。于是就在村东面的长山岗上为张人亚和他早逝的妻子修了一座墓穴合葬。张人亚一侧是衣冠冢，放置的是空棺。老人家用好几层油纸把这些文件书报精心包扎好，以防止受潮霉变，之后再秘密藏进空棺，埋入墓内。为保护这批文件与书刊的安全，张爵谦在墓碑上写了"泉张公墓"，故意少写了一个"静"字。然而，张爵谦却没能再等到二儿子张人亚回来。新中国成立后，老人家估计儿子凶多吉少，而他自己也年届八旬，"共产党托我藏的东西，一定要还给共产党"。于是，他挖开墓穴，打开棺材，将文件书报取出来，让三儿子张静茂带回上海，交给党组织，了却了二十多年的心愿。

令张爵谦不曾想到的是，早在1932年底，张人亚病故于从瑞金去福建长汀检查工作的途中，年仅34岁。1933年1月7日《红色中华》报上刊登的《追悼张人亚同志》这样写道："人亚同志对于革命工作是坚决努力，刻苦耐劳的"，"人亚同志已死了，这是我们革命的损失，尤其是在粉碎敌人大举进攻中徒然失掉了一个最勇敢坚决的革命战士"。

从小团体到群众性大党

中国共产党第四次全国代表大会遗址

位于虹口区东宝兴路 254 弄 28 支弄 8 号处，原建筑是一幢坐西朝东砖木结构假三层石库门住宅，1932 年，毁于一·二八淞沪抗战。1925 年 1 月 11 日至 22 日，中共四大在此召开。2012 年 9 月，中共四大纪念馆在四川北路绿地公园内建成，并对公众开放。遗址现为上海市文物保护单位，纪念馆为全国爱国主义教育示范基地。

扫一扫
微听上海

中共四大纪念馆

带着英文课本开会

1924 年 8 月 31 日，中共中央发出召开"四大"的通知，要求各地汇报工作。通知署名"钟英"，这两字即为中央的谐音，由毛泽东亲笔签署。由于组织工作困难重重，原定于 11 月召开的中共四大，拖延至 1925 年 1 月 11 日，列宁逝世第一个周年纪念日举行。

那么会场放在何处呢？宣传干事张伯简几经周折找到了租界与华界的"三不管"地界中的一栋石库门房子。为了会议安全，他还将二楼的会场布置成英文补习班课堂的样子，会场内有黑板、讲台和课桌椅，每位代表还有英文课本。参会的高鼻深目的维经斯基则装扮成"外教"。楼下还找了一位苏北女工放哨，一旦有情况，就让她拉响楼梯口的响铃，楼上的代表们就赶紧收起文件，拿出英文课本，佯装补课学习的样子。就这样，中共四大在秘密的"补习班"氛围中拉开了帷幕。

会议开始后，陈独秀用铿锵有力的语调作了第三届中央执委会的工作报告。虽然他当时只有 46 岁，但由于一直是共产党的领袖，被党员们私下称为"老头子"。之后，维经斯基致了贺词。彭述之向大会作了关于共产国际"五大"的情况和会议精神的报告。彭述之是中共旅莫斯科支部推选的代表，也是共产国际指派的人员。所以未经选举便以大会的秘书长身份直接参会，还当选中央宣传部主任。接着，

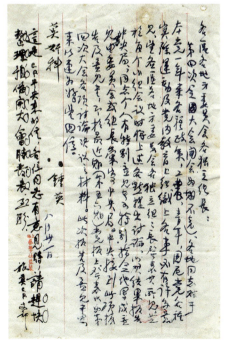

1924 年 8 月 31 日，中共中央发出召开"四大"的通知

中共旅莫支部根据中共中央要求写出的中共四大提案（赵世炎手迹）

各地方代表报告本地方的情况，讨论各种议决案。

　　在"四大"中有一个年轻人非常引人注目，他就是 27 岁的周恩来。1924 年 7 月，从巴黎回国后，周恩来担任了黄埔军校政治部主任，同时又是中共广东区委常委兼军事部部长。谨慎干练，出色政治家的素养，让与会代表对这位年轻人印象深刻。

　　毛泽东虽然为筹备中共四大做了很多工作，但他却因为在兼任国民党上海执行部的工作中身心俱疲，于 1924 年底回乡休养，缺席了此次大会。

党的组织"细胞"在这里完型

　　中共四大会议探讨了革命领导权的问题，同时，强调了组织问题的重要性，制定了《对于组织问题之决议案》和《中国共产党第二次修正章程》，使党的组织"细胞"在此完型。一是确定基层组织的名称。把党的基层组织由党小组改为党支部，并强调要在工厂、路矿和农会中进行宣传教育，将有阶级觉悟的分子吸收入党，建立党的支部。二是设立基层组织基本形式。明确规定"我们党的基本组织，应是以产业和机关为单位的支部组织"。这一规定使得党组织与广大群众保持着最直接的联系，也为后来的"支部建在连上"奠定了基础。三是规定基层组织的人数，"将原来章程上有五人以上可组织一小组"，改为"有三人以上即可组织支部"。这不仅有利于党发展壮大组织，更有利于党的基层组织渗透到社会各个领域。此规定一直沿用至今。

中共四大这些举措再加上随之而来的工农运动的风起云涌，共产党的组织力量不断发展壮大，改变了一大至三大以来党员数量增长缓慢的局面。在中共四大召开时，全国党员共有994人，但至1925年10月，党员就已发展到3000人，至年底，党员人数就达到了1万人。到1927年4月中共五大召开时，更是发展到57967人，比"四大"时增长58.3倍，成为党在新民主主义革命时期党员人数增长最快的阶段。

扑朔迷离的"四大"会址

中共四大会址建筑在抗战期间被日军炮火夷为平地。新中国成立后，1958年到1961年，上海革命历史纪念馆筹备处曾发函给武汉大学李达以及江西省委党校、中央文化部等部门，还到中央档案馆等单位查访，又访问了中央商业部财务司庄文恭、全总女工部长杨之华等与中共四大有关的人物，希望协助查访中共四大会址。然而，时隔数年，大家对此都没有太多印象，最终也没有一个确切的说法。等到了20世纪80年代，许多当事人陆续过世，中共四大会址更加扑朔迷离。

1982年，《解放军画报》的一则报道又打开了这个尘封的话

1984年5月7日，郑超麟实地考证中共四大会址

中共四大会址纪念性保护标志

题。《解放军画报》第9期刊登了一则关于四大会址的报道，此报道附了四大会址的照片与说明，照片的主体是横浜桥北岸的数间民房，文字说明为"图为'四大'会址——上海闸北横浜桥6号（四川北路横浜桥边的一座居民住房）"。这个报道是真实的吗？这是中共四大的会址吗？

幸运的是，"这次大会的记录人，自始至终参加了大会"的郑超麟拾起了回忆：四大会址不在横浜路桥，横浜路桥附近可能是1924年召开的一次党员大会。中共四大"会址是新租来的一幢三层石库门房子，地点在上海去吴淞的铁路旁边，当时是'中国地界'，但距越界筑路的北四川路不远，通过川公路可以到北四川路……我们都在后门出入，楼下客堂间怎样布置，我没有留下印象。会开完后，工人部拿去这幢房子做什么机关"。"上海经过战争，铁路两旁破坏特甚，这幢房子恐怕已不存在了。即使存在，但因同类型的房子有好多幢，我也不能指实。房子是背靠铁路，面向北四川路的。"之后，郑超麟实地勘察，最终确认中共四大会址。1987年，上海市政府颁发了106号文件，明确指出："中国共产党第四次全国代表大会会址遗址（虹口区东宝兴路二百五十四弄二十八支弄八号）。"中共四大会址扑朔迷离的面纱终于揭开。

2

第二章

领导中枢

小小三曾里，
堂堂中央局

中共三大后中央局机关三曾里遗址

位于静安区临山路202—204号（原香山路三曾里3号），在1923年9月至1924年7月间，这里曾是中共三大后中央局机关所在地。原建筑毁于1932年一·二八淞沪抗战。遗址现为上海市文物保护单位。

中共三大后中央局机关三曾里遗址纪念地标

扫一扫
微听上海

王荷波选中三曾里

1923 年 6 月，中共三大在广州召开。会议确定了国共合作、大力发展工人运动的方针，并选举产生新的中央执行委员会，由陈独秀、蔡和森、毛泽东、罗章龙、谭平山（后因谭平山调任驻粤代表，9 月补入王荷波）5 人组成中央局，陈独秀任委员长，毛泽东任秘书，罗章龙任会计，处理中央日常工作。

当时，广州地处偏隅，粤汉铁路尚未开通，在华南的中共中央与全国各地的地方党组织联系十分不便。1923 年 7 月，中共中央执行委员会委员长陈独秀、秘书毛泽东致信共产国际称："我们决定把中央执行委员会的机关搬到上海工作，这不仅因为上海是工业最发展的中心区，而且也便于对全国工作进行指导和传达。"

为落实中央的决定，中央执行委员王荷波于 1923 年 7 月来到上海物色中央局机关办公地。经过反复勘察，他发现公兴路与香山路（今临山路）交叉处有一条小弄堂，原来住着三户曾姓人家，俗称"三曾里"。这里紧靠北火车站，虽地处华界，但道路纵横交错，

王荷波

三曾里原址方位图

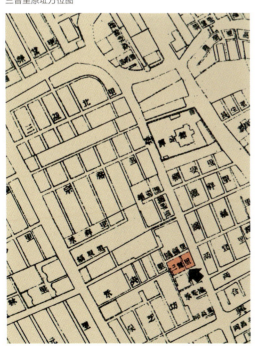

与外面的通讯联络较为便利，且与租界毗邻，如有紧急情况可迅速向租界转移。三曾里周围的住户大多为平民百姓，五方杂居，工人聚集，便于党组织隐蔽。凭借长期秘密工作的经验，王荷波看中了这块地方，以私人名义租借了其中一幢两楼两底的石库门房子作为中央局机关办公地（即三曾里 3 号）。至同年 9 月，毛泽东、蔡和森、向警予、罗章龙陆续从各地来到上海，入住于此。1924 年初夏，杨开慧携幼子毛岸英、毛岸青从长沙来到上海，同毛泽东一起寓居三曾里。

"关捐行"中的"王姓兄弟"

三曾里 3 号这幢普通的石库门房屋，楼上楼下大小共有八九间房。毛泽东、杨开慧夫妇住在楼下前厢房，蔡和森、

关捐行招牌复原图

蔡和森

向警予

向警予夫妇住在楼下后厢房，罗章龙住在楼上。对外称是"王姓兄弟"一家人。这个"家庭"以"关捐行"的职业作为掩护，即帮人填外文表格到海关去报税。向警予做事很有经验，就被推为户主。中央开会和里里外外的事都由她安排照顾。

当时身为中共中央执行委员会委员长的陈独秀虽然寓居他处，但此处专门设有他的床位，开会晚了或有事不能回去就在这里留宿。王荷波住在公共租界同孚路（今石门一路），也常来这里。共产国际代表常派人来此联系工作。恽代英是团中央书记，党中央开会也要来列席。三曾里3号俨然成为中共中央最高层领导决策中国革命前途和命运的重要机关所在地。

"同心若金，攻错若石"

作为中央局机关，三曾里有一套极其严格的保密制度。经常来往的几个人，对外就称亲戚串门。其他人只有在特殊情况下，经中央允许和来人接头后，方可进入。为了更安全稳妥地开展工作，三曾里诸同志还口头约定了一些共同遵守的纪律，即不准到外面上餐馆、不看戏、不到外面照相、不在上海街上游逛，休息时间和业余时间如要外出，可在空旷的地方散步，假日可到吴淞炮台、兆丰公园或松江、太湖、虎丘等地旅行。

杨开慧携两幼子来上海后，虽然仅在三曾里短暂居住了一段时间，但作为共产党员，她始终严格遵守

罗章龙

中央机关的组织纪律和保密制度。据罗章龙回忆，有一次，湖南有个青年从长沙来找杨开慧，杨问明来意，知道她头次到上海，很想在此留宿，杨说不行，叫她回去。这个青年远道而来，很难过，杨说"你一定要离开，以后也不能来"，就把她送到了车站。

三曾里的革命家们平日工作生活节奏十分紧张。他们每天都要阅读《新闻报》《申报》《上海民国日报》《密勒氏评论报》等多种中外报纸杂志，研讨国内国际的政治动向，草拟文件、决议，为《向导》等党报撰文，还经常静思澄虑直至深夜。诸人均以革命为信仰，经常开展批评与自我批评，改进工作，显现出一派蓬勃朝气之象。"同心若金，攻错若石""团结一致，同舟共济"成为他们共同遵守的信条。

1924 年 6 月至 7 月间，毛泽东、杨开慧、蔡和森、向警予以及罗章龙先后搬离此处。

革命高潮中的宣传中心

中共中央宣传部遗址

位于虹口区四川北路 1649 弄（安慎坊）32 号，原建筑是一幢坐北朝南的二层砖木结构里弄住宅。1926 年春至 1927 年 4 月，中共中央宣传部在此办公。建筑现已拆除，所在地块改建为艾尚天地。

中共中央宣传部遗址旧景
（手绘）

1925 年 1 月，中国共产党第四次全国代表大会在上海举行。大会决定在全国范围内建立党的组织，加强党的建设。此外，中共四大通过了《对于宣传工作之议决案》，指出了过去宣传工作中的缺点，提出了重新整顿的方法，特别强调"没有革命的理论，即没有革命的运动。有了健全的革命理论，然后党的宣传工作方得依此范畴融通各部，使党员行动方有所准绳"。"为使宣传工作做得完美而有系统起见，中央应有一强固的宣传部负责进行各事，并指导各地方宣传部与之发生密切有系统的关系。中央宣传部下应有一真能做事的编译委员会。"于是，中共中央正式

《对于宣传工作之议决案》

1982 年 6 月 7 日，郑超麟（左）、黄玠然寻访中共中央宣传部旧址时的合影

设立了宣传部，主任为彭述之，委员为蔡和森、瞿秋白，出版部和《向导》周报由蔡和森负责。

1926 年春，中共中央将宣传部设在安慎坊。办公室在过街楼，前间是《向导》编辑办公室，后间办公室兼存放图书资料。彭述之、沈雁冰、郑超麟等均在这里工作。中共中央机关刊物《向导》《新青年》丛书等在此编辑。中央局有时在此召开会议。宣传部主任彭述之、秘书郑超麟等人住在这里。当时，正值中共四大之后掀起的大革命高潮，此处便成了革命高潮中的宣传中心。

1927 年，上海工人第三次武装起义前，陈独秀也搬到这里。郑超麟把自己住的三楼亭子间让给他住，自己则睡到办公室。陈独秀在这里听取周恩来、罗亦农、赵世炎等汇报，领导上海工人第三次武装起义。周恩来也曾在此工作、居住。1927 年 4 月，党中央迁往武汉后，此处改为中央交通处。

1982 年，中共中央宣传部遗址由郑超麟等寻访确认。

中共中央联络点遗址

望德里的生死一线间

位于静安区北京西路 1060 弄内（原爱文义路望德里 1239 号半）。原建筑是一幢砖木结构旧式石库门住宅。这里曾是 1927 年中共中央从武汉迁回上海后设立的一处中央临时政治局秘密联络点。中共中央临时政治局常委罗亦农于 1928 年 4 月在此处被捕。原建筑因市政建设拆除，所在地块改建为银发大厦。

望德里弄口旧景（手绘）

邓小平感慨"半分钟都差不得"

1927年10月上旬，中共中央机关从武汉迁回上海。爱文义路望德里，地处租界，五方杂居，利于开展革命工作，又利于隐藏和掩护，便成为中共中央临时政治局的一处秘密联络点。

当年底，时任中央临时政治局常委兼中央组织局主任的罗亦农从武汉回到上海。回沪前夕，他在给战友王一飞的信中这样写道：今日动身去沪，吉凶未卜，但此次之行程关系甚大，因而决定"冒险而去"。由于罗亦农在党内身居要职，一直被帝国主义势力和国民党反动当局以万元巨款悬赏追捕，特务、暗探、叛徒、巡捕无时无刻不在寻觅他的踪迹。但罗亦农始终把个人安危置之度外，机智勇敢地应付各种复杂情况，不辞劳苦地奔波忙碌。

1928年4月15日，罗亦农与时任中央秘书邓小平在望德里中央联络点讨论工作。谈完工作后，出于安全考虑，邓小平从后门离开，罗亦农则留下来，等候前来接头的山东省委的同志。

在望德里以住家形式掩护办公地点的何家兴、贺稚华夫妇，是一对混进革命阵营的投机分子。他们迷恋资产阶级生活方式，经常出入酒馆、舞厅，不遵守党的秘密工作纪律。为此，罗亦农曾多次对他们提出严肃批评，引起了他们的忌恨。党中央工作人员的生活费满足不了他们挥霍的

罗亦农

需求。于是，在白色恐怖愈演愈烈的危险时刻，何家兴夫妇不惜通过出卖党和同志，与公共租界巡捕房搭上了关系。经过密谋，捕房答应给他们一笔钱和出国护照，以换取党中央在上海多处机关的信息。为了取信于捕房，他们第一个便出卖了罗亦农。

当时，何家兴趁罗亦农不备，悄悄地写了一张便条，叫保姆送给站立在戈登路（今江宁路）爱文义路口的华捕，告知罗亦农已到。接到告密后不久，一群凶神恶煞的巡捕冲进屋来，为首的巡捕房捕头洛克用德语和贺稚华简单交谈几句后，用手枪对准罗亦农。此刻，罗亦农明白，敌人是冲着自己来的，早一点离开此地，山东省委的同志就少一分危险。于是，他神态自若地向门外走去。

邓小平

罗亦农的被捕，是中共中央机关自武汉迁回上海后所遭受的第一次重大破坏。后来邓小平回忆此事，说那时候真是"提着脑袋干革命"，当时他刚从后门出去，巡捕就从前门闯了进来。邓小平出门后，看见门口一名扮成鞋匠的中央特科同志向他悄悄用手一指，就知道罗亦农出事了，于是立刻快步离开。从邓小平离开，到罗亦农被捕，前后只差不到一分钟。用邓小平自己的话说，这真是"半分钟都差不得"啊！

营救计划的落空

次日，许多中外报纸都刊登了罗亦农被捕的消息。国民党反动当局欣喜若狂，认为"首要已擒，共祸可熄"。事发后，党中央立即组织营救，起初曾准备花钱买通敌人，争取释放。但考虑到由于叛徒告密，罗亦农的身份业已暴露，公开营救成功的希望非常渺茫，遂放弃了这一计划。紧接着，周恩来同中央特科制定行动方案，只待罗亦农由租界巡捕房向淞沪警备司令部引渡时，立即实施武装解救。

中央特科拟用伪装送葬的方式营救罗亦农，将枪支藏在棺材里，并让罗亦农的妻子李哲时（李文宜)"披麻戴孝"，扮作死者的家属随伪装送葬队伍的人走在棺材后面，等到囚车经过时一齐行动，把罗亦农救下来。然而，租界巡捕房已然知晓罗亦农的重要身份，不敢怠慢，遂决定提前引渡，并变更原定路线，快速将罗亦农送往龙华国民党淞沪警备司令部，关押起来。上述营救方案均未能奏效。

身陷囹圄的罗亦农依然镇定自若，坚贞不屈。国民党淞沪警备司令钱大钧一面电告蒋介石请示处理办法，一面布置进行对罗亦农的审问，但连续审问三次，都未能得到半点对他们有用的东西。随后，蒋介石回电，命将罗亦农"就地处决"。

第一位牺牲的政治局常委

1928 年 4 月 21 日下午，上海龙华刑场戒备森严，荷枪实弹的反动军警如临大敌。毫无惧色的罗亦农从容步入刑场，英勇就义，年仅 26 岁。他是中共党史上第一位牺牲的政治局常委，也是为中国革命而牺牲的政治局常委中最年轻的一位。4 月 22 日《申报》报道称：临刑前的罗亦农"衣冠甚为整

反映罗亦农烈士生平事迹的话
剧《那年桃花》剧照

齐"，"态度仍极从容，并书遗嘱一纸"。在遗书中，他对妻子
李哲时说："永别了，灵其有知将永远拥抱你，望你学我之所
学，以慰我。"表达了他对革命事业的忠诚和期望。

1928 年 5 月 30 日，中共中央在《布尔塞维克》第 20 期
上以头版头条的位置发表了悼念罗亦农的专文。文章写道：
"亦农同志被害了，中国无产阶级失去了一位最热烈的领袖，
中国共产党失去了一位最英勇的战士。""罗亦农同志的热烈的
革命精神，可为中国共产党全党党员的楷模。""他的死是莫大
的损失！"2009 年，罗亦农被评为"100 位为新中国成立作
出突出贡献的英雄模范人物"之一，其英名彪炳史册。

链接《《《

17

中共中央政治局联络点遗址

中共中央政治局联络点遗址

　　位于静安区石门一路336弄9号（原同孚路柏德里700号），原建筑为一幢坐北朝南砖木结构的两上两下里弄住宅，因市政建设该建筑现已拆除，所在地块改建为兴业太古汇。

　　1927年10月上旬，中共中央机关从武汉迁回上海，这里就是最早建立的中央临时政治局联络点之一。当时，为保证机关安全，党的各级机关都以商店、住户、写字间等形式出现，驻机关人员的公开身份必须与周边环境相适应。这里作为居民住宅，以房东和房客身份居住在此的有彭述之夫妇、黄玠然夫人杨庆兰、陈赓夫人王根英以及管理这个机关的留法学生白载昆等。实际上这里是负责处理党中央日常事务的一个重要机关。

　　党的六大后担任中央政治局常委、中央政治局常委会秘书长兼中央组织部部长（后又兼中央军事部部长、军委书记）的周恩来和中央事务秘书长邓小平经常到这里办公。中央各部和各地区的同志也常到此请示工作，凡属机关事务性的问题由邓小平直接处理，政策性的问题由周恩来处理，重大问题交中央政治局会议讨论决定。

　　此外，中共中央机关刊物《布尔塞维克》的稿件，都由中央秘书处派人送到这里，经领导审定，再通过内部交通转给毛泽民主管的印刷厂发行。据当时担任《布尔塞维克》编辑的黄玠然回忆："我当时在党刊工作，也是去请示工作，在那里头一次见到恩来和小平同志。他们非常忙，请示工作的人很多，有时还要排队在外面等。邓小平和周恩来他们两人是不可分的，处理工作是相互配合，密不可分。我感觉邓小平说话不多，处理问题很果断，对同志的态度很诚恳，大家对他印象很好。"

中共中央政治局联络点遗址旧景

链接《《《

18 中共中央联络处旧址

中共中央联络处旧址

位于虹口区四川北路 1953 弄（永安里）135 号。旧址为砖混结构三层联排式里弄住宅，现为上海市文物保护单位。

1928 年，遵照中共中央指示，正在中央机关刊物《布尔塞维克》编辑部工作的黄玠然在此建立了一个中央联络机关，以作中央领导人开会接头或阅文之用。永安里是永安公司老板出资建造，作为公司中高级职员宿舍。此处人口稠密，流动频繁，热闹繁华，便于隐蔽。

作为掩护，起初除了黄玠然夫妇，黄玠然的父母也居住于此。同年秋，黄玠然调至中央秘书处工作，遂搬离此处，周恩来安排张纪恩和张越霞以假夫妻名义在此居住。当时，张纪恩是中央秘书处文件阅览处负责人。中央领导同志曾在这里阅办文件；周恩来、罗登贤、李维汉等都曾到这里开会，布置具体工作；陈独秀和郑超麟也曾来过这里，商量工作。1928 年秋天，张纪恩、张越霞搬至浙江路清和坊内。

中共中央联络处旧址今景

扫一扫
微听上海

大隐隐于市

中共中央政治局机关旧址

（1928—1931年）

位于黄浦区云南中路171—173号（原云南路447号），是一幢坐西朝东二层钢筋水泥结构的沿街楼房。1928年至1931年，中共中央政治局曾在此办公。此处为中共中央在上海期间使用时间最长的一处机关。旧址为上海市文物保护单位。

中共中央政治局机关旧址（1928—1931年）旧景（手绘）

扫一扫
微听上海

政治局机关选址的奥秘

1927 年 10 月上旬，中共中央从武汉迁回上海，继续坚持革命斗争。由于党内出现"左"倾错误，加之愈演愈烈的白色恐怖，党的工作遭到了严重的挫折和损失。

1928 年，中共中央认为熊瑾玎富有理财经验又善于结交朋友，就让他担任中央机关会计，同时派他在上海寻找中央政治局开会的秘密机关和中央同各地党组织通信的联络点。

熊瑾玎

为了确保中央机关的安全，选址需要慎之又慎。接到任务后，熊瑾玎穿街走巷，寻找中共中央政治局机关的落脚点。终于，他瞄准了上海最繁华的地方之一——四马路（今福州路）云南路（今云南中路）路口的房子。这栋房子坐西朝东，是街面房屋，三开间门面，且逃生通道较多。后门可以进出，以一条不为人注目的小巷为掩护。前门可以进出，以一楼"生黎医院"为掩护，这家医院是由二房东开设的，每天求医问药的人络绎不绝，正好可以借机掩护中共党员来往。更妙的是，这栋房子的二楼还有一个秘密通道，二楼的一扇门直接连通着隔壁天蟾舞台的楼梯，如果开会时发生意外，与会人员可以从此门潜入戏院，佯为看戏或演戏之人撤离。

这绝对是一个大隐隐于市的地方！因此，1928 年 4 月，熊瑾玎便租下这里的二楼，对外挂起"福兴商号"的招牌，大胆地做起"生意"来了。

"福兴商号"里的爱情

熊瑾玎则化身"福兴商号"的老板，人称"熊老板"。熊老板当时已经四十多岁，每天独自一个人进进出出，难免惹人怀疑。为了工作安全，中共中央要求各机关工作人员组成一个"家庭"，掩护机关工作。因此，组织上推荐了三位女同志，请熊瑾玎选择一位来假扮"老板娘"的角色，配合他的工作。熊瑾玎斟酌后，选择了小老乡朱端绥。朱端绥和熊瑾玎一样，都是长沙人，而且还是旧相识。虽然朱端绥刚满 20 岁，却是个老党员，党龄比熊瑾玎还多两年。1928 年 6 月中旬，朱端绥从汉口来到上海，住进"福兴商号"，当起了"老板娘"。她的第一项工作就是看守机关，为来开会的同志放哨、做饭。

1946 年下半年，熊瑾玎和朱端绥重返机关旧址时在房间内合影

这一对"老夫少妻"对外是辛勤经营着"福兴商号"买卖的老板和老板娘，对内是共同保卫机关安全的亲密战友。日月如梭，两人在同一个信仰、同一个屋檐下，渐渐催发了爱情。熊瑾玎还写了一首诗以表心意："小小朱家子，超然思不群。操劳孟慎德，俊丽卓文君。一见情如故，相亲意更殷。同心今缔结，共度百年春。"当时，周恩来也极力促成他们"假戏真做"，于是便有了陶乐春菜馆中秋赏月的那桌酒席。

1928 年中秋之夜，上海四马路的陶乐春菜馆里，一桌极为普通的

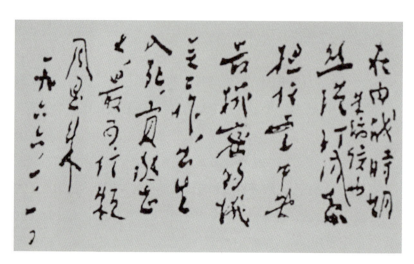

周恩来给熊瑾玎和朱端绶夫妇
的题词，评价其"贡献甚大，
最可信赖"

酒菜旁边坐着几个人。看上去是几个亲朋挚友在这里饮酒赏
月，实际上是李立三、李维汉、邓小平等人在为熊瑾玎和朱
端绶这对曾经的假夫妻证婚。从那时起，朱端绶成了真正的
"老板娘"。

机关的秘密"隐退"

云南路上的中共中央政治局机关非常重要，"福兴商号"
在当时既是为中央筹措经费的经济实体，又是中央政治局开
会办公的秘密地点。不仅经常有同志来开会，而且还存放了
许多党的秘密文件。为了确保中央政治局机关的安全，这里
只有中央一级较高级别的人员才知道，苏区来信也并不直接
交送这里，而是先交其他联络点，再由朱端绶取回。

在 1928 年秋到 1931 年 4 月期间，中央政治局、中央军
委、江苏省委的领导周恩来、项英、瞿秋白、李立三、彭湃、
李维汉、李富春、任弼时、邓中夏、邓小平等都在此开会，

中共中央政治局机关旧址
（1928—1931年）今景

讨论一些党内问题，如顺直省委、江苏省委问题的解决，中央对各地红军发出的重要指示，中共六届二中全会、三中全会的准备工作，等等。

1931年4月下旬，顾顺章被捕叛变。虽然此信息被打入国民党中统内部的中共党员钱壮飞获悉后，迅速报告中央特科，周恩来等中央领导及时采取果断措施，但这些顾顺章所熟悉的中共中央机关都必须马上转移。于是，熊瑾玎、朱端绶先将中央文件、账簿等转移到别处隐蔽，之后又撤离此处机关。等到国民党特务分子找到此处时，云南路的中共中央政治局机关早已是人去楼空，结束了"大隐隐于市"的历程。

20

中共中央与中央军委联络点旧址

链接《《《

中共中央与中央军委联络点旧址

位于黄浦区浙江中路 112 号二楼。旧址本体建筑为一处砖木结构坐东朝西临街一开间两层住宅，现为上海市文物保护单位。

在中共六大开会期间，李维汉曾居于此处二楼，负责留守、主持中央工作。1928 年秋，中共中央秘书处张纪恩、张越霞夫妇搬到这里居住，用"机关家庭化"的形式作掩护。周恩来在这个联络点接待过各地负责同志，顺直省委的张兆丰、浙江省委的卓兰芳以及龙大道、杨善南等，与他们交谈全国的形势，商讨地方省委的工作。1928 年 10 月，中共中央在此召开政治局会议，出席者有蔡和森、李立三、杨殷、李维汉、邓小平等。

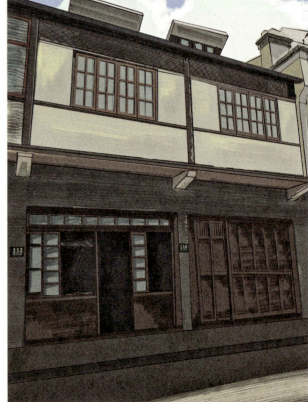

中共中央与中央军委联络点旧址（手绘）

链接 ‹‹‹

21
中共中央机关
办公地遗址

中共中央机关办公地遗址

位于黄浦区山西南路 344 号，原建筑是一幢坐东朝西砖木二层沿街住宅，所在地块改建为上海物资大厦。

1929 年夏至 1930 年底，中共中央曾选取此处作为中央机关办公地点。当时，在房子外面挂上"荣丰号"的招牌，对外声称是做证券、股票生意。顾玉良（中共中央秘书处内交科长）、沈恩珍夫妇带着孩子居住于二楼的后间，作为掩护。当时很多中央领导都曾在这里工作。例如：任弼时、关向应、邓中夏、罗登贤、邓小平等都在此处，就相关工作进行沟通交流谈话。管理财务的熊瑾玎更是几乎天天都来这里工作。时任江苏省委书记的李维汉，也曾与江苏省委军委书记李硕勋在此商谈领导发动江苏的武装斗争等工作。

中共中央机关办公地遗址旧景

为复兴革命『强筋健骨』

中共中央组织部遗址

位于静安区成都北路741弄（原北成都路丽云坊）54号，原是一幢坐北朝南的一楼一底两层楼的石库门住宅。1928年至1931年间，这里曾是中共中央组织部办公地。原建筑因市政建设拆除，所在地块改建为静安雕塑公园。

中共中央组织部遗址旧景（手绘）

丽云坊弄口旧景

　　大革命失败以后，各地与党组织失去联系的党员都来上海找党中央，整顿和恢复党组织的任务复杂而艰巨。于是，中共中央在北成都路丽云坊租下一幢房子作为中央组织部办公地。周恩来在中共六大后兼任中央组织部部长，丽云坊54号二楼就是他当年的办公处。在侦骑密布的险恶环境中，周恩来不顾个人安危，且无论工作多忙，都要挤出时间同前来找组织的同志谈话，询问各地的情况，千方百计地帮他们解决困难，努力恢复中央和地方的组织关系。

　　周恩来高度重视组织工作，他常对同志们说："党的政治路线确定之后，党的组织工作和宣传工作起着鸟的两翼、车的两轮的作用。"白色恐怖时局下，周恩来还亲自制定各项秘密工作制度，如指导中央组织部负责保管文件的干部，将干部资料和工作记录用俄文字母编成密码式的文件档案，以便于保存和查询。他提出党员"职业化、群众化、社会化"的重要原则，对于加强白区党的建设起到重要作用。

　　当时中央组织部总共不到十位同志，只配备一个部长、一个秘书和几个组织干事。秘书主持组织部日常工作，余泽鸿、恽代英、陈潭秋、何成湘都曾担任过这一职务。在北成都路丽云坊这幢不起眼的石库门房屋里，组织部干事黄玠然和夫人杨庆兰（时任中央组织部机关交通员）作为房东，其他人都是房客。据恽代英夫人沈葆英回忆，她当时任机要员，用药水抄写信件，登记来往电报，因工作需要，有时化装成服饰艳丽的少奶奶，有时又扮成衣着朴素的家庭妇女，把周恩来交给她的文件送到指定的地方去。

1982 年 5 月 28 日，黄玠然重回丽云坊 54 号留影

在周恩来的直接领导下，白区党的工作得到恢复，各地党组织得到迅速重建和发展。同时，随着苏区和红军的不断发展壮大，周恩来还主持举办过许多党的干部训练班和军事训练班，审定讲课提纲并讲授"马列主义""党的建设""国际国内形势""党的任务"等课程，一批批政工、军事人才被输送到各地党组织和革命根据地，为复兴革命起到"强筋健骨"的作用。1928 年 11 月，毛泽东在以井冈山前委名义写给中央的报告中提出："党代表伤亡太多，除自办训练班训练补充外，希望中央和两省委派可充党代表的同志至少三十人来。"周恩来阅后，批示中央组织部和中央军事部，派去三十名工人出身的党员以为支援。

链接

中共中央组织部干训班旧址

位于长宁区武定西路 1375 号（原开纳公寓），是一幢坐北朝南钢筋水泥结构四层公寓大楼。

开纳公寓是当时沪上最气派的公寓建筑之一，居住着社会上较有地位与名望的人物，但也混杂着一些地痞流氓。中共中央组织部就利用这一点，于 1929 年 9 月在这里秘密举办了干部训练班。由恽代英任班主任，余泽鸿任副班主任。当时中央与地方领导同志李立三、关向应、李震瀛等分别在训练班上作形势和任务等报告。周恩来、陈潭秋也曾前来指导。

中共中央组织部干训班旧址今景

总枢纽

党的秘密工作

中共中央秘书处机关遗址

位于静安区青海路19弄（原青海路善庆坊）21号、西康路24弄（原小沙渡路遵义里）11号，两栋建筑均为坐北朝南、一正一厢两开间两层旧式石库门里弄住宅。1927年中共中央机关迁回上海后，这两处都曾是中共中央秘书处机关所在地。原建筑因市政建设拆除，所在地块分别改建为街角绿地和恒隆广场。

中共中央秘书处机关遗址（西康路）旧景（手绘）

中共中央秘书处机关遗址（青海路）旧景（手绘）

中央的指示从这里发出

　　建党初期，中共中央曾设秘书一职，赋予"本党一切函件须由委员长及秘书签字……执行委员会之一切会议，须由委员长与秘书召集之"的权力。随着革命形势的不断发展，秘书工作量越来越大，技术性也不断增强，单凭个人力量已难以应付。1926 年 7 月，中共四届二次中央扩大执行委员会决议增设由中央秘书长负责的中央秘书处，"以总揽中央各种技术工作"。

　　1927 年九十月间，中央秘书处秘密迁沪，随即在善庆坊和遵义里选定两处房屋作为办公地点。党的六大后，周恩来负责中央日常工作，常到秘书处指导工作，多次制定有关秘书工作的工作制度。当时中央的重要文件一般都由周恩来亲自起草；有关宣传工作和职工运动方面的文件，李立三和项英也参与起草。中央发给各地的指示从这里发出。

　　这两处机关虽几乎同时设立，但分工不同。据中央秘书处工作人员张纪恩回忆，小沙渡路遵义里是油印处所在地，负责将中央文件用药水密印在字画、手绢、线装书等的背面，由交通员传递出去；青海路善庆坊是中央刊物《每日宣传要点》的写作和印发地，恽代英"一踏进工作地点，坐下椅子，就立即动手写稿……一篇千把字的稿子，一气呵成，往往不改动一字。一篇《每日宣传要点》，从开始动笔，到印好，不到半小时就完成，同时也准备好发行工作"。

　　这两地还是邓颖超任书记的中央直属机关支部（简称

1930 年，中共顺直省委印发的《中央关于建立秘密工作的通告》

"直支"，代号"植枝"）活动地。周恩来、彭湃等中央领导都曾到遵义里参加过组织生活，大约一两个星期一次，都在晚上进行，以搓麻将、打牌为掩护，边打边谈，内容大都是秘密工作与政治形势。彭湃喜欢画画，常常在香烟盒子的衬纸上默默地作画，极有耐心，在组织生活会上的发言也难免带有海丰口音，给人留下深刻印象。

邓颖超

日臻完善的中央工作执行机关

在沪期间，按照实际需要，中央秘书处下设文书、会计、翻译、内埠交通和外埠交通等五个科。文书科负责文件收发阅览、油印刻板、档案保管等文书工作；内、外交通科主管中央与地方之间文件、情报传递及交通线的建立，交通员们经常把文件藏在棉被、热水瓶、钢笔、点心、鱼肚、扁担等物品里，想方设法躲避搜查；翻译科编制虽在秘书处，实际由中央政治局直接领导，有俄、德、英、法文翻译各一位，并负责保持与苏联的联系；会计科管理党的经费，由秘书长直接负责，政治局派人检查财务支出情况。1929 年 10 月，在周恩来的指导下，秘书

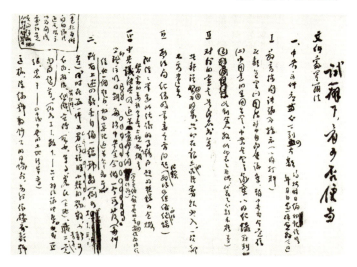

1931 年，瞿秋白起草的《文件处置办法》，周恩来在上面批注"试办下，看可否便当"

处编发了刊物《秘书处通信》，以加强对全国各地秘书工作的指导。

1930 年初，针对秘书工作存在的纯事务技术化、散漫无计划等问题，中央秘书处确立了新的工作路线，即"一切工作政治化、一切工作集体化、一切工作科学化、一切工作带督促性、一切工作要有中心"，人员挑选也更为严格和谨慎。作为"中央工作尤其是常委工作的执行机关"的中央秘书处，终于在实践中日趋完善，成为"指导机关经常工作的执行者、党内机要工作的总汇、上下级党部关系上的枢纽"。

"革命党人的楷模"

张宝泉

时任中央秘书处内埠交通科科长的张宝泉，1901年出生于陕西三原，1924 年加入中国社会主义青年团后，不久便加入中国共产党。1927 年 7 月，中共中央从武汉迁回上海前，曾派一批同志前往上海做准备工作。张宝泉、何叔衡等人，是最早被党中央派回上海建立地下交通工作，并为中央机关物色办公地址的同志。在白色恐怖仍在继续的情况下，张宝泉为建立党内交通线和保证党中央的安全而日夜奔波操劳。

1928 年 4 月 15 日，中共中央临时政治局常委兼中央组织局主任罗亦农在上海被捕。情势万分紧急，身为中央秘书处内埠交通科科长的张宝泉深知自己责任重大，马不停蹄地在各秘密机关之间穿梭。他先找到中共中央机关刊物《布尔塞维克》编辑部，通知编辑郑超麟。郑超麟给他换上了自己的黑色大衣。改装后，他又赶到周恩来处送情报。得知周恩来已安全撤离，他放心地离开，又沉着地前往别处。不料途中忽然遇见外国巡捕"抄靶子"（即突然封锁某一路口，搜查过往行人）。张宝泉来不及转移身上的文件，不幸被捕。

巡捕房在张宝泉身上搜出许多党内重要文件，断定他来历不凡，把他当作"奇货"，急于获得更多的东西。威逼利诱无结果，严刑拷打也不能使他开口。丧心病狂的敌人搬出了叫作"九尾猫"的刑具（即皮肉极度痛苦但不会死亡的一种刑具）。但在张宝泉坚定的信仰面前，"九尾猫"也并未奏效。随后，他被引渡到龙华警备司令部，遭到更加残酷的毒打，皮鞭将他打得全身血肉模糊，两条腿被打断。但这个铮铮铁骨的共产党人始终坚贞不屈，最终惨遭杀害。张宝泉英勇牺牲后，1928 年 6 月 30 日出版的《布尔塞维克》（第 22 期）专载《革命党人的楷模——张宝泉》一文，以示深切悲悼。

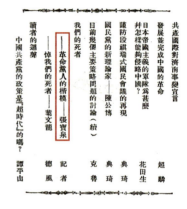

《布尔塞维克》第 22 期专载
《革命党人的楷模——张宝泉》
一文

『中央负责同志
看文件的地方』

中共中央秘书处机关旧址（江宁路）

位于静安区江宁路673弄10号（原戈登路1141号），是一幢一正两厢三开间旧式石库门里弄住宅。1928年至1931年间，这里曾是中共中央秘书处机关所在地。旧址现为静安区文物保护单位。

扫一扫
微听上海

中共中央秘书处机关旧址（江宁路）

"木器行老板"的神秘居所

自 1928 年开始，除善庆坊和遵义里两处办公地点外，中共中央秘书处"还有一个中央负责同志看文件的地方，文件一到，秘书长总要先去看"。这个"看文件的地方"，指的正是戈登路 1141 号。

中共中央秘书处机关旧址
（江宁路）今景

戈登路 1141 号所属里弄的一排房屋是典型的中西合璧式石库门建筑。外部整体联排式布局源于欧洲，外墙细部装饰有西洋要素，内部空间则充满浓郁的江南传统民居特征。作为旧址本体建筑的 1141 号，进门是一个方整的天井，两侧为左右厢房。正对天井的明堂是客堂间，两侧为次间。客堂后依次为灶台间和后天井。客堂间另有楼梯通往二楼。楼梯上去即前楼（主卧室），有正对天井的朝南落地窗。两侧同楼下布局，均为厢房，木窗朝向天井。楼梯北侧是亭子间，再往西又有楼梯可上晒台。

中共中央从武汉迁回上海后，鉴于之前个人携带、保存文电的方式极不安全，且各部委、各地每日呈报中央文件数量大幅上升，在周恩来建议下，中央秘书处租下戈登路 1141 号，辟为阅文场所，专供中央领导阅办文电和召开中央政治局会议，并规定个人不许带文件回家，由阅文场所统一保管。

当时，阅文场所事务由秘书处文书科科长张唯一负责。为了适应残酷的白色恐怖环境，秘书处机关采取"机关家庭化"的做法。张唯一乔装成木器行老板，与"儿子"于达、"儿媳"张小妹居住在这里。向忠发、周恩来、王明、项英等中央领导人，经常到此阅批文电或参加中央政治局会议；各部委非急用的文件、电报、书报刊物等，也交由阅文场所集中保管。随着文件越积越多，周恩来颇为担心，认为一旦遭搜查，极易暴露。在他的指示下，1930 年底，张唯一将阅文场所保管的文件转移到了自己在法租界的另一处居所。从此，文件阅办与保管场所逐渐分离。

突如其来的查抄

张唯一搬离后，戈登路 1141 号并未就此结束使命。1931 年初，中央秘书处工作人员张纪恩化名"黄寄慈"，以其父名义继续租下此处，对外自称小开，来沪求学居住于此。他与夫人张越霞（化名"黄张氏"）住楼下，"佣人"仇爱珍（又名周秀清）住亭子间，即将分娩的"亲戚"苏才住前楼。楼上厢房供中央领导阅文、起草文件和开会之用，为防巡捕搜查，布置成单人间，生活用具、床铺、皮箱等一应俱全，对外谎称登报

被捕后的张纪恩、张越霞夫妇

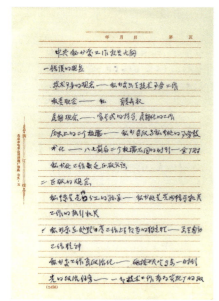

左：张纪恩回忆的《中央秘书
处工作报告大纲》手稿

右：1982 年 5 月 28 日，黄玠
然、张纪恩（右）重回中共中
央秘书处旧址（江宁路），在二
楼楼梯口合影

招租给不识之人。阅文场所还承担了中央秘书处文电收分发、药水密写、刻蜡板、油印等工作，中共六届四中全会的开会内容也是在这里讨论安排的。

同年 6 月 22 日，中共中央政治局常务委员会主席向忠发突遭逮捕。翌日凌晨，阅文场所响起急骤的敲门声，大批中西巡捕蜂拥而入，张纪恩夫妇当场被捕。据邓颖超回忆，"在下午四点多钟，我仍按约定去吃晚饭，到该屋的后门附近，看到在亭子间窗户放的花盆不见了（这是我们规定的警报信号），我没有再前进，立刻转移到另一位同志家里"。曾在中央秘书处工作的黄玠然也提到，那天他到门口时，仇爱珍在二楼阳台抓了一把泥土丢在他头上，示意此地已出事，要他赶快离开。所幸前一日中央派人运走了存放在楼上厢房的两大木箱文件，巡捕除搜到共产国际文件、王明用绿墨水写的手稿各一份外，一无所获。张纪恩后以窝藏、隐而不报的罪名获刑 5 年。

张唯一

"组织了解你，你是好同志"

张唯一，1892 年出生于湖南桃源，青年时期即追求进步，五四运动后曾参与毛泽东领导的驱逐湖南军阀张敬尧的斗争。1927 年七一五反革命政变后，国民党反动当局到处捕杀共产党人和革命群众，张唯一却毅然无畏地在武汉加入了中国共产党。1928 年初，张唯一来到上海，开始了长期的秘密工作。

从 1928 年上半年起，张唯一开始在中共中央秘书处担任文书科科长。当时，中央和各地的来往电报和文件（大部分用药水密写的）都经张唯一之手处理。很多文件都由他亲自密写，送出的文件还要进行各种伪装，外面带来的文件如果有安全问题，他也认真提出意见。张唯一对工作非常细心负责，有时从外面带来的文件和纸条，送的人并没说明有无密写，他也要去洗一洗，有时果然发现有密写的东西。

张唯一搞秘密工作，还很注意掩护。有一次，张纪恩搬家，张唯一嘱咐他到弄堂口的拆字摊去拆个字，以与市民选择黄道吉日作乔迁之喜一样。得益于经验丰富的"伪装"，平日生活看起来和普通市民别无二致，张唯一和邻居关系一直搞得很好，在上海期间，他居住的地方从未发生过问题。他在任何情况下都是从容不迫、镇定自若、临危不惧、从不惊慌的，所以他当时虽只三四十岁，大家却给他起了个"老太爷"的雅号。这个雅号可谓一语双关，除了他年龄较其他同志大之外，还因他外形稳重和思想稳健之故。与他共事过的同志曾这样回忆：张唯一"平时生活艰苦朴素、谦虚谨慎、平易近人、知人善任，能根据各人情况分配适当工作，所以在他领导下的同志对工作从未有过怨言"。由于张唯一长时间不知疲倦、夜以继日地伏案工作，以致积劳成疾，在左胸肋膜上长出毒疮，虽经手术医治，但因当时各种条件均差，终未能治愈收口，后形成瘘管，常年流脓水。

1935 年，张唯一因叛徒出卖被捕入狱。不久被转往苏州军人监狱关押。虽然他在狱中受尽各种折磨，并患骨结核，但仍坚持进行不屈不挠的斗争。1937 年卢沟桥事变后，张唯一出狱来到上海，与八路军驻沪办事处潘汉年接上关系。此后，他长期在周恩来、董必武、李克农直接领导下负责情报工作。新中国成立后，历任政务院情报总署副署长、政务院副秘书长兼周恩来办公室主任、全国政协副秘书长等职。1955 年 12 月因病在北京逝世。张唯一临终前，周恩来和李克农曾专程赶至病榻前对他说："组织了解你，你是好同志。"

闹市中的
『红色堡垒』
中共中央特科机关旧址
（中共六届四中全会会址）

位于静安区武定路930弄14号（原武定路修德坊6号），为一幢红砖砌成的假三层新里住宅。这里曾为中共中央特务委员会（简称"特科"）所在地。1931年1月7日，党的扩大的六届四中全会在这里举行。旧址现为上海市文物保护单位。

扫一扫
微听上海

中共中央特科机关旧址今景

于无声处建奇功

20 世纪二三十年代，政治形势风云变幻，对于年幼的中国共产党而言，这是一个极不寻常的年代。1927 年四一二反革命政变后，一系列"清党"反共的大屠杀使得中国共产党这支新兴的进步力量严重受挫。三天中，在上海的共产党员和工人群众被杀 300 多人，被捕 500 多人，失踪 5000 多人。随后，广东、江苏、浙江等省也相继发生反革命大屠杀，轰轰烈烈的大革命失败了，全国的革命形势转入低潮。中共中央被迫迁到武汉。

为了保卫中共中央机关安全，1927 年 5 月，中共中央决定成立中央军事委员会，周恩来任主任，下设秘书科、组织科和特务科。特务科的工作为此后中央特科的建立奠定了基础。同年七一五反革命政变爆发，国民党汪精卫集团在武汉等地进行大规模"清党"，中共中央又从武汉迁回上海。在上海，周恩来在军委特科的基础上自建了中央特科，由组织局直接领导。1928 年春，中央专门举办学习班，学习怎样做秘密工作、怎样保卫自己、打击敌人等内容，由周恩来、恽代英等讲课。11 月，中央政治局常委会议又决定由向忠发（后叛变）、周恩来、顾顺章（后叛变）组成中央特务委员会，领导特科工作。

特科下设总务、情报、行动三科，总务科

周恩来

陈赓

（一科）负责设立机关，布置会场和营救安抚等工作，科长洪扬生；情报科（二科）负责收集情报，建立情报网，科长陈赓；行动科（三科，也称红队）负责保卫机关、镇压叛徒特务等，科长顾顺章。后又增设无线电通讯科（四科），负责设立电台，培训报务员，开展与各地的通讯联络工作，科长李强。

特科在周恩来领导期间，主要任务是保卫党中央的安全，抗击敌人的迫害，深入敌人的特务机关，探取情报，肃清内奸，有效地粉碎了敌人一次次的阴谋，是名副其实的"红色堡垒"。

一次生死存亡的较量

在这些任务中，特科最核心、最基础的工作，源于情报搜集。情报科在陈赓等的领导下，涌现出李克农、钱壮飞、胡底（史称"龙潭三杰"）等杰出的中国共产党第一代情报工作者。

1928 年，国民党中央组织部调查科主任陈立夫指派徐恩曾开办无线电训练班，扩充特务系统，中共中央特科即派遣李克农、钱壮飞、胡底等人先后考入训练班。钱壮飞还利用徐恩曾同乡的身份，获取徐的信任，担任其机要秘书。1929年底，徐恩曾奉命赴南京组建国民党特务组织——中央组织部调查科（即"中统"前身），钱壮飞也趁机成为"中统要员"，并引入李克农、胡底潜伏。当时，钱壮飞对外公开身份是南京"长江通讯社"社长，胡底为天津"长城通讯社"社长，李克农则在上海主持无线电管理局。

　　1931 年 4 月底的一个星期六，钱壮飞一个人在值夜班，忽然接连收到武汉国民党特务机关发给徐恩曾转国民党中央党部秘书长陈立夫的六封特急绝密电报。封封电报上面都写有"徐恩曾亲译"的字样。这件事引起钱壮飞高度警惕。他立即用之前在徐恩曾处获取的密码本翻译电报内容。译罢，他大吃一惊，原来第一封电报中就这样写着：黎明（顾顺章的化名）被捕，并已自首，如能迅速解至南京，三天之内可以将中共中央机关全部肃清。

　　钱壮飞记下电文内容，当机立断派自己的女婿刘杞夫连夜乘火车去上海，把这个特急情报通过李克农、陈赓立即转告周恩来。刘杞夫走后，钱壮飞立即通知胡底等人迅即撤离隐蔽。钱壮飞也于第二天早晨乘火车返回上海。

左：李克农

中：钱壮飞

右：胡底

接到情报后，周恩来果断采取了一系列周密的紧急应变措施，将中共中央、江苏省委以及共产国际的各个机关全部紧急大搬迁，顾顺章熟知的中共党员也全部撤离。

当顾顺章乘坐的轮船抵达南京的时候，钱壮飞早已离开南京。而党在上海的机关，也早已是人去楼空。党的一次生死存亡的危机就这样在钱壮飞、李克农、周恩来等同志的接力下化解了。

"开铺子做买卖"

此次危机后，为了不让顾顺章等熟知中共中央特科的工作方式，减少顾叛变后所带来的损失，中央特科必须进行大整顿。1931年6月，周恩来主持召开中共中央政治局会议，发表《中央审查特委工作总结》指出：特委工作虽有许多成绩，给予党以不少保护作用，但终因顾顺章一个人的叛变，遂使全部工作发生动摇，这不能不说是特委工作本身的错误的结果。为了整顿特科，中共中央决定：特委的负责人必须由政治坚定、党籍较长，有斗争历史的干部特别是工人干部担任。

陈云在协助周恩来处理顾顺章叛变过程中显示了出色的工作能力，他本人又具备中央规定的上述条件。因此，中共中央决定由周恩来、陈云等重新组成中央特别工作委员会，领导中央特科的工作。但由于顾顺章对周恩来比较熟悉，周恩来在上海已很难继

陈云

续存身。不久，中央决定周恩来停止工作，等候转移到中央苏区。

于是，陈云在危难之际挑起了重建中央特科的重担。他曾回忆道："1931 年顾顺章叛变以后，我是特科主任，康生叫'老板'，潘汉年叫'小开'，我叫'先生'。一直到 1932 年我去搞工会工作，康生接任。康生后来走了，以后就是潘汉年负责。"

执掌特科后，陈云对特科的组织原则和工作方法进行了改革和完善。为了保证特科工作的绝对隐蔽性，陈云要求一切工作人员必须用真实的职业作掩护，其公开的业务则请一些可靠的革命同情者来做。在此之前，特科设置机关必须找殷实店铺作具保，然后才能由自己人用假的身份来租房工作。这样就容易造成机关孤立化，当秘密机关面临危险时只能求助于事后的补救。陈云鉴于该种机关设置方法的弊端，先后在上海各地区请一些同情革命的人士出面开办了二三十个店铺，通过"开铺子做买卖"的方式将机关或接头地点可能面临的危险扼杀于萌芽中。据国民党特务徐恩曾回忆，中共实行新的隐蔽策略后，"我们在共党中所建立的线索，一下割断了……我们只知道共党的地下组织已经变了，但是怎样变？何人负责？机关设在哪里？一切具体情况，我们便茫然无知"。

中央特科改组后，重建了广泛的情报网络和社会关系网。敌人搜捕党组织的行动常常被特科事先侦知并及时通知有关人员、机关转移。在这险恶的环境下，中央特科屡屡救险建奇功，如转移瞿秋白，营救牛兰夫妇，澄清"伍豪事件"真相等等。之后，由于"左"倾错误在上海进一步蔓延，地下斗争的形势继续恶化，党中央机关被迫迁到江西苏区。

链接《《《

27
中共中央特科
武 器 储 存 处
遗 址

中共中央特科武器储存处遗址

　　位于虹口区四川北路 1325 号（原三民照相馆）。原建筑现已拆除。

　　大革命失败后，在白色恐怖环境下，党中央于 1927 年 11 月成立了中央特科。它是由周恩来直接领导，为了保卫党中央的安全而创建的与敌人进行隐蔽斗争的组织。1930 年中央特科在上海某洋行买到许多枪支储放各处，三民照相馆是秘密储存武器的地方之一，由陈赓负责掌管。1931 年，原中央特科顾顺章被捕叛变，武器储存处遭到破坏。

中共中央特科武器储存处遗址旧景

中共中央军委机关旧址

**风雨经远里，
军史丰碑地**

位于静安区新闸路613弄12号（原新闸路经远里1015号），是一幢砖木结构坐北朝南旧式石库门里弄住宅。1928年至1929年间，这里既是中共中央军委机关所在地，也是杨殷、彭湃、颜昌颐、邢士贞四烈士被捕处。旧址现为上海市文物保护单位。

扫一扫
微听上海

中共中央军委机关旧址今景

"党指挥枪"的历史从这里开篇

根据共产国际指示，1925年10月，中共中央决定，在"中央委员会之下必须设立军事运动委员会"。同月中旬，中央军事运动委员会在上海成立。12月，中共中央发出通告，指出10月提到的"军事运动委员会"是个"印刷错误"，应改为"军事部"。聂荣臻回忆说："这是我们党中央最早的军委。因为当时广东区委已成立了军事部，我们的党员从事军事工作的越来越多，中央需要有个专门机构掌握这方面的情况，再加上王一飞同志建议成立军委，陈独秀接受了这个意见。"从此，中国共产党开始从组织建设上探索对军事斗争的指挥领导。

随着革命形势的发展变化，中央军委的机构名称和隶属关系不断变迁。1928年，中共六大决定重新设立中央军事部，直属中央政治局常务委员会，规定"中国共产党的一切军事工作都应集中于中国共产党中央军事部"，同时还决定在中央军事部之下设立中央军事委员会，作为就军事问题进行讨论和建议的机关。1929年1月，中央政治局会议决定在中央政治局下设立军事委员会，作为中央军事决策机关，即原中央军事部军事委员会改为中央政治局军事委员会。中央军事部和中央军事委员会一度并存。1930年2月12日，中央政治局会议决定健全军委，将中

经远里弄口旧景

央军事部、军事委员会合并，称中共中央军事委员会，直属
中央政治局。新成立的中央军委，成为具有完整意义的全党
军事工作与武装力量的最高领导机关，周恩来任书记，机关
与中共中央一同驻上海。

　　中央军事委员会（中央军事部）在上海期间，面对白色
恐怖愈演愈烈的境况，在宣传马克思主义军事理论、培养军
事干部、调查收集相关情报、制定各地起义计划、派遣干部
到各地组织领导武装起义、创立人民军队等方面进行艰苦卓
绝、英勇壮烈的斗争，为指导各地红军建设作出历史性贡献，
为人民军队的发展壮大积累了宝贵经验、奠定了坚实基础。

一封写给"冠生"的诀别信

　　1929 年 2 月，中央军委秘书白鑫根据指示，以租客身份
租下新闸路经远里 1015 号，作为中央军委、江苏省委军委的
一个重要联络点。然而未曾料到，白鑫面对国民党反动当局
日甚一日的白色恐怖，目睹身边同志们纷纷被捕或牺牲，心

杨殷　　　　　　彭湃　　　　　　颜昌颐　　　　　　邢士贞

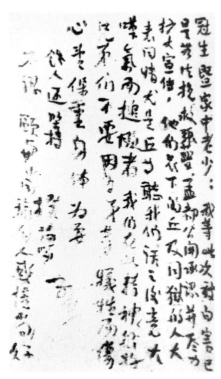

杨殷、彭湃写给党中央的最后一封信

生恐惧，逐渐萌生了背叛革命的想法。加之此前他的一个亲戚因在海陆丰叛变逃跑，被根据地负责人彭湃下令处决。于是，白鑫叛变投敌，他通过关系与国民党上海市党部情报处长范争波取得联系。两人密谋，意欲一举破坏中央军委机关。一场蓄谋的搜捕即将发生。

1929年8月24日下午，中央军委、江苏省委军委在新闸路经远里1015号召开联席会议，与会者有中央政治局常委、中央军事部部长、中央军委主任杨殷，中央政治局委员、中央农委书记兼江苏省委军委书记彭湃，中央军委委员颜昌颐，江苏省委军委干部邢士贞和上海总工会纠察队副总指挥张际春。4时许，公共租界工部局巡捕房的数辆红皮铁甲车突然呼啸而至，大批荷枪实弹的武装巡捕、军警破门而入，大肆搜捕。因事发突然，后门和弄堂路口又有重兵把守，根本无法撤离，杨、彭、颜、邢、张等5人当场被捕。

杨、彭等人的被捕，令党中央极为震惊。周恩来立即主持召开紧急会议，同中央特科一起研究营救办法，决定迅速摸清情况，不惜一切代价进行营救。当得到国民党反动当局将于8月28日把彭湃等转解至龙华国民党淞沪警备司令部的情报后，决定于押解途中武装解救。但最终却因枪械出现问题错过时间以致营救失败。

被引渡至龙华淞沪警备司令部监狱后，杨殷、彭湃等因身份暴露，自知必死无疑，就抓紧最后时间，在狱中积极宣传党的主张和思想，说到激动处，还齐唱《国际歌》，引得囚犯和进步看守士兵高呼口号和之。"有些久闻彭湃大名的人，闻得

彭湃在此，均争相来看；还有几个识得彭湃的人，均以旧时相
识为荣。"敌人用铁杆把彭湃两个膝盖压得血肉模糊，血流满
地。但严刑拷打不能使坚强的战士屈服。他乐观地在墙壁上画
了一条龙，对难友们说自己快要"飞龙升天"了。杨殷也坦然
笑说："朝闻道，夕可死矣。"当时，蒋介石抵沪欲亲自审讯，
却意外遇刺，遂下令将杨、彭等人"就地正法"。

在死亡即将来临的最后时刻，杨殷和彭湃联名给"冠生
暨家中老小"（"家"指党中央，"冠生"即周恩来）写下了一
份秘密报告，向党、向最信任的战友倾诉自己的感情，表达
英勇就义的决心。这份只有短短 100 多字的诀别信，字字重
若千钧。"我们在此精神很好"，表现了共产党人在屠刀面前
的浩然正气，视死如归。"兄弟们不要因弟等牺牲而伤心。望
保重身体为要"，凝聚着杨殷、彭湃等对同志真挚的关心与深
厚的情谊。

英雄无畏，血筑坦途

8 月 30 日行刑前，杨殷、彭湃、
颜昌颐、邢士贞四同志激昂慷慨地向士
兵及在狱群众说完最后赠言，唱着《国
际歌》，呼着口号出了狱门，英勇就义。
一同被捕的张际春因系黄埔军校一期
生，与蒋介石有着师生关系。蒋欲借此
瓦解争取黄埔生中的共产党人，在保下
白鑫的同时，特将张际春区别处理，张
也成为彭湃案中唯一的幸存者。然而，

《红旗日报》1930 年 8 月 30
日"纪念着血泊中我们的领
袖"专栏

彭杨军事政治学校学员的毕业证书

张际春采取不合作态度，直至 1933 年病逝于重庆。

1930 年 8 月 30 日，军委四烈士牺牲一周年之际，中共中央机关报《红旗日报》发表了周恩来以"冠生"为笔名撰写的文章《彭、杨、颜、邢四同志被敌人捕杀经过》，刊于头版"纪念着血泊中我们的领袖"专栏。文章称，"没有前仆后继的革命战士，筑不起伟大的革命的胜利之途！"杨殷、彭湃等"革命领袖的牺牲，照耀在千万群众的心中，熔成伟大革命的推动之力，燃烧着每一个被压迫群众的革命热情，一齐奔向革命的火原！"周恩来还勉励同志们道："我们在死难的烈士前面，不需要流泪的悲哀，而需要更痛切更坚决地继续着死难烈士的遗志，踏着死难烈士的血迹，一直向前努力，一直向前斗争！"

为纪念彭湃、杨殷两位烈士，党在各根据地成立了多所"彭杨政治军事学校"，为红军和地方游击队培养了一大批优秀的军事政治干部，为夺取革命战争的胜利作出重要贡献。

29

陈毅起草"九月来信"所在地遗址

链接《《《

陈毅起草『九月来信』所在地遗址

位于黄浦区湖北路 203 弄（原新苏旅社），原建筑已拆除。

1929 年 8 月下旬，陈毅到达上海，居住于新苏旅社。8 月 29 日，中央政治局召开会议，听取陈毅关于红四军全面情况的详细汇报，并决定组成李立三、周恩来、陈毅三人委员会，由周恩来召集，负责起草对红四军工作的指示文件。9 月间，陈毅在此撰写了《关于朱、毛红军的历史及其现状》《关于朱、毛红军的党务情况报告》等材料，起草了《中共中央给红四军前委的指示信》（即"九月来信"）。

"九月来信"总结了红四军及各地红军的斗争经验，说明了红军在中国革命中的重要地位和作用，强调"先有农村红军，后有城市政权，这是中国革命的特征，这是中国经济基础的产物"，指出"党的一切权力集中于前委指导机关"。中共中央的这封指示信，对红四军党内的争论问题作出明确结论，对红四军领导人有所批评，但是强调了团结，要红四军前委和全体干部战士维护朱德、毛泽东的领导，提高指导机关的威信，并明确指出毛泽东"应仍为前委书记"。

左：陈毅起草"九月来信"所在地遗址旧景

右：中央"九月来信"

古董店里的『神秘生意』

中共中央与共产国际代表联络点遗址

位于静安区南京西路（原静安寺路）681—683号，原为一处两开间上下两层的沿街门面房。该址因市政建设拆除，所在地块改建为街角绿地。

中共中央与共产国际代表联络点遗址旧景

1922 年 7 月，中共二大议决参加共产国际，成为其一个支部。在中国共产党创建、大革命和土地革命时期，共产国际先后派出多名代表来华指导，对中国革命发展发挥重要作用。由于共产国际代表都是外国人，长相举止比较惹人注意。考虑到外国人很喜欢买中国的古董，如果以欣赏或购买古董的方式前来接触，不大容易引起怀疑。

朱锦棠

于是，1929 年夏，中共中央在静安寺路上开设一家古董商店，作为与共产国际代表的联络点。为什么选在这里开店？原来在 20 世纪 20 年代末，上海的俄侨人口增长迅速，当时静安寺路上的俄侨商店多达 20 余家，如华懋药房、第一西比利亚皮货公司、莫斯科服装公司等。因静安寺路上有大量俄侨活动，在此开设店铺传递情报，于熙熙攘攘的闹市中更不易被察觉，"安全系数"进一步提高。

这家古董店有两开间的门面，店堂并不深，楼上楼下都是摆设古董的柜台。受周恩来派遣，曾任中国赤色救济会党团书记的朱锦棠担任古董店"老板"。他将中共中央或共产国际的文件和指示藏在指定的古董里，同共产国际代表接洽。以古董店为掩护，共产国际同中共中央保持着密切联系，指导中国革命。

开创通讯先河

中共中央第一座无线电台遗址

位于静安区延安西路420弄（原大西路福康里）9号。原建筑是一栋三层楼石库门房子。1929年秋，李强、张沈川合力建立的中共中央第一座无线电台在这里诞生。原建筑现已拆除，该地块改建为美丽园大厦。

中共中央第一座无线电台遗址
旧景

一台功率只有 50 瓦的电台

1927 年 10 月上旬，中共中央机关由武汉迁回上海，当时正值大革命遭到失败，极端的白色恐怖笼罩着整个中国。作为四一二反革命政变的发生地——上海更是腥风血雨，特务密布，形势严峻。然而，党的情报传送还处于靠交通人员传递的传统方式。

为了保证中共中央的安全，也为了加强党中央和各地的联系，及时了解各地斗争情况，指导革命实践，党中央决定筹建秘密电台。

李强

1928 年 10 月，周恩来开完中共六大回到上海不久，就决定让李强研制无线电收发报机，派张沈川学习无线电收发报技术。为此，周恩来亲自同他们两位谈话。

当周恩来提出这项任务时，李强感到有些为难。在大学里，李强是学土木工程的，学的是"修铁路、建桥梁"，从来没有和电讯打过交道，连收发报机都没有看见过。而且当时国民党对无线电设备控制得非常严格，书店里也找不到有关的中文书籍。可周恩来认为，李强英文基础较好，完全可以用英文的无线电专业书自学。听了周恩来的话，李强当即表示：既然中央已经决定搞无线电，又把任务交给我，那我就边学边干，全力以赴。

李强接受任务后，一面刻苦攻读组织设法搞到的一套美国大学用的无线电教材，一面以无线电爱好者的身份，同当时在沪经营美国无线电器材的亚美公司和大华公司的商人交朋友，从他们那里陆续购买了电台所需的发动机、零部件和其他一些材料，以及有关无线电方面的书刊，边学边摸索。

中国共产党第一部
无线电台发报机
（复制品）

经过一年的努力，终于在1929年造出自己设计、制造、组装的第一部收发两用的无线电台。但是这部电台的功率只有50瓦，灵敏度不是很高，效果究竟怎样，李强心里没底。

正好张沈川在国民党创办的上海无线电学校学习无线电收发报技术已经结业。于是李强就请他来操作、检验这部刚诞生的收发报机。张沈川用这部电台，先从抄收国民党电台的国际新闻与气象预报开始，然后再与世界各国的业余无线电联系通报，结果证明这部自制的无线电台完全合格，可以使用！

从此，李强和张沈川携手建立起中共中央第一座无线电台。1929年冬，党组织在公共租界大西路福康里9号租下一幢石库门三层楼房，作为无线电台的台址。周恩来获知喜讯后，还亲自编制了第一本密码。电台建立后，由李强负责机务，张沈川负责报务，开启了中国共产党无线电时代。

打通沪港空中连线

第一座无线电台建立后，1929 年 9 月，中共中央派李强前往香港建立电台，旨在打通沪港空中连线。为了完成这一任务，李强先后两次赴港。

第一次，李强一个人前往香港，主要是寻找电台的设址。经过几番寻找与比较，李强找到了九龙弥敦道第二条横马路的一所房子，一个既适于隐蔽，又利于工作的地方。李强选中这栋房子后，租下第四层，并在当地找了一位朝鲜同志当报务员，又找了会说粤语的同志住下作掩护，便回到上海。

1929 年年底，李强带着报务员黄尚英到香港，同时还携带了电台和密码。到港后，李强立马安装好电台，并按照预先约好的波长、呼号和时间，收听上海党中央的声音。双方都听到对方的声音后，就开始通报了。大约 1930 年 1 月，沪、港两台首次通报。香港台为黄尚英，上海台为张沈川。据张沈川回忆，首次通报时，大家都兴奋地跳了起来，他立马和黄尚英在电键上相互祝贺通报成功。

但是，由于当时通信技术不是很熟练，自造的收发报机的准确性和灵敏度不是很高，发射天线的装置常常受到环境的限制等原因，通常一小时就能做完的事情，却要两小时才能完成。但就是在这样的条件下，党的情报信息不断从上海通过香港的中转，送至根据地。

不幸的是，1930 年 5 月，由于在香港生活条件特别艰苦，黄尚英身患肺病，无奈调回上海医治，继而赴杭州疗养，8 月逝世，年仅 20 岁。黄尚英是党第一位以身殉职的报务员。

电台被迫转移

20 世纪 30 年代的上海，白色恐怖严重，一座秘密电台要长期隐蔽而不被破坏，很不容易。当时，国民党政府同租界工部局勾结起来，常把定向电台装在汽车上，每晚在马路上巡回侦查秘密电台的方位。1930 年阎锡山、冯玉祥和蒋介石中原大战展开的时候，冯、阎设在上海的秘密电台都被蒋介石的定向电台先后侦破。中共中央第一座无线电台却保存了下来。这主要归功于党的保密工作与极其严格的组织纪律。

秘密电台在大西路设立后，组织派了蒲秋潮"住机关"，做掩护工作，也学习收发报，并将房子布置得像富裕之家，隐蔽在茫茫大上海。而且秘密电台管理很严格。工作时间一般都在左右邻居入睡后的深夜一点到两点多钟，在电台工作的中共党员住进此处后，就要断绝社会关系，一两年才与亲人通一次家信。

然而，福康里的房屋是新建的，靠近英国兵营，屋后是一大片菜地。当时租用 9 号房屋时，左邻是空着的，但不久，左邻改做妓馆，专门接待英国兵。有时，英国兵找错房子还会走到 9 号房屋。为了安全起见，张沈川等联合周边邻居向英国兵营和公共租界工部局控告，给左邻施压，让妓馆搬走。里弄又恢复了安静。

但是，那时电台设备并不完善，发射天线不能按规格架空，只能装倒 L 式，高于屋瓦

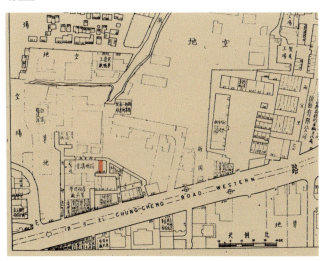

中共中央第一座无线电台遗址方位图

一尺，深夜工作时拉上，工作完成了放下，虽然红瓦和天线（紫铜线）的颜色差不多，远处不易辨认，但外置天线给电台增加了一分危险。此外，功率 50 瓦的电台和九龙通报时，声音很细，效率很低，改装为 100 瓦后，虽然解决了这个问题，但报务员一按电键，常常会使全弄各家电灯闪跳，就会听到邻居叫喊："今晚电灯为什么这样闪动？"这些难免会让邻居生疑。

更甚的是，一天深夜，电台居然被一个小偷光顾。小偷爬到二楼窗前偷走了一些衣服，临走时，还抱着衣服走出房门，爬上三楼晒台——竖立电台天线杆的地方逃走。工作人员怕暴露电台，都不敢声张，心里暗想福康里的秘密电台已经不是很安全，需要另找台址。

于是，1930 年 5 月中旬，电台迁到公共租界赫德路（今常德路）福德坊 1 弄 32 号，墙外即万国公墓。原"住机关"的蒲秋潮派往天津工作后，由于昆夫妇驻守电台。

新中国成立后，张沈川在赫德路福德坊 1 弄 32 号前门留影

位于黄浦区巨鹿路 391 弄（原巨籁达路四成里）12 号，是一幢三层砖木结构一开间坐西朝东石库门里弄住宅。1930 年 9 月，中共中央无线电训练班在此举办。

中共中央无线电训练班
旧址里弄口今景（手绘）

扫一扫
微听上海

潜入"上海无线电学校"

　　周恩来在吩咐李强组装党的第一部电台的同时，还曾找来张沈川，要求其学习报务。张沈川原是青岛大学的学生，担任过青岛学生联合会主席，还参与领导过罢工斗争，是一名 1926 年入党的党员。1928 年 10 月，周恩来找到张沈川时，他正任上海法租界中共地方党支部书记。听完周恩来的指示，对无线电一窍不通的张沈川一口答应愿意为党学习无线电通信技术。

　　正巧，上海报纸上登载了一条"上海无线电学校"招生广告，学校地址在老西门蓬莱路。张沈川跑到那里一看，只

中共中央无线电训练班旧址旧景

见"上海无线电学校"的牌子和"国民革命军总司令部第六军用电台"的牌子挂在一起，明白这所学校原是第六军用电台台长和几个报务员为捞外快设立的。于是，张沈川化名张燕铭，报了名，并以优异的成绩考进了这所学校。当时无线电学校第一期招生只有 50 名，学生一律走读，学习时间多在晚上。学习时间半年：1929 年 1 月开学，1929 年 5 月结业。

　　这个无线电学校请了交通大学两名教授讲理论课，电台的报务员教收发报技术。张沈川在离学校不远的法租界菜市

路培美里培德小学二楼亭子间住下。为了搞好与这个小学的关系，他主动在白天给小学的学生义务教一小时的课，晚上则到无线电学校学习。为了便于张沈川更好地学习，组织给他买了电键、蜂鸣器、干电池等自学的应用工具，又用12块银圆买了一个矿石收音机和耳机。李强还帮他在住所装了天线、地线，供他练习收发报技术，尽管当时只能收抄徐家汇天文台长波发射的法文气象预报。

党组织的帮助加上自身努力，张沈川不仅在1929年5月顺利结业，而且还被留下来当实习生。但不久，由于张沈川未处理好李明瑞电宋子文拨款买书电报的事情，被迫离开第六军用电台，继而参与李强的研制收发报机的工作。

亭子间来了位"家庭教师"

随着红色电讯事业的发展，党亟须大批掌握无线电通讯技术的人才。于是，1930年3月，中央特科举办了第一期无线电训练班，周恩来指示由李强负责。

第一期无线电训练班采取分散居住，单线联系，登门教学的"家庭教师"式的教学方式。教员即李强和张沈川。学员则是来自苏区，或从外地调来的同志。当时参加学习的有黄尚英、王子纲、伍云甫、曾三、曾华伦、王有才、刘光慧（女）、赵荫祥（女）、蒲秋潮（女）等。由于学习的经历不同，文化程度不一，李强和张沈川还采取因材施教，从实际出发的办法来教。

据参加第一批学习的伍云甫回忆，各学员分散地住在几家亭子间内。张沈川则跑到各个学员住所一对一进行发报和收报教学。当时教学设备非常简陋，只有一只电键、一只蜂鸣器、两支铅笔和几本拍纸簿。学员们敲打电键，张沈川则在旁边纠正姿势；或是张沈川示范发报，学员们则听着蜂鸣器发出的滴滴答答的声音抄报。上海的夏天相当炎热，亭子间被太阳一晒，热得像蒸笼一样，学员们经常打着赤膊练习，浑身也都是湿淋淋的，汗水常常把拍纸簿都浸湿了。但大家一戴上耳机就好像什么都忘了，仍然聚精会神地抄收耳机中出现的每一个电码。

在认真教员和刻苦学员的努力下，这种"家庭教师"式的无线电训练班两三个月间就为党培训出第一批优秀的无线电通讯技术人员。

没有业务、没有机器的"福利电器公司"

四成里弄口旧景

随着革命形势的发展，苏区和红军对无线电人才的需求与日俱增，分散培训的方式已然不能满足现实的需求。1930 年9 月，中央决定采用集中训练班的形式培训电台人员。中共中央无线电训练班便在法租界巨籁达路四成里的一幢普通石库门房子里诞生了。

为了掩人耳目，工作人员在石库门楼前挂上"上海福利电器公司工厂"的招牌作幌子，而底层则辟作工厂间，安置橱窗，内放有待修理的收音机、无线电零件、电池、灯泡等，并布置了工作台、老虎钳、马达；二楼为教室兼宿舍，放置黑板、桌椅等；亭子间作教员办公室。训练班由中央特科顾顺章和李强负责，张沈川担任教员负责报务，吴克坚分管行政财务，方仲如教电学兼管学员生活和政治学习。学员分别由广东、江苏、湖南、福建省委选派，共16人。为了安全保密，学员打扮成工人模样，教员则对外称经理或工程技术人员，并在三楼窗口安置安全信号。

尽管做了周密的伪装工作，但由于虚设的工厂既没有对外业务往来，又没有隆隆的机器声；没有运进的原料，更不用说出厂的产品。因此，秘密训练班马上引起了敌人的注意。11月中旬的一天，一个自称是自来水公司检修水管的人进厂，到每个楼层都看了一遍。过了几天，又有四个"白相人"闯进工厂，东张西望，满口流氓帮话，直至李强出面给了四块大洋方才离开。连续两次可疑事件的发生，引起了学员们的警惕，但没有得到高度重视，只是将厂内的一些进步报刊、文件等重要资料转移到古拔路（今富民路）张沈川住所。

1930年12月17日，石库门房外吹着彻骨寒风，下着蒙蒙细雨，学员们正在张沈川、曾华伦两位教员指导下，紧张地学习收发报知识。突然，六个巡捕破门而入，将在场的张沈川等20余人全部逮捕。所幸，有学员趁敌人不注意时设置了安全警号，这才避免了更多同志被捕。

张沈川等人被捕后，任凭敌人施用各种刑罚还是糖衣炮弹，始终对党的机密守口如瓶。几年后，无计可施的敌人只好以"危害民国紧急治罪法"，判处被捕的20余人有期徒刑。但不幸的是，酷刑的煎熬致使陈保礼、麦建屏、谢小康、张庆福四人病逝在狱中。

全国苏维埃代表大会中央准备委员会机关遗址

『红色中华』从这里孕育

位于静安区愚园路 259 弄 15 号（原愚园路庆云里 31 号），原是一幢三层旧式楼房。1930 年至 1931 年间，全国苏维埃代表大会中央准备委员会（简称"苏准会"）机关就设于此，负责中华苏维埃共和国各项法令和文件的起草以及召开"一苏大会"的基本准备工作。这里也是"苏准会"秘书长林育南的居所。原建筑因市政建设拆除。

全国苏维埃代表大会中央准备委员会机关遗址旧景

里弄深处的"苏准会"机关

大革命失败后，中国共产党独立开展武装斗争，开辟革命根据地。共产国际及时向中国共产党下达了革命运动向新的苏维埃运动过渡的指示，党领导的以武装斗争为主要形式、以土地革命为主要内容和以建立工农政权为主要目标的苏维埃运动在中国蓬勃而起。到 1929 年下半年，党和红军在赣、湘、鄂、闽等 13 省开辟出 15 块革命根据地。客观形势的发展，使建立一个全国性的中华苏维埃中央政府的使命愈加迫切。遵照共产国际的指示，时在上海的中共中央决定召开一次"全国苏维埃区域代表大会"，讨论正式召开全国苏维埃代表大会事宜。

经过辛苦的筹备工作，1930 年 5 月，全国苏维埃区域代表大会在上海召开。会议议定将组建全国苏维埃代表大会中央

全国苏维埃代表大会中央准备委员会
第一次全体会议会场旧景

准备委员会（"苏准会"），负责在苏区召开的全国苏维埃代表大会的筹备工作。9 月中旬，"苏准会"在爱文义路（今北京西路）690—696 号举行第一次全体会议，会议决定正式成立中央准备委员会常务委员会。常委会下设秘书处，中华全国总工会执行委员、秘书长林育南担任秘书长，李莲珍（李林贞）、张文秋、彭砚耕、柔石、冯铿、胡毓秀等为秘书处工作人员。

　　"苏准会"机关设在愚园路庆云里 31 号，主要任务是起草建立中华苏维埃共和国所需的《宪法大纲》《劳动法》《土地法》和经济、外交、肃反等重要法令政策文件。该处由林育南化名李敬塘，以新加坡归国华侨、皮货富商的身份租下。除林育南与妻子李莲珍入住外，还有胡毓秀以林育南"表妹"的身份，偕丈夫李星月（李平心）同住。

林育南

为"一苏大会"的召开贡献力量

　　当时，中央领导人周恩来常到"苏准会"机关指导文件起草工作。据胡毓秀回忆，周恩来第一次到这里来时，化了装，连胡毓秀也几乎认不出来，但周恩来一眼就认出胡来，亲切地叫了声："小鬼！"胡毓秀高兴得什么都忘了，脱口叫了一声"参谋长"。原来，南昌起义时，是周恩来亲自批准胡毓秀参加起义部队，当时周恩来和贺龙、叶挺、刘伯承等组成参谋团，负责军事指挥，胡毓秀就在参谋团工作。但这回，由于这是秘密机关，凡事须小心谨慎，所以周恩来摇摇手低声说："小鬼！这里不好这么叫。"

《中华苏维埃共和国宪法大纲》
（1931 年 11 月 7 日）

周恩来到"苏准会"机关的次数很多。每次来，他总是按照事先约定的暗号，轻轻敲门三下。这期间，对于"苏准会"起草的中华苏维埃第一次全国代表大会（"一苏大会"）文件，周恩来从内容到形式，从总则到各个条款，都提出了明确而具体的意见，且同林育南等一起反复修改，再提交"苏准会"常务委员会集体审定。据参与此项工作的张金保回忆，"林育南不厌其烦地把宪法草案逐条地念给我们听，反复地进行讲解……只记得大家讨论得很起劲，有时甚至争论得面红脖子粗，但意见统一后，林育南就高兴地说：'加餐！今天喝点酒！'其实并没有加餐喝酒，只不过说说助兴而已"。

除了周恩来，瞿秋白、李维汉、任弼时、恽代英、王稼祥等党中央领导同志也经常来此，对《宪法大纲》等文件的起草提出过许多重要意见和建议。这些凝聚众人心血的法律文件，其中包含的立法思想、立法原则和立法方法，为即将建立的中华苏维埃共和国制定若干法律，乃至新中国成立后

1931年11月7日，苏区中央局委员合影，左起：顾作霖、任弼时、朱德、邓发、项英、毛泽东、王稼祥

进行各方面的立法立宪工作都产生了重大影响。

1931 年 11 月 7 日，"一苏大会"在江西瑞金叶坪村开幕。大会历时 14 天，宣告了中华苏维埃共和国临时中央政府的正式成立，通过了"苏准会"秘密机关起草的中华苏维埃《宪法大纲》等一系列法律法令，选举产生了中华苏维埃共和国中央执行委员会，毛泽东当选为中央执委会主席。一个新型的中华苏维埃共和国喷薄而出，"毛主席"的称谓也就此流传开来，江西荒僻山坳里伟大预演了十八年后的新中国诞生。

为有牺牲多壮志

1930 年 12 月，因国民党当局对中央苏区发动军事"围剿"，欲赴瑞金筹备中华苏维埃第一次全国代表大会的林育南被迫中途返沪，旋即卷入和王明路线的斗争之中。1931 年 1 月 17 日，林育南一直没有回到"苏准会"机关。次日凌晨，妻子李莲珍把胡毓秀叫醒，神色不安地说："你'大哥'到现在还没回来，是不是发生什么事了？"原来，17 日这天，林育南等在东方旅社研究反对王明"左"倾教条主义错误问题，因叛徒告密，被国民党军警及租界巡警逮捕。

以此事件为开端，国民党按匿名电话举报线索，施行了连续几日的大搜捕，何孟雄、柔石、李求实等 36 名共产党员和左翼作家先后被捕。由于情况紧急，李莲珍、胡毓秀跑上三楼，把后窗玻璃上贴的纸条和窗台上的花盆拿掉，以提醒其他同志不要再到机关来。随后，李莲珍、李星月、胡毓秀等人秘密转移至他处。

在狱中，林育南等利用一切手段互通消息，互相鼓励，与敌人展开面对面的斗争。他们深知此时身处绝境，断无生还可能。为了共产主义事业的胜利，为了人民的翻身解放，他们已准备好牺牲自己的生命。1931 年 2 月 7 日，林育南、何孟雄等 24 位革命志士在龙华监狱遭到集体秘密杀害。"龙华二十四烈士"生前大都曾为"苏准会"工作，他们的牺牲是革命事业的重大损失。

地下号角

中共中央秘密印刷厂旧址

位于黄浦区新昌路（原梅白克路）99号，是一幢坐西朝东、砖混结构沿街三层公寓式建筑。1931年至1932年，中共中央秘密印刷厂曾设于此。旧址现为上海市文物保护单位。

中共中央秘密印刷厂
旧址今景（手绘）

扫一扫
微听上海

1931 年初，中共中央派中央出版发行部经理毛泽民与钱之光在齐物浦路元兴里（周家嘴路 998 弄）146—148 号筹建中共中央秘密印刷厂。同年 4 月，中共中央负责保卫工作的顾顺章在汉口被捕叛变，秘密印刷厂面临暴露的危险。于是，毛泽民、钱之光等将印刷厂转移到梅白克路的一幢新建红砖三层公寓内，底楼开设烟纸杂货铺，铺面紧靠街道，可以及时给楼上秘密印刷的工人提供紧急情报信息；二楼三个小房间作为钱之光等负责人的住房；三楼则是印刷厂，排字、印刷、装订等设备都隐蔽于此。

毛泽民

中共中央秘密印刷厂的主要领导者为毛泽民，实际负责人是钱之光。为了安全起见，钱之光化名徐之先，以烟纸店老板身份作掩护开展秘密印刷工作。施有章、赵锡群负责印刷；杜梅臣负责铸字、印模、制型版；杜延庆、霍彤光负责排字；何实山、何实嗣、钱宛正负责装订、包装。后来，由于印刷业务增加，钱宝林、钱广才也加入印刷厂，主要负责店铺的营业。

印刷厂地处上海市中心，以周边闹市区的繁华为掩护，秘密印制出版了苏区来的文件、文章，印制有关宣传形势、罢工斗争情况的传单，同时还印刷《党的建设》《红旗周报》《布尔塞维克》《实话》等革命刊物。当然，运送印刷品也十分危险，因此极为隐蔽。为掩人耳目，印刷厂的工人们有时装成运送货物，有时把印刷品藏在藤箱、网篮内带出。就是在这样周密的安排与掩护下，秘密印刷厂在白色恐怖笼罩的上海坚持了近一年，依然安然无恙。

直至 1932 年夏，为了避免引起邻居怀疑导致印刷厂暴露，钱之光等又将印刷厂搬至麦特赫斯脱路（今泰兴路），后又转移至武定路、张家宅路。

在毛泽民、钱之光等共产党员的努力下，中共中央秘密印刷厂在敌特密布的险境中辗转工作，承印了党的许多文件、报刊和各种宣传资料，及时向全国各地传达了党中央的各项方针、政策，广泛传播了马列主义，在茫茫长夜的中华大地上，为党吹响了战斗的号角！

『云上』的『地下』工作

中共临时中央政治局机关旧址

位于静安区奉贤路290弄1号（原西摩路332弄29支弄云上邨1号），是一幢砖木结构的两层旧式石库门里弄住宅。1931年至1932年间，中共临时中央政治局机关曾设于此。

中共临时中央政治局机关旧址今景

扫一扫
微听上海

"临时中央"在上海成立

博古

新民主主义革命时期，作为党的领导核心机构，中共中央政治局曾出现过两次"临时"的名称，均是在特殊背景下形成的。第一次的名称为"中共中央临时政治局"，是中共第五届中央委员会改组后成立的临时领导机构，从1927年八七会议成立，直至1928年中共六大选出新的中央政治局。第二次的名称为"中共临时中央政治局"，当时俗称"临时中央"，成立于1931年9月，直到1933年1月进入中央革命根据地后，同苏区中央局合并。

1931年4月，中共中央政治局候补委员、参与领导中央特科工作的顾顺章在武汉被捕叛变。6月，担任中共中央政治局主席和中央政治局常务委员会主席的向忠发在上海被捕叛变。这两人的相继叛变给中共中央机关和中央领导人的安全造成极大威胁。在周恩来等人的领导部署下，党组织采取果断行动，迅速将中央机关和中央主要领导干部转移到安全地带或撤离上海。王明于10月前往莫斯科，周恩来于12月底前往中央根据地。当年9月，由于在上海的中央委员和政治局委员都已不到半数，根据共产国际远东局的提议，在上海成立临时中央政治局，由博古、张闻天（洛甫）、康生、陈云、卢福坦、李竹声六人组成。博古、张闻天、卢福坦三人任中央常委，博古负总的责任。这个中央临时领导机构，随后得到共产国际的批准。以博古为首的临时中央虽然继续贯彻执行以王明为代表的"左"倾错误路线，致使革命力量遭遇严重损失，但在反帝抗日、坚持白区斗争和在苏区进行反"围剿"战争、实行土地革命、加强根据地建设等方面，还是作出了一些正确指示。

陈云曾在此"谈生意做买卖"

临时中央成立后，党组织委派应修人、曾岚夫妇寻找一处独住的、适合一般中上等人家的新住所。几经周折，他们最终在西摩路小菜场旁边的一条小弄堂里选定了一幢两上两下的楼房——云上邨 1 号。云上邨是 20 世纪 20 年代建造的新式里弄，有砖木结构二层房屋 7 幢，取业主姓名中的"云"字，称为"云上邨"，含"青云直上"之意。对此，曾岚回忆道："修人说这个弄堂的名字真好，叫做'云上邨'，我们在'云上'做'地下'工作，好不优哉游哉。"

当时，应修人夫妇住在楼下，楼上由柯庆施出面租下，再分租给党内同志。为了避免引起弄堂管理人员的怀疑，屋内全部布置了红木家具，穿的衣服也不得不讲究一些。应修人外出时就穿上皮袍，打扮成大少爷的模样，回到家后就脱下皮袍，拖地板、洗碗盏等家务活样样都干。1931 年至 1932 年间，这里成为临时中央政治局常委的秘密联络点，博古、张闻天、康生等常到此开会。

云上邨弄口旧景

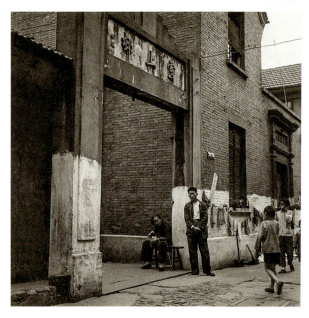

陈云作为临时中央政治局成员，后又担任临时中央政治局常委，经常来到云上邨1号办公。他乔装成谈生意做买卖的"先生"，头戴瓜皮帽，长袍外面罩着背心，手拿公事皮包，实际上是与时任临时中央会计的应修人商议中央财经工作。有一次，"先生"走进房间，就把皮包往桌子上一放。桌子是靠窗的，对面人家有可能从楼上厢房的窗户看到这里。曾岚一见陈云把皮包打开，就急忙走上去，想把窗帘拉拢起来，陈云见状却摇摇手道："不用拉了。"他一面说，一面叫曾岚把头靠在桌面上望望对面的厢房，问她："你看得见对面的窗子吗？"

"只看见天。"曾岚回答。

"那就行了。"陈云笑着说，"不要引起邻居的怀疑，每次看见我这样服装的人进来，就把窗帘拉拢。刚才你不是试过了吗？只见天，不见窗。这是小事，但不能大意。"

曾岚听后连连点头，内心感慨："先生"真是细心啊，像这样的小事情他都考虑到了。不一会儿，陈云又开玩笑地说道："你看修人同我现在不是大大方方地在谈生意做买卖吗？"三人不禁相视而笑。

应修人

"为革命而当账房"

应修人，原名应麟德，14岁只身到上海福源钱庄当学徒，后任上海棉业银行出纳股主任。虽一直手捧"金砖"工作，他却总是感到内心苦闷。挚友楼适夷曾回忆："算盘、银圆、钞票，使我们感到衷心的厌恶，周围惟有金钱能支配一切的处境，更使我们对人生怀着美梦的青年，发生呕吐似的感情。"面对困境，应修人将全部热情倾注到文学之中，他大量阅读书刊，于 1920 年开始创作白话诗，很快成为诗坛冉冉升起的新星。1922 年，他和潘漠华、冯雪峰、汪静之创立了中国新诗史上第一个诗歌团体——湖畔诗社，诗集《湖畔》一经出版，立即得到郭沫若、郁达夫、朱自清等知名作家的好评与鼓励。

　　1925 年，追求进步的应修人加入中国共产党。为了革命事业，他毅然放弃诗歌爱好和银行工作的优越地位，于 1926 年底受党组织派遣，赴黄埔军校担任中尉会计员。楼适夷这样说道："为了憎恶算盘和账本离开了他的过去，现在他为革命而当账房了。他的账本里也不再挟带诗集了。他默默地奔走着，偶然遇见，只是轻轻地一笑。"1933 年 5 月 14 日下午，时任中共江苏省委宣传部部长的应修人到昆山路昆山花园 7 号联系工作，衣内夹有《援助英美烟厂罢工工友》传单

应修人牺牲时随身携带的罢工宣传手稿

稿及密码工作日程小条，不料遭特务伏击，他拼力拒捕，不幸从四层高楼坠亡，年仅 33 岁。应修人牺牲的消息传出后，中国左翼作家联盟、中国民权保障同盟等纷纷发表宣言，强烈谴责国民党反动当局杀害革命作家的暴行。

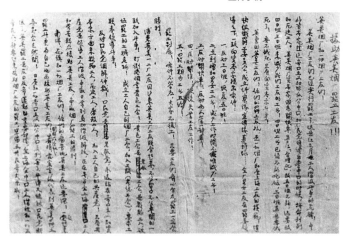

隐秘而伟大

中共中央文库遗址

位于静安区西康路560弄（原小沙渡路合兴坊）15号，原是一幢两层楼房。1935年，负责管理中央文库的陈为人为了确保文件的安全，租下此处作为中央文库。现原址已拆，该地块改建为联谊西康大厦。

中共中央文库遗址（西康路）旧景

毛泽东亲自修改的电报

1949 年 9 月 18 日，中央华东局突然收到中央办公厅的急电。这份电报由曾三、杨尚昆办理，毛泽东亲笔修改，周恩来亲自签发，刘少奇、朱德圈阅，是一份不平常的电报。电报中说："大批党的历史文件，十分宝贵，请你处即指定几个可靠的同志，负责清理登记、装箱，并派专人护送，全部送来北平中央秘书处。对保存文件有功的人员，请你处先予奖励。"这份经毛泽东、周恩来、刘少奇、朱德修改、圈阅和签发的电报所提到的"历史文件"便是在上海秘密保存了近 20 年，几乎集中了党的六大以前所有重要文件的中央文库，即为"一号机密"。

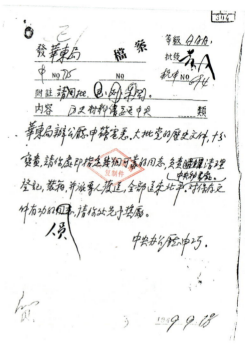

毛泽东等中央领导在《历史材料请妥送中央》上的批示

这些一号机密的文稿，今日收藏在北京。它们是——

（1）党中央各种（届）会议记录、决议案；（2）党中央给各地（级）的指示及各地给党中央的报告；（3）共产国际给中共的指示；（4）中央给各地（级）在党务、组织、工运、农运、兵运、妇运等各方面的文件和档案；（5）党报、党刊，如《红旗》《实话》《布尔塞维克》《斗争》《党内生活》《党的建设》《捷报》《中央政治通讯》等等；（6）苏区文件和红军军事文件；（7）共青团中央及各地（级）文件；（8）互济会文件和档案；（9）苏兆征、彭湃、罗亦农、恽代英、瞿秋白等革命先烈的遗墨、遗嘱和遗像等物。

这些文件涵盖了中国共产党成立最初阶段开展政治、军事、工、农、团、妇等所有领域内斗争的原始档案，是一部中共建党史、一部队伍壮大史、一部领袖人物史。

陈为人

陈为人使用过的剪刀

用生命守护的一号机密

那么，如此重要的"一号机密"是如何藏身上海近20年？这要追溯至1931年。1931年中央文库建立后，周恩来指定张唯一出任文库的负责人。1932年，中央鉴于张唯一工作繁重，决定将中央文库移交给陈为人负责，但张唯一仍是主管。

陈为人接受任务后，开始了守护一号机密的艰辛历程。这些号称中央文库的文件约有两万余件，体量非常大，不容易隐藏。为了缩小文库保存的体量，陈为人和夫人韩慧英把文件从厚纸誊抄到薄纸上，把大字抄成小字，再把空白纸边剪下来，烧掉，烧成的灰又偷偷地放在夹弄的阴沟里用水冲掉。虽然辛勤的整理已经使文件少了几箱，但是体量依然巨大，二十多箱文件使存放与转移充满着危险。因此，陈为人在接受这个任务后，就隔绝了对外联系，联络工作主要由韩慧英来完成。

1935年2月，韩慧英在去见张唯一的时候不幸被捕。为确保文件的安全，陈为人以高价租下小沙渡路合兴坊的这幢两层楼房作为中央文库。但韩慧英的入狱使陈为人彻底失去了与党组织的联系。为防被叛徒或特务认出，他白天无法外出工作，昂贵的租金和3个嗷嗷待哺的幼儿立即使他陷入生存困境。据妻妹韩慧如回忆，为凑钱按时交房租，他们忍饥挨饿，把二楼家具、能卖的衣服都变卖一空，但仍要尽力维持底层撑门面的摆设不变，以免邻居怀疑。孩子们没有冬衣，只好用包文件的边角碎布拼凑而成，一家人一天只吃两顿山芋薄粥。孩子们每每叫嚷吃不饱时，陈为人就劝慰他们："我们是吃点心，点心、点心，就是点点心的，不要吃饱的。"由于长期劳累、营养不良，又缺乏医治条件，曾受酷刑拷打致肺部严重受伤的陈为人病情加重，开始不断呕血。

1935 年底，韩慧英获释出狱，辗转找到陈为人，并通过在培明女中附小教书的机会，于 1936 年 4 月再次与党取得联系。看到陈为人身体极度孱弱，党

陈为人起草的《开箱必读》

组织不忍他再操劳，决定将文库转交中央特科徐强负责。6 月 14 日，陈为人抱病写下《开箱必读》，作为对誓死护卫文库的最后嘱托。顺利移交所有文件后，他很快支撑不住，大量鲜血从口鼻不断喷出，终至昏倒。1937 年 3 月 18 日晚，瘦到"根根骨头露在外面"的陈为人溘然长逝，年仅 38 岁。

一场传递文库的接力赛

陈为人去世后，一号机密在各个保管员手里继续辗转传递。在那个严酷的年代，文库多次面临极度危险的境地，被不停辗转转移，屡迁库址，但始终在党的掌控之中。

徐强调往延安，把文件转交给了李云，之后由周天宝、刘钊、李念慈等同志又一站接一站地传递着。1942 年，辗转到了陈来生这位二十岁出头的小伙子手里。他首先从新闸路 1851 弄李念慈住所将中央档案转移到自己家中。由于档案体

陈来生（右二）在成都北路974号中央文库旧址前

量较大，又正值日本侵华时期，时事紧张。陈来生便发动父亲、弟弟、妹妹利用各种机会一小部分一小部分地搬运。当时，上海一些主要马路的交通要塞都有敌人的岗哨，会不时对来往的行人进行搜身检查。陈来生经过周密观察，选择一条可以避开敌人岗哨的路线，采取"小鱼钻网眼"的办法，化装成不同身份的行人，一包一卷地搬运文件。就这样，中央文库的文件运了半个月才完成转移工作。

陈来生将中央档案藏在阁楼上，先将档案沿着墙壁放好，外面钉上木板，木板再糊上纸，做成一道肉眼难辨的木板夹壁墙，并在文件箱里放一些烟叶子，以防虫蛀鼠咬。晚上则打开通风，防止文件潮湿腐烂。七年如一日，陈来生一家守护着中央文库，直到上海解放。

1949年5月上海解放后，陈来生当即将其保管的约15000件（抗战时期，中央曾调用5000件文件，由刘少文等经南京、西安再转运至延安）文件交给中共上海市委，市委并向华东局作了报告。华东局又马上向中央办公厅发出请示。于是便有了篇首那封不寻常的电文。

中国共产党代表团驻沪办事处旧址

「周公吐哺，天下归心」

位于黄浦区思南路73号（原马斯南路107号），是一幢沿街三层西班牙式花园住宅。此处是抗战胜利后中共代表团于1946年6月在上海设立的一个公开办事机构，中共代表团以周恩来私人名义租用，对外称"周公馆"。旧址现为全国重点文物保护单位。

中国共产党代表团驻沪办事处（周公馆）旧址今景

扫一扫
微听上海

"中军帐"前特务环伺

抗战结束后，正当中国人民为胜利而欣喜若狂，期盼早日重建家园时，内战的阴云却在积聚。虽然中国共产党及时提出建立联合政府的主张，但国民党蒋介石却一意孤行，坚持独裁，玩弄起"假谈真打"的伎俩。

自 1946 年 5 月国民政府还都南京，直到同年 11 月中共代表团因谈判最终破裂而返回延安，在这风云变幻的七个月中，周恩来经常奔忙往返于南京和上海之间，同国民党进行艰苦卓绝的和平谈判。马斯南路 107 号，就是周恩来在上海运筹帷幄，指挥斗争的"中军帐"。

周恩来

此前，乔冠华、龚澎通过关系秘密租下这里。但国民党当局以谈判地点不在上海为由，不让中共代表团设立驻沪办事处。后来，得知情况的董必武从南京来到上海，说道："不让设立办事处，就称周公馆，是周恩来将军的公馆。"于是，大门上就挂出了一块镌有"周公馆"三个大字的铜牌，下有一行英文"GEN. CHOU EN-LAI'S RESIDECE"，直译为"周恩来将军官邸"。

周公馆坐北朝南，南面隔花园与梅兰芳公馆相望。这里原是法租界的高级住宅区，安静清幽，没有店铺，更没有叫卖的小摊小贩。可自从中共代表团入住，门前突然就热闹起来了。"马路对面设了个从不见有人光顾的皮鞋修理摊。一些拉三轮的，装作候客，总停在门口。卖香烟的小贩、剃头挑子，也在门前晃来晃去，一眼就看出是些最蹩脚的演员。"公馆周围有好几家房子，被国民党特务机关"租"下供作监视点。他们还在对面的上海妇孺医院设立了秘密监视据点，并根据上海警察局长宣铁吾的密令，黄浦分局派去的人每天要详细上报记录当天情况的《监视专报》。正对着公馆大门的一间屋内，还秘密设有摄影机，拍下进出周公馆的每一个人。周公馆靠北的一面住着陈家康、徐克立夫妇。他们窗外下面是一条僻静的小巷。这条小巷，也是有"眼睛"盯着的。

但周公馆也有应对之策。据当时在此工作的同志回忆：我们的人从市区回来，首先看到的是家康、克立房间的窗台。为了安全计，我们在这个窗台上摆着一盆菊花作为信号。每当有敌特或他们雇佣的地痞流氓要来捣乱时，就把花盆撤掉。外出回家前要先打个电话问问，到家时还要先抬头看看这个窗台，见花盆还在，才能揿铃进门。

抗战胜利后，董必武任解放区救济总会主任。图为 1947 年初董必武与解总上海办事处人员在周公馆合影

中共代表团驻沪办事处被监视的情景

"周将军"召开的记者招待会

周公馆里最激动人心的，当属周恩来召开的中外记者招待会了。招待会上，周恩来用铿

铿有力、略带淮安口音的普通话，指点着地图，面对挤满会场的中外记者，满腔义愤地揭露蒋介石在各个地区挑动内战的详情。讲到慷慨激昂处，他就离开翻译，一面指着作战形势图，一面直接用流利的英语滔滔不绝地讲起来。在次日的报纸上，那些外国记者特别说明哪些段落是"周将军"亲口用英语讲的。周恩来正是通过中外记者向全国、全世界阐明事实真相和中国共产党争取和平、民主的原则立场，在舆论界引起强烈反响，赢得了社会各阶层的同情和支持。

招待会在周公馆一楼大客厅举行。但因到会的记者太多，大客厅容纳不下，还有许多人要坐到门外毗邻的廊厅里。因此，周恩来总是站在大客厅和廊厅的门中间，一半身子在客厅，一半身子在廊厅。大门敞开，以便让尽量多的记者参加。然而有一次，周恩来正在向记者发表讲话，保卫人员悄悄报告，大门口站着几个带枪的特务，请周恩来站在客厅里，不

周恩来在周公馆举行中外记者
招待会

要让半边身子暴露在外。周恩来闻言，径直走到直通大门的平台上，大声向门外带枪的人说道："你们谁是特务？站出来让大家看看！我是你们的政府请来谈判的，你们竟敢对谈判代表采取这样卑鄙的手段！"周恩来的凛然正气，吓得那几个特务灰溜溜地转身逃走。

思南路上的"雾海明灯"

公馆门外，国民党特务日夜不停地监视与追踪，扼杀不了周公馆内的浩然正气。在这里，周恩来亲切会见了宋庆龄、美国记者安娜·路易丝·斯特朗等，并多次与郭沫若、沈钧儒、黄炎培、马叙伦、马寅初、许广平、廖梦醒、柳亚子、章伯钧、罗隆基、章乃器等知名民主人士诚恳交谈，向他们介绍中共和平建国的各项方针、政策，揭露国民党反动派假和平、真内战，假民主、真独裁的阴谋。得道多助，失道寡助。由于周恩来大量耐心细致的解释和以理服人的工作，民主人士加深了对共产党的了解和认识，从而表示全力支持。

这一时期，周恩来还广泛结交知名文艺界人士。1946年9月21日，周公馆内一片欢声笑语。梅兰芳、周信芳、巴金、郑振铎、柯灵、黄佐临、白杨、金焰、赵丹、于伶、刘厚生等应周恩来之邀，汇聚一堂，听他分析形势，展望未来。周恩来对他们说："抗战胜利一年来，进步文艺运动获得的成绩，是你们这些朋友共同努力的结果。希望大家加强团结，坚持进步，为争取明天的胜利多做工作。"

那时，许多饱含爱国热情的有识之士，身处在国民党统治区的茫茫雾海中，望着思南路上的周公馆，有如奔波却不知去向的行客望见了一所熠耀着灯光可以投宿的屋舍那样，感到温暖，感到安心。诚如亲历者赵超构先生所说："古代的大政治家周公旦，据说是'一沐三握发，一饭三吐哺'以接待各方贤士。我们正可以借用这个典故，并且引用曹操的诗句来作周公馆的赞歌：'周公吐哺，天下归心。'"

38

周恩来在沪早期革命活动旧址

链接 ‹ ‹ ‹

周恩来在沪早期革命活动旧址

位于虹口区四川北路 1953 弄（永安里）44 号，是砖混结构三层联排式里弄住宅。旧址现为上海市文物保护单位。

这幢房子原系永安公司物业所有，周恩来的二伯父和二伯母、周恩来的生父等曾先后居住于此。1927 年至 1931 年间，周恩来曾在这里居住过。1931 年，党内负责情报保卫工作的顾顺章被捕后叛变，周恩来将此处作为隐蔽的联络地点，与邓颖超化装成探亲访友的普通商人夫妇，在这里坚持地下斗争。同年冬，周恩来转移到江西中央革命根据地。

周恩来在沪早期革命活动旧址今景

扫一扫
微听上海

链接 ✎✎✎

周恩来发布『七月指示』所在地

位于黄浦区贵州路 160 号中国饭店，现为上海铁道宾馆。

1937 年 7 月，中国共产党为了促成国共联合抗日，派出周恩来、博古、林伯渠为首的代表团去庐山与国民党谈判。途经上海时，周恩来在这里会见了潘汉年和中共上海党组织负责人刘晓，作出关于日本全面侵略中国已不可避免、要组成抗日民族统一战线抗日等重要指示（即"七月指示"），部署了全面抗战爆发后上海党组织的工作，对中国共产党在上海的秘密工作和群众运动的恢复与发展，起到重要的指导作用。

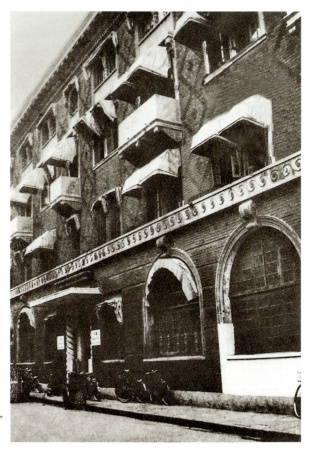

周恩来发布"七月指示"
所在地旧景

扫一扫
微听上海

中共中央上海局机关旧址

黎明到来之前的『潜伏』

位于长宁区江苏路389弄（永乐邨）21号，是一幢砖木结构坐北朝南的假四层新式里弄住宅。1947年至1949年间，这里曾是中共中央上海局的秘密机关所在地。旧址现为上海市文物保护单位。

上海市文物保护单位
Monument under the Protection
of Shanghai Municipality

中共中央上海局机关旧址
The Site of Former Office of Shanghai Bureau
of CPC Central Committee

上海市人民政府
一九九二年六月一日公布
上海市人民政府立

扫一扫
微听上海

中共中央上海局机关旧址
（江苏路）今景

永乐邨 21 号的"来客"

1946 年底，国共和谈破裂，内战全面爆发。为更有力地领导国民党统治区人民的爱国民主运动，配合解放战争的进行，中共中央决定于 1947 年 1 月成立中央上海分局，并于同年 5 月改为中央上海局，作为党中央派驻上海，管辖长江流域、西南各省及平津部分党的组织和工作，于必要时指导香港分局工作的秘密领导机关。上海局由刘晓、刘长胜、钱瑛、张明（刘少文）组成，刘晓任书记，刘长胜任副书记。

方行、王辛南夫妇

根据党中央关于"党的组织要严守精干隐蔽，平行组织，单线领导，公开与秘密分开"以及"高级领导机关更须十分隐蔽"的指示，刘晓、刘长胜在白色恐怖极为严重的形势下，精心筹划，周密选址，分别在江苏路永乐邨 21 号、愚谷邨 121 号、马立斯新村、新闸路来安坊等地建起一个个秘密机关。其中，永乐邨 21 号是上海局使用时间最长的一处。

1945 年，根据刘长胜的指示，中共党员王辛南以私人名义租下永乐邨 21 号整幢楼房，作为上海党组织的秘密机关，并由张执一、方行两家老幼迁入居住，作为掩护。1947 年 1 月以后，此处先后成为中央上海分局、中央上海局的秘密机关，直到上海解放。上海局的一些重要会议和活动多在此举行。这幢房子在弄堂底，屋前有一个独立小院，周围僻静隐蔽，屋后有门通到外面，便于紧急疏散。底楼客堂为张执一、方行两家老人及孩子们的活动处及用餐室。二楼为方行、王辛南夫妇住房。三楼为张执一、王曦夫妇住房，也是领导同志开会和研究工作的地方。四楼平时放些杂物，也可临时腾作住房。钱瑛从南京调来上海，就在四楼住过一段时间。

中共中央上海局机关旧址内景

为适应地下斗争环境，当时，来永乐邨 21 号商议工作的上海局领导常常带些蛋糕或儿童玩具之类的礼品，装扮作来祝贺喜庆或应邀来参加宴请的"客人"。开会时，桌上放有一副麻将或扑克作掩护。方行、王辛南则在楼下守卫，要散去时，分别把"客人"送出去。每次都用社会上应酬的方式，做得非常自然。王曦负责上海局机要电报的传递；方行负责上海局领导交办事宜和保管党的经费；王辛南负责掩护机关，如保甲长等有什么事情找上门，一概由她应付。

赴杭州及时避险，索照片从容应对

作为上海局的秘密机关，永乐邨 21 号为保证领导机构的绝对安全和地下工作的顺利开展起到重要作用。然而，在白色恐怖极其严重的情况下，这幢小楼还是经历了一些风雨。

1948 年七八月间，上海警察局以换发身份证为名，挨家挨户地进行户口检查，实际上是针对中共上海党组织的搜捕行动。得知这个消息后，刘晓、刘长胜、张执一和张承宗紧急在

钱瑛

张执一

永乐邨 21 号汇合，研究对策。经商议，他们决定临时转移到杭州避避风头。随后，佛教居士赵朴初写信给净慈寺方丈，称上海有几位实业老板要到杭州名刹来做佛事，请予以接待。

　　就这样，刘晓一行前往杭州，居于净慈寺中。白天，二刘和二张四人在屋内佯作打牌消遣，实际却是聚在一起议事。而方行则带着张执一的长女、时年六岁的张纪生在院子里嬉戏玩耍，实为观察动静。一行人在寺庙里住了一两个星期，直至收到王辛南的来信，告知他们上海的户口大检查已告一段落，大家这才分头返回上海。

　　这次的虚惊还没过去多久，揪心的事又发生了：与张执一单线联系的一名国民党立法委员被捕了。经审讯，特务获知了点滴信息：这位立法委员与中共上海党组织里的一位姓张的高级干部（即张执一）有往来，这位高级干部说的是湖北话，还是个胖子，家住江苏路附近。循着蛛丝马迹，特务们一步步排查到了永乐邨 21 号。

　　那天，恰巧张执一的夫人王曦在家。特务进门后，张口就要王曦丈夫的相片，王曦本能地意识到出问题了。她不慌不忙地从镜台上取来一张全家福照片交给特务，还告诉他们，自己丈夫到南京做生意去了。全家福上的人数较多，每个人的脸不比黄豆粒大，清晰度自然也差。特务们左看右看，也看不出什么名堂，要她去换一张单独的人像照片。王曦说道："家里只有这一张照片，没有其他的了，你们要就拿了走，不要拉倒！"

　　对此，张执一的女儿张纪生晚年这样回忆

道："当时国民党特务有个概念，认为凡是共产党员都穷得
叮当响，看到我家里有佣人和厨师，老老小小一大堆人，条
件还算富裕，男主人又是做生意的，所以没要到照片也就离
开了。"

"你们为中国革命立了大功啊！"

　　上海局成立后，根据中央关于迎接革命新高潮的指示，
进一步在上海、南京、北平、天津等大城市组织发动了反内
战、反饥饿、反迫害，要求美军撤出中国的爱国民主运动，
开辟了配合人民解放军正面战场的第二条战线。

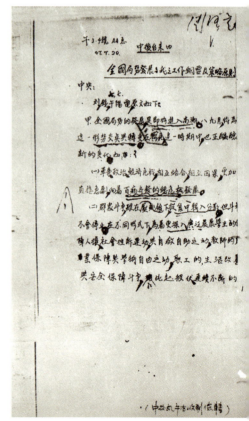

1947 年 7 月 20 日，上海局
致中央电《全国局势发展与我
之工作纲要及策略原则》

　　解放战争胜利前夜，上海局组织和领导了
上海工人、学生和社会各界开展反屠杀、反破
坏、反搬迁的护厂护校斗争，成立了一批护厂护
校队伍，保护工厂、学校、仓库等不被敌人破
坏。护厂队员日夜不离工厂，值班巡逻，其他工
人也挟着被子铺盖睡在厂里。当敌人来工厂拆迁
机器时，就发动工人加以包围。当敌人准备用汽
油烧毁江南造船厂时，工人们把汽油换成了自来
水。此外，上海局还指示各级党组织，利用国民
党提出的"应变"口号，发动各业工人要求发应
变费、应变米，全面开展储粮存煤斗争，使全市
工厂、企业乃至家家户户都储备了大约三个月的
粮、油、煤、酱菜，为防止解放后出现粮食恐
慌，保证人民生活，安定社会秩序和迅速恢复生
产，作好充分准备。

　　解放上海的战斗打响后，为配合解放军进

上海解放后，上海党组织部分领导及工作人员合影，前排左起：王尧山、沙文汉、刘长胜、刘晓、潘汉年、刘少文、吴克坚，后排左起：赵先、张毅、刘人寿、张承宗、王清、黄景荷

城，在上海局的领导下，各种护厂护店组织被统编起来，成立"人民保安队"，佩戴统一的布质白底红字臂章。人民保安队向城内负隅顽抗的国民党残余部队发动政治攻势，宣传毛主席、朱总司令发布的约法八章，劝其投降，并给那些不愿再为蒋介石卖命的人送去便衣，策动他们离职而去。人民保安队还为解放军带路，协助维持社会秩序。在解放上海的过程中，全市水电、电话、煤气、交通都没有中断，绝大多数工厂的生产一天也没有停止。

1949 年 5 月 27 日，鲜艳的五星红旗在上海上空随风飘扬。我国最大的工业城市完整地回到人民的怀抱。此役，中央上海局功不可没。解放军进城后，陈毅紧紧握着上海局副书记刘长胜的手说："想不到你们工作做得这样细致周到。你们为中国革命立了大功啊！"

谋篇划策向光明

中共中央上海局策反委员会机关旧址

位于黄浦区复兴中路 485 弄 11 号 3 楼，旧址本体建筑是一幢坐北朝南三层新式里弄住宅。1948 年 11 月，中共中央上海局策反委员会机关曾设在此。

中共中央上海局策反
委员会机关旧址今景

一对新人，三次婚礼

1948 年 11 月，一场公开而又神秘的婚礼在锦江饭店举行。新郎是打入国民党行政物资供应局的张朝杰，新娘是叶佩仪，两人都为中共党员。到场的嘉宾没有双方长辈，全是中共党组织隐蔽战线的同志。这场婚礼并不是双方长辈安排，而是中央上海局以此为掩护成立中共中央上海局策反委员会并建立策反委员会机关，同时也是为了张朝杰和叶佩仪以夫妻名义开展策反工作。

张朝杰、叶佩仪结婚照

婚仪结束，嘉宾们又借口"闹喜房"去了复兴中路 485 弄 11 号 3 楼，张朝杰与叶佩仪的新房。就在这"喜房"内，中共中央上海局策反委员会（简称"策反委"）成立了。书记张执一、委员王锡珍、李正文、田云樵。而策反委机关即设在张、叶的"喜房"。从此，张执一和各策反委员经常来此开会、联络。田云樵夫人方寺负责交通、情报传递。张朝杰和叶佩仪两人除了掩护机关安全外，还负责保管文件、情报，寻找和剪贴报刊上有关的信息，以及书写劝降信寄给国民党高级军官。为了字迹不被认出，张、叶二人就用直尺一笔一画勾勒字的笔画，写好后分别投到不同的邮箱。这个信筒投两封，再到别的信筒投两封。

在策反委成立的当晚，田云樵还向大家提出遵守策反委机关工作纪律的要求。其中有一条即断绝与以往非党员朋友的接触。然而，张朝杰与叶佩仪均毕业于圣约翰大学，在上海的同学较多，朋友聚会邀请在所难免。为了机关安全，张朝杰与叶佩仪在延安西路一饭店里又举办了一次婚礼，请在上海的同学们参加舞会，并在舞会上声称近日将离沪蜜月旅行。此借口为张、叶二人隐蔽在策反委机关里筑起了一道屏障。

到了 1949 年，张朝杰与叶佩仪在双方长辈的主持下，在南京路燕云楼举办了正式的婚礼。就这样，为了地下工作的需要，张朝杰与叶佩仪这对新人举行了三次婚礼。

田云樵

策反"小蒋"的亲信爱将

1949 年年初，中国共产党前方战场势如破竹，后方隐蔽战线的策反工作也如火如荼地开展着。李正文通过曾经失联的党员段伯宇联系到了蒋经国的亲信爱将之一——贾亦斌。贾亦斌是当时南京政府预备干部局代局长（局长为蒋经国），兼驻浙江嘉兴的青年总队（又称预干总队）少将总队长。预干总队是蒋经国嫡系的"太子军"，担负着新筹建的 30 个军配备干部的任务，是蒋经国掌握军政大权的基础。

但贾亦斌对蒋家王朝的反动统治早已不满，与李正文联系后，就要求率部起义，拟在江浙皖三省，特别是在宁沪杭三角地带同时起义。起义时间定在解放军渡江作战时。张执一研究后，认为贾亦斌的这一江浙皖大规模起义计划不现实，而且会因敌我力量悬殊而失败，只有采取小规模的形式，利用机会，一个部队一个部队地单独起义才比较妥当，时间则定在解放军渡江战役之后。

按照此计划，策反委员会与贾亦斌开始紧锣密鼓地筹划

李正文

1949年，贾亦斌（前右）与
嘉兴预备干部团成员合影

准备。正在此时，预干总队副总队长黎天铎向蒋家父子告了密，贾亦斌被撤职。随后，蒋介石要求贾马上移交工作。贾亦斌意识到如果不在移交工作前起义，就失去了起义的机会。当时，预干总队的驻地距离解放军过远，贾亦斌明知在嘉兴受蒋介石军队的重重包围，起义不可能成功，但他根据地图研究了部队起义的路线，毅然决然提前起义。1949年4月，贾亦斌率部起义，虽然随即遭到蒋军多方堵截而失败，但起到了震撼国民党京沪杭总后方的作用。

这一起义行动的政治影响极大。预干总队，蒋家最亲信的嫡系倒戈了，蒋家王朝已然到了众叛亲离的末日。

搞掉"老蒋"的"御林军"

策反委在策反贾亦斌的同时，还策反了国民党另一位高级将领——刘农畯，时任驻上海伞兵第三团上校团长。伞兵

伞兵三团部分起义人员抵解放区时的合影

三团是一支全部美式装备的现代化部队，蒋介石曾准备将该团调到台湾，充当贴身护卫的"御林军"。

刘农畯的父亲和伯父都是为革命牺牲的烈士。刘农畯虽身在蒋家王朝，但对国民党的腐败非常不满，结识中共党员段伯宇和进步青年贾亦斌后，便常与他们一起谈论时事。在他们的影响下，刘农畯对共产党逐渐有了新的认识，并慢慢靠拢。

1949 年 1 月，中共中央上海局策反工作委员会通过段伯宇与刘农畯建立了关系，使这支部队正式接受上海策反委员会的领导。策反委还派了中共党员周其昌到伞兵三团，作为联络员。2 月，国民党部署伞兵部队南撤。而刘农畯准备在解放军解放上海时发起伞兵三团起义，以便里应外合，于是借故拖延，延缓撤退。到了 4 月，蒋介石多次下达命令让该团撤退到台湾。伞兵三团已借故拖了很久，策反委怕再拖下去会引起蒋介石的疑心。张执一通知李正文，决定将计就计，打着奉蒋介石之命撤退到台湾的旗子，等运送伞兵三团的轮船一出港口，就转向根据地连云港进发。

考虑到连云港没有码头，无法停靠轮船，段仲宇（段伯宇之弟）便借口遵照蒋介石密令送伞兵三团到台湾，硬从淞沪司令部调拨了一艘3000吨的大型坦克登陆艇"中-102"号。4月10日，刘农畯召开军官会议，宣布奉调南去福州。13日，登陆艇载着伞兵三团全体官兵以及大批武器和银圆开出了吴淞口，向南驶去。等登陆艇到达南下和北上的转折点东海花鸟岛以东的海面上时，刘农畯拿出一份事先拟好的"命令"，命令登陆艇转向北上。15日黎明，登陆艇徐徐驶进连云港。刘农畯宣布全团起义！

在策反委的策划下，伞兵三团的起义取得成功。这不仅在很大程度上瓦解了国民党军心，还让蒋家损失了一支"御林军"。伞兵三团起义改编后，还为新中国第一支空降兵部队的建立奠定了基础。

伞兵三团所乘坐的登陆艇

3

第三章

先驱足迹

沪上行
毛泽东第三次

1920 年毛泽东寓所旧址

位于静安区安义路 63 号（原哈同路民厚南里 29 号），是一幢坐南朝北二层砖木结构沿街的旧式店房建筑。毛泽东 1920 年到上海时曾寓居于此。旧址现为上海市文物保护单位。

1920 年毛泽东寓所旧址今景

扫一扫
微听上海

民厚南里的简朴生活

毛泽东

1919年3月14日，毛泽东第一次踏上上海这片土地。此番来沪，他只有一个目的——为留法勤工俭学的青年送行。4月初，离沪返湘。第二次来沪是在同年12月中旬，湖南人民驱逐军阀张敬尧运动进入高潮，毛泽东率领"驱张"代表团前往北京争取舆论支持。途经上海时恰逢蔡和森、向警予、蔡畅等在沪候船赴法勤工俭学。他在沪稍事停留，与挚友们亲切话别后，未及蔡和森等启程，便率团匆匆北上。

1920年4月，当"驱张"胜利在望时，毛泽东带着"湘事善后"的问题奔赴上海。未曾料到，他的第三次上海之旅却遭遇了"人在囧途"的经历。据他本人回忆："可是我到达浦口的时候又不名一文了，我也没有车票。没有人可以借钱给我；我不知道怎样才能离开浦口。可是最糟糕的是，我仅有的一双鞋子给贼偷去了。哎哟！怎么办呢？又是'天无绝人之路'，我又碰到了好运气。在火车站外，我遇见了从湖南来的一个老朋友，他成了我的'救命菩萨'。他借钱给我买了一双鞋，还足够买一张到上海去的车票。就这样，我安全地完成了我的旅程——随时留神着我的新鞋。"这位慷慨解囊的湖南老友名叫李中（李声澥），他是毛泽东在湖南一师的同学，也是中国共产党第一位工人党员。两人自相识起，一直保持着很好的友谊。新中国成立后，毛泽东曾三次写信邀李中来北京，但不幸的是，李中却于1951年7月病逝于赴京途中。

寓所楼上毛泽东的卧室

5月5日，毛泽东抵达上海，寓居哈同路民厚南里29号。据李思安回忆，毛泽东到上海以前，这个房子是她出面租赁的，用来作为湖南新民学会会员到上海活动时的住处。毛泽东和随同来沪的湖南一师张文亮住在前楼正房，房内有两张单人木板床，毛泽东的床铺横放在落地长窗下，床头有一张方形茶几，上面堆放着各种报刊。小阳台上放置一张藤睡椅，毛泽东常坐在上面看书。楼下店堂不住人，供吃饭和会客、开会之用。靠近楼梯的地方，有一圆形柴炭风炉，炭篓放在楼梯底下。所有家具，都是他们东租西借凑合起来的。

民厚南里的生活十分简朴和艰苦。他们每人每月才3元零用钱。为了省钱，同住几人就轮流做饭，他们常常用炭烧小行灶，架上铁锅，放少量的油和盐，吃廉价的蚕豆煮米饭和青菜豆腐汤。为维持生活，毛泽东参加了工读互助团，为人洗衣服。他在给友人的信中诉说自己工读生活的困境："因为接送（衣服）要搭电车，洗衣服所得的钱又转耗在车费上了。"

半淞园雨中送友，《天问》刊文策"驱张"

艰难的物质生活阻挡不了毛泽东"以天下为己任"的脚步。5月8日，毛泽东到沪后的第四天，与在沪新民学会会

1920年5月8日，毛泽东等新民学会会员在半淞园聚会。左七为毛泽东

员萧子暲（萧三）、彭璜、李思安等12人在南市半淞园聚会，为赴法的会员送别。半淞园是当时上海一处有名的私家园林。此地贴近黄浦江，故将江水引入园中，以水为主景，并应唐代杜甫"焉得并州快剪刀，剪取吴淞半江水"的诗句，取园名为"半淞"。毛泽东一行人在"雨中拍照，近览淞江半水。绿草碧波，望之不尽"。在这里，他们讨论了新民学会会务问题，确定"潜在切实，不务虚荣，不出风头"为学会态度，并议决吸收新会员的若干条件。一群满怀理想的有志青年讨论得热火朝天，"天晚，继之以灯。但各人还觉得有许多话没有说完"。这次会议加强了新民学会的思想建设和组织建设，是新民学会历史发展的一个重要转折点。5月9日，毛泽东等来到码头，送会友陈赞周、萧子暲、劳启荣等六人赴法勤工俭学，同他们握手挥巾，道别于黄浦江畔。

送别了战友，毛泽东把精力放到国内问题的研究中：虽然张敬尧被驱出湖南只是时间问题，可他终究还没有走，还得再烧一把火。再者，张被驱后，湖南的出路又在哪里？毛泽东来上海前，曾派彭璜等人在上海出版《天问》周刊，专门揭发张敬尧的罪行。到沪后，他联络湖南在沪的一些新闻界和教育界人士，成立湖南改造促成会，并为《天问》周刊撰写了《湖南人民的自决》《湖南改造促成会复曾毅书》等文章。在这些文章里，毛泽东"设计"着湖南的未来——成立

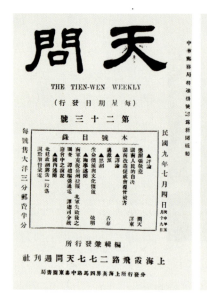

《天问》第 23 号刊登毛泽东撰写的《湖南人民的自决》和《湖南改造促成会复曾毅书》

湖南人民自决会，推进湖南人民自治；提出在"驱张"后改造湖南的方针策略——废督裁兵，实现民治；指明中国的出路，必须推倒帝国主义的走狗——南北军阀的统治。在强大的社会舆论压力下，6 月底，张敬尧被逐出湖南，毛泽东领导的"驱张"运动取得胜利。

老渔阳里的深谈

此番来沪，毛泽东又见到了陈独秀。此前，毛泽东在两次北京之行中就与陈独秀有过交往。他对陈独秀关于社会问题的精辟见解深深叹服，并认为陈在倡导"科学"和"民主"上有"至坚至高的精神"，称其为"思想界的明星"。陈独秀也非常赏识毛泽东的才干，他从《湘江评论》、"驱张"运动和与毛泽东的交谈中，真切感受到湖南人的奋斗精神在毛泽东这样"可敬可爱的青年身上复活了"。正是得益于这种思想

市民在 1920 年毛泽东寓所
参观

基础，两人的沟通和交流也就非常顺畅和融洽了。

在沪逗留的两个月时间里，毛泽东曾多次来到环龙路老渔阳里 2 号，登门拜访求教于陈独秀。陈独秀的谈话，对毛泽东确立马克思主义信仰起到重要推动作用。1936 年，毛泽东在和美国记者埃德加·斯诺谈话时回忆起这段经历。他这样说道："他（陈独秀）对我的影响也许超过其他任何人"，"和陈独秀讨论我读过的马克思主义书籍。陈独秀谈他自己的信仰的那些话，在我一生中可能是关键性的这个时期，对我产生了深刻的印象"。"到了一九二〇年夏天，在理论上，而且在某种程度的行动上，我已成为一个马克思主义者了，而且从此我也认为自己是一个马克思主义者了。""我一旦接受了马克思主义是对历史的正确解释以后，我对马克思主义的信仰就没有动摇过。"

在与毛泽东的交谈中，陈独秀还介绍了正在酝酿的建党计划。1920 年 7 月初，毛泽东离沪返湘，积极致力于建党的准备工作。几个月后，长沙共产党早期组织建立。次年 7 月，毛泽东肩负重要使命再次来到上海，参与了一场"开天辟地的大事变"。

甲秀里的难忘岁月

上海茂名路毛泽东旧居

位于静安区茂名北路 120 弄 7 号（原慕尔鸣路甲秀里 318 号），是一幢坐南朝北两层砖木结构旧式石库门里弄房屋。1924 年 6 月至 12 月，毛泽东在沪期间寓居于此。旧居现为上海市文物保护单位。

扫一扫
微听上海

上海茂名路毛泽东旧居今景

毛泽东

从慕尔鸣路到环龙路

1924年2月，刚过而立之年的毛泽东意气风发，风尘仆仆地从广州来到上海。此次来沪，他的身份和任务较以往有所不同。作为中共中央执行委员、中央局成员兼秘书，毛泽东首次进入中央领导核心，协助委员长陈独秀处理中央日常工作。在1924年1月国民党一大上，他又被选为国民党中央候补执行委员，成为中国政坛上一颗冉冉升起的新星。

第一次国共合作形成后，国民党上海执行部顺势而建，分管苏、浙、皖、赣四省和上海的国民党党务，重要性不言而喻，国共两党的精兵强将遍布其中。作为两党中的头角峥嵘人物，毛泽东在上海执行部担任组织部秘书和秘书处文书科代理主任，职务身份明显突出，成为共产党在执行部发挥作用的中坚力量。

毛泽东刚到上海时，同蔡和森、向警予、罗章龙等一起住在闸北香山路三曾里中共中央局机关内。那年初夏，杨开慧同母亲向振熙携幼子毛岸英、毛岸青从长沙来到上海。一家人起初在三曾里居住了一段时间，随后，毛泽东把家搬到了慕尔鸣路与威海卫路（今威海路）交叉地段的甲秀里。这里相较三曾里，与环龙路44号（今南昌路180号）国民党上海执行部办公地距离更近。此后，从慕尔鸣路到环龙路人流如织的马路上，时常留下毛泽东颀长而挺拔的身影。

毛泽东一生曾五十余次来沪，甲秀里旧居是他在上海住得最久、最富家庭生活气息的一处住所。在这里，毛泽东度过了他一生中难得享受天伦之乐的温馨岁月。家人的到来，给毛泽东繁忙的工作和生活增添了许多乐趣。他虽然每天早出晚归，但还是会抽出时间陪孩子玩耍，一家人过得其乐融融。杨开慧除了担负家务外，还帮助毛泽东整理材料，誊写文稿等。她还经常到沪西小沙渡工人夜校给贫苦工人们讲课，向工人传授文化知识，宣传革命道理。为了增强讲课效果，杨开慧还学会了用上海话讲课，深受工人们的欢迎。

杨开慧与毛岸英、毛岸青 1924 年在上海合影

据理力争的"代组织部长"

中共三大后，党的工作重心是建立、巩固和发展国共合作的统一战线，推进国民革命。毛泽东为这一中心工作，作出了不懈努力。

当时，国民党组织上鱼龙混杂的涣散状况十分严重，"只要交一元钱，其他不问，就能得到一张党证"。根据国民党一大宣言精神和孙中山"除恶留良"的指示，国民党上海执行部组织部着手对下辖各级党组织进行调查，对国民党员进行重新登记，老党员也都要经过填表和审查后才能成为改组后的国民党员，发给党证。组织部长胡汉民是国民党元老，事务繁忙，组织部的具体工作实际上就压在了秘书毛泽东的肩上，因此毛

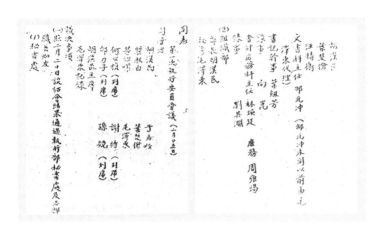

国民党上海执行部会议记录

1924年5月5日，国民党上海执行部在孙中山寓所举行纪念孙中山就任非常大总统三周年集会。最上排左二为毛泽东

泽东又被人称为"代组织部长"。在主持党员重新登记工作中，毛泽东既坚持原则，又注重方法策略，刚柔并济，巧妙地化解了一些尖锐问题。

有些国民党党员在重新登记时有意摆架子、论资历，认为年纪轻轻的毛泽东"不配问我们的履历"。有一天，一个人冲到执行部，大声说道："我从同盟会开始，革命几十年还要填表？可不可以免填？"这个人叫谢持，是国民党元老，时任国民党中央监察委员，实际上是反对改组国民党、反对国共合作的右派人物。面对谢持咄咄逼人的态度，毛泽东毫不畏惧，他据理力争指出：改组国民党是国民党中央的决议。党员重新填表登记，是形成国民党组织力的关键环节。党

员无论资历深浅，人人都要填写。谢持闻言自知理亏，但又觉得如果当场填表会折了面子，遂带着怒气拂袖而去。谢持走后，毛泽东对组织部干事说："派人送张表去，好好解释一下，条件可以放宽点。"后来谢持还是填了表。经过这件事，那些以老党员自居的人也都按规矩老老实实地重新填表登记了。

除组织党员重新登记外，毛泽东还负责了黄埔军校在沪招生考试，积极为军校推荐优秀考生，组织开设平民学校和工人夜校，发展平民教育等。这一时期，他顶住执行部内国民党右派的排挤和打击，为推进国民革命日夜操劳、殚精竭虑。繁重的工作让毛泽东经常伏案至深夜，以至原本身强力壮的他身体每况愈下，最终积劳成疾。1924 年年底，经中共中央同意，毛泽东携家人离开上海返回湖南老家养病，开始了领导工农运动的新征程。

毛泽东在国民党上海执行部任职时的手迹

旧居勘察记

20 世纪 50 年代末，上海革命历史纪念馆筹备处启动对毛泽东旧居的调查。由于时隔三十多年，慕尔鸣路的环境已有很大改变。为了使老同志在回忆或勘认时不致为现状所混淆而产生错觉，调查组首先到城市建设局及有关单位查阅图档资料，并访问该地区老居民，以查明当年的原貌。经过勘

甲秀里今貌（手绘）

察，调查组制成了慕尔鸣路当年原状的模型，以供老同志们在回忆时作为参考。

调查组还陆续赴上海、北京、长沙等地，访问了当年到过该处的张琼、杨之华、徐行之、刘清扬、钟复光、王一知等人。通过对多人回忆的分析比对，结合历史与现实状况，最终从 1924 年慕尔鸣路上仅有的三条里弄中，确认甲秀里（今茂名北路 120 弄）就是毛泽东当年居住的里弄。但由于无法精确到里弄内具体的门牌号，1977 年，甲秀里内的 5 号、7 号、9 号三幢房屋被一并公布为上海市文物保护单位。

44

第一次国共合作时期国民党中央上海执行部旧址

链接《《《

第一次国共合作时期国民党中央上海执行部旧址

位于黄浦区南昌路 180 号（原环龙路 44 号），是一排三幢砖木结构沿街楼房。旧址现为上海市文物保护单位。

1924 年 1 月，国民党一大在广州召开，第一次国共合作正式建立。随后，国民党中央从上海迁往广州，在上海、北京、汉口等处设立执行部，作为中央的派出机构。上海执行部主要管辖苏、浙、皖、赣和上海市的国民党党务。1924 年 3 月 1 日开始办公。执行部的主要人员有：文书科代理主任毛泽东（原定邵元冲，但未到任）；组织部长胡汉民、秘书毛泽东、干事罗章龙；宣传部长汪精卫、秘书恽代英；工人农民部长于右任、秘书邵力子、干事邓中夏；青年妇女部长叶楚伧、秘书何世桢、助理向警予，等等。

1924 年 3 月，执行部联合上海 80 多个团体举行列宁追悼会。3 月 24 日，执行部出版《评论之评论》周刊。1925 年 3 月 12 日，孙中山逝世，执行部及各区党部隆重举行追悼活动。1926 年 1 月，国民党二大正式决定撤销上海执行部。

第一次国共合作时期国民党中央上海执行部旧址今景

位于黄浦区北京东路528号，为一幢坐北朝南的砖木结构假三层沿街住宅。1931年至1932年，刘少奇曾居住于此。

刘少奇旧居

在上海的湖南『阿刘』

刘少奇旧居
（手绘）

扫一扫
微听上海

1927 年，蒋介石和汪精卫相继背叛革命，轰轰烈烈的中国大革命惨遭失败，全国各地到处腥风血雨。上海的革命形势更是如此，大批共产党员和革命志士被捕被杀，党的各级组织和进步群众团体也遭到很大的破坏。在极端危急的情况下，刘少奇依然不畏艰险，1927 年 10 月至 1932 年冬，数度前来上海，从事革命活动。

1930 年春末，刘少奇从哈尔滨调到上海搞工人运动。他要求下基层，到沪东工厂区搞工运工作，就搬到杨树浦高朗桥一家豆腐店楼上的一个小亭子间里。房子非常简陋狭小，除了放下一张床外，几乎没有转身的地方了。当时，刘少奇身患肺病，不时吐血，但他依然坚持深入群众，下基层，与工人群众打成一片。由于他那一口浓重的湖南腔，对他的工作和安全很不利。有时，工人们问他："你是湖南人吧？"他就泰然地回答："对，我是恒丰纱厂的工人。"因为，恒丰纱厂是由湖南人开的，雇有湖南籍的工人，所以，谁也没有怀疑他的身份。工人们都亲切地叫他"阿刘"。刘少奇通过大量的、艰苦深入的工作，终于在恒丰纱厂建立了党支部。之后，又以恒丰为据点逐步深入公大纱厂、杨树浦自来水厂等基层进行活动，使党的力量逐步得到发展。不久，公大纱厂也成立了党支部，打开了局面。

1930 年夏，党中央派刘少奇去莫斯科参加职工国际第五次代表大会。他被选为职工国际执行局委员，并留在职工国际工作。

刘少奇

1931年秋，刘少奇回国，来到上海任中共临时中央职工部长、中华全国总工会组织部长，继续工作，就住在北京路惠民里这栋房子里（今北京东路528号）。当时正值王明"左"倾教条主义错误占主导地位，刘少奇连续写了《在目前反帝运动中赤色工会应努力的工作》《国民党封闭永安工厂工会及逮捕工人、我们应否号召工人反对？》《批评"退出黄色工会"的策略》《1931年职工运动的总结》等文章和报告，与党内"左"倾错误进行坚决的斗争。他在文章中提出转变白区群众工作的方针和策略，并尖锐地指出：我们党内领导机关的同志总是把共产国际的决议当作"圣经"来念，"他们不会估计到实际的具体的特殊的环境"。然而，这些正确的理论与策略却遭到了王明等人的粗暴攻击。

中共临时中央政治局撤销了刘少奇的中央职工部部长职务，并将其调离中央职工部，下放到上海市工会联合会。刘少奇便深入浦东纱厂从事党的基层建设工作。1932年冬离沪赴中央苏区工作。

陈云故居

『唤起工农千百万』

位于青浦区练塘镇下塘街 95 号，北面临街靠河为平房，南面是 2 层楼房。陈云自幼失去双亲，被舅父母收养。陈云故居即陈云舅父母家。1911 年至 1919 年，陈云在此生活了 8 年，度过了少年时期。故居现为上海市文物保护单位。

扫一扫
微听上海

陈云故居外景

"我是听'戤壁书'出身"

陈云少年艰苦，两岁丧父，四岁丧母，六岁连唯一可以依靠的外婆也撒手而去。陈云舅舅廖文光、舅母膝下无子，便认陈云为继子，改名廖陈云，住在青浦县练塘下塘街。幼年的陈云非常好学。1913 年，看着渴望求学的外甥，尽管生活困难，廖文光还是送他去练塘镇刘敏安私塾接受启蒙教育。1914 年，又送他去贻善初等小学读书。1916 年初小毕业后，陈云曾入青浦乙种商业学校学习一般高校课程及珠算、簿记等，但由于经济困难，仅一个多月，又辍学回家，只得在小酒店充当小伙计，帮忙做些杂务，学着算账。在劳作之余，陈云还常偷偷去离舅父家 30 米的"长春园"听评弹。陈云曾回忆："小时候常跟娘舅去听书，当时听书要付 3 个铜板买一根竹筹，才好在场子里坐着听书，好听就天天去听，有时大人不去就自己去。没有那么多的钱买竹筹，只好站在书台对面墙角边上，老远地听先生说书。因为是在光线较淡的阴暗

陈云

陈云就读的颜安小学

角落里，又是站立着听。所以对那些听白书的人称为阴立，又称听戤壁书。"陈云还因此笑称："我是听'戤壁书'出身。"

陈云舅父的小酒店里有几位常来的酒客，其中有一位叫杜衡伯，是练塘镇首届公立颜安小学的校长。在小酒店里，杜衡伯常常看到幼小的陈云在忙前忙后。与他交谈，杜衡伯发现陈云口齿伶俐，对初级小学的知识对答如流。于是，他便向廖文光提出，要免费收陈云到颜安小学高小部继续学习。就这样，陈云终于重返校园。

陈云在颜安小学期间，接触到了维新变法、三民主义等社会变革思潮，与一些老师、同学在五四运动中，组成童子军和救国十人团及宣传队，参与抵制日货、提倡国货，反对帝国主义侵略中国的宣传和演剧活动，带头印发传单，张贴标语，在练塘示威游行等等。最重要的是，他还遇到了他人生中的第二位良师——张行恭。1919 年 5 月，陈云从颜安小学高小部毕业后，在张行恭的介绍下，陈云登上了东去的小船，来到了上海，到商务印书馆当学徒，开启了人生新的起点。

在商务印书馆的日子

"商务印书馆是我在那里当过学徒、店员，也进行过阶级斗争的地方。应该说商务印书馆在解放前是中国的一个很重要的文化教育事业单位。"这是陈云在 1982 年为商务印书馆建馆 85 周年所作的题词。正如所题，商务印书馆对于陈云而言，有着特殊的人生意义。

到商务印书馆后，陈云当了两年小学徒，由于业务能力强，店方提前一年将他升为店员。在此期间，陈云还遨游在知识的海洋中，比较集中地研读了一些马列著作和革命书籍，如《马克思主义浅说》《资本制度浅说》《辩证唯物论》《唯物史观》《共产主义 ABC》等。通过阅读这些革命书籍，陈云的政治觉悟和理论水平有了很大的提高。

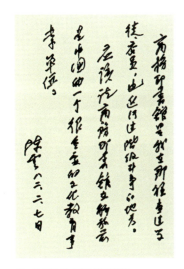

左：陈云为商务印书馆建馆
八十五周年题词

右：商务印书馆发行所职工会
第一届执行委员合影。前排左
三为陈云

商务印书馆虹口分店旧址

1925 年，五卅运动爆发后，陈云积极投身工人运动。9 月，时任商务印书馆发行所职工会委员长的陈云参与领导商务印书馆工人大罢工。罢工由商务总发行所虹口分店首先发动，接着印刷总厂、编译所全体工人都参加了罢工，历时六天，最后以资方基本满足工人复工条件告终。12 月，陈云再次领导了商务印书馆发行所、印刷所工人罢工斗争并取得胜利。经过战斗洗礼的陈云，思想愈加成熟，终于于 1925 年 8 月，加入了中国共产党。

入党后，陈云积极参与党的各项活动，1927 年，还曾赴浙江余姚指导并参加那里的工农运动，直到 3 月才回到商务印书馆。但 1927 年 9、10 月间，因遭敌人通缉，陈云被迫离开商务印书馆，开始"专做党的工作"。

"农民不参加运动，中国革命鲜有希望"

在领导上海商务印书馆大罢工时，陈云曾撰写《中国民族运动之过去和将来》，文中分析了中国多次运动失败的原因，提出"在以农立国的中国，占全国人口百分之八十之强的农民，是民族运动中唯一大主力。农民不参加运动，中国革命鲜有希望"。在中共早期领导人中，陈云较早地注意到了农民问题，也身体力行地领导了小蒸、枫泾农民暴动，为探索中国共产党革命道路积累了宝贵经验。

1927 年四一二反革命政变后，许多共产党员和革命群众被逮捕屠杀，轰轰烈烈的大革命失败。在革命危急存亡之际，中共中央召开了八七会议，确定了土地革命和武装起义的方针。为贯彻会议精神，陈云受中共江苏省委派遣，回到家乡青浦领导农民运动。

到了青浦后，陈云联系中共党员陆铨生、吴志喜、夏采曦等，还深入乡村，号召广大农民团结起来进行抗租斗争。

小蒸地区农民武装暴动
指挥所旧址

1927年11月，中共青浦县委成立。接着，又建立农民革命军。青浦的农民运动在陈云的领导下，一触即发。正在此时，一向疼爱陈云的舅舅开始担心陈云的个人安危，再三劝阻。陈云在1936年回忆说："在1927年秋收暴动时，我的舅父已经知道乡下快要暴动了，那时他在我面前哭着说：我们是穷人家，将来靠你吃饭，你如果暴动了，不能立足，家庭将来不知如何过活，你还是去找找朋友找些职业吧！当时矛盾的思想又起来了，'不推翻现在社会制度，个人及家庭问题没有出路，只有到了革命成功时每个人可以劳动而得食时，人人家庭都可以解放，我的家庭也就解放了'。"就这样，陈云放下个人情感，一头扎进了农民运动的筹备中。

1928年1月，陈云和吴志喜率领农民军在小蒸西北的殷庄坟头阻击催租船。当晚，夏采曦又率领东乡农民纠察队及前来支援的上海工人武装小组袭击黄渡水警队。这次行动有力地打击了敌人，揭开了小蒸和枫泾地区农民暴动的序幕。接着，陈云与吴志喜又酝酿枫泾暴动的计划。

枫泾暴动指挥所旧址

由于消息走漏，国民党驻松江补充团派兵分水陆两路进攻农民军驻地。吴志喜、陆龙飞等在突围中寡不敌众，不幸被捕。陈云等24人也被通缉。但陈云仍不顾个人安危，转移革命同志，营救被捕同志。吴志喜获悉后，给陈云等写了一封信，信中说：入狱的有（陆）龙飞与我，还有三位农民，我同龙飞都已承认真实身份，大概我们的命是保不住了。牺牲我两人是不要紧的，你们的工作是最要紧的，你们要赶快离开松江，这里危险不能住。最终，吴志喜、陆龙飞被敌人杀害，为革命献出了宝贵生命。

张闻天故居

『鹤鸣于九皋，声闻于天』

位于浦东新区祝桥镇川南奉公路 4398 号，是一座具有江南农村特色的坐北朝南一正两厢房砖木结构的民宅。1900 年 8 月 30 日，张闻天出生于此，并在这里度过了童年和少年时期。故居现为全国重点文物保护单位。

扫一扫
微听上海

张闻天故居今景

"做一个小卒"

张闻天

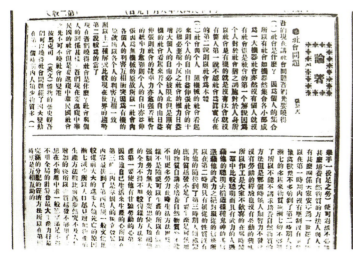

1919 年 8 月 19 日至 21 日，张闻天在《南京学生联合会日刊》发表《社会问题》一文

在今浦东新区祝桥镇有一个具有典型江南农村特色的地方。菜园、绿树、翠竹、河沟、古色古香的黑色篱笆墙勾勒出一派淳朴静逸的田园风光。1900 年 8 月 30 日，张闻天出生在这里，并在这里度过了童年和少年时期。少年时代的张闻天在乡人们的眼中，完全是个读书人，自小就读于张家宅东张家祠堂里的一所私塾。1912 年，又进入南汇县立第一高等小学读书。1915 年，考入吴淞的江苏省立水产学校。即使不在学校，寒暑假回到家，张闻天也是独自把自己关在西屋的小房间里念书，不肯和其他小朋友玩乐。1917 年，张闻天又凭着优异的成绩考入南京全国水利局河海工程专门学校，自此离开家乡，赶赴南京。

在南京，张闻天如饥似渴地学习西方先进的科学技术、政治思想和文化思想。受民主、自由思想熏陶的他逐渐成为《新青年》的忠实读者。他曾写道：

"'五四'前《新青年》的出版给了我很大影响，我的自我觉醒也于此开始。"

1919年五四运动的爆发，进一步唤起了张闻天的"自我"觉醒。张闻天积极投入罢课等运动，还和一群有识之士创办了《南京学生联合会日刊》，探讨中国社会问题，探索救国救民的道路。为了寻求中国的光明之路，张闻天还加入少年中国学会，走到工人中去，听工人们倾诉"铁店里的男儿"和"丝厂里女子""心碎"的悲愤，甚至远赴日本寻求救国真理。

1920 年 7 月，即将赴日本的张闻天（中）在上海与好友沈雁冰（左）、沈泽民临别合影

经过对各种思潮的思考、比较和鉴别，也经过了对马克思主义学说的不断研究，1922 年，张闻天终于找到了一生的信仰。他在《中国底乱源及其解决》一文中写道："自今日起，我希望能够在实现社会主义的历程中做一个小卒。"

《读书杂志》刊载张闻天的文章（《中国社会史的论战》专号）

"我要加入 CP！"

张闻天确定信仰之初，对政治活动的兴趣不浓，并没有参加共产党的愿望，主要投身于新文学运动，将"精神运动"作为"终身欲从事之事业"。因此，张闻天写了许多翻译和评论发表在《小说月刊》《少年中国》《读书杂志》等报刊。1922 年 8 月，张闻天从上海赴旧金山留学。1924 年 1 月回到上海，10 月，辞去中华书局的编辑职务，来到重庆，先后在四川省立第二女子师范学校、川东联合县立师范学校任教。

留美的生活、重庆的任教等经历，让张闻天思想发生了微妙的改变。他曾回忆这个微妙的转变："这斗争给了我很深的印象，使我思想上又起了新的变化。我深深觉得要战胜这个社会，必须有联合的力量，单靠个人的文艺活动，是做不到的，而共产党是反抗这个社会的真正可靠的力量。此时，我有了加入共产党的动机。"

在张闻天怀着加入共产党的愿望返回上海的时候，上海正掀起前所未有的反帝浪潮——五卅运动。当时千千万万工人涌向街头，举行抗议示威。有一天，张闻天路过繁华的南京路，汇入五卅运动的洪流。在这洪流之中，张闻天与一位好友不期而遇。这位朋友便是早已加入共产党的郭绍棠。街头邂逅，人流之中，难以详谈，郭绍棠只是握着张闻天的手问了一句："为什么不参加国民党？"张闻天毫不犹豫地说："我要加入CP！"郭绍棠即把这件事告诉了张闻天的好友——共产党员沈泽民。

之后，在沈泽民与董亦湘的介绍下，张闻天加入了中国共产党。在入党时，张闻天还创作了书信体抒情小说《飘零的黄叶》，把自己代为主人公长虹，把党比作妈妈，立下誓言："我亲爱的妈妈，你的长虹将认真的要开始做一个无私的光明的找求者了……"

用笔战斗

加入共产党后，张闻天开始踏上了职业革命家的道路。1925年8月，赴苏州乐益女中任教，与侯绍裘等建立中共苏州独立支部；10月，赴苏联，入孙逸仙中国劳动者大学（莫斯

从苏联归国的张闻天

科中山大学）学习。1927 年 9 月，毕业并留校任教。1928 年，入红色教授学院任教，同时参与共产国际东方部的部分工作。直至 1931 年，张闻天接到通知，被要求立即回国，参加国内斗争。张闻天与好友杨尚昆结伴，穿行茫茫的西伯利亚，越过中苏边界，搭上开往哈尔滨的火车，再几番周转，回到了阔别多年的上海。到达上海的这天，正巧是农历新年，1931 年 2 月 17 日。从早晨开始，就下起雪来了。张闻天带着杨尚昆来到市区，找了一家旅馆住下。随后又用暗语写好一封短信，按照同党中央联系的地址发出，但信发出后两三天，还不见人来。张闻天和杨尚昆有些耐不住了，就到外滩一带兜圈子，希望碰到熟人。说来也巧，在大马路（今南京路）口刚好碰到陈昌浩。他们即请这位莫斯科的同学把他们回到上海的消息转告中央。当天晚上，博古（秦邦宪）就到旅馆来看望他们。差不多同时，内部交通也收到了信，派人来接头。张闻天终于重新与党组织取得联系。

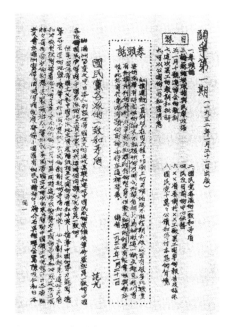

张闻天主编的《斗争》第一期

当时，原本担任党中央宣传部长的沈泽民将被派往鄂豫皖苏区担任中央分局书记，张闻天便接任宣传部长这个职位，并兼任党报委员会书记和苏区委员会负责人。接任后，张闻天首先对党报工作进行了调整。原来出的《红旗日报》停刊，改出内部秘密刊物《红旗周报》和半公开的报纸《群众日报》。在这些党的报刊中，张闻天笔耕不辍，仅仅两个月便发表了十几篇文章，分析时政，针砭当下。

正当张闻天宣传工作进入正轨时，顾顺章叛变，党中央机关一度陷入困境。但张闻天依然不放下手中的笔，连续写了多篇文章，继续战斗。

直至 1932 年 10 月，团中央机关的大破坏对临时中央的安全构成极大威胁，张闻天再也无法在上海继续从事地下斗争。1932 年底，张闻天化装成一个有钱的商人，在交通员的陪护下登上驶向汕头的客轮，抵达汕头后，又在那里的秘密交通站上船，被送到大埔，再由大埔秘密坐船前往福建、广东交界的游击区，上岸后，一路经上杭、过长汀，顺利到达瑞金。没过几天，陈云、博古等也先后到达瑞金，上海的中共中央机关陆续迁到苏区。

上海中山故居

『**精诚无间同忧乐**』

位于黄浦区香山路 7 号（原莫利哀路 29 号），是一幢坐北朝南的两层欧洲乡村式小洋房建筑。1918 年，孙中山和夫人宋庆龄曾住于此。故居为全国重点文物保护单位。

上海中山故居今景

扫一扫
微听上海

"一种真正的家庭生活"

自 1894 年毅然走上革命道路以来，孙中山为革命四处奔波，漂泊不定，即使 1915 年，与宋庆龄结婚后，仍然没有一个稳定的居所。宋庆龄每次回上海只能住在父母家里。1916 年 5 月，孙中山与宋庆龄从日本回到上海，就曾租住环龙路 63 号房屋，对门 44 号即为办公处所。

1918 年，第一次护法运动宣告失败后，孙中山怀着极度苦闷的心情离开广州，取道台北再赴日本。在得到宋庆龄发来的"已与法国领事交涉好，上海可以居住"的电报后，他从神户乘船于同年 6 月回到上海，入住四位华侨为他集资买下的莫利哀路 29 号。从此，孙中山与宋庆龄才有了共同的家，一个稳定的居所。

孙中山和宋庆龄在上海故居合影

自从有了这所住宅，孙中山和宋庆龄过上了正常的家庭生活。每天清晨，宋庆龄会陪同孙中山在花园内锻炼身体，或是散步，或是打门球。天气晴朗时，他们还会结伴外出游览。温馨的家庭生活，让孙中山感到无比幸福，他在 1918 年 10 月 17 日致康德黎夫人的信中写道："目前我正过着新生活，享受我以前所没有的——一种真正的家庭生活，以及一个伴侣，一个贤内助。"

1920 年，孙中山扶植的粤军陈炯明部驱逐了盘踞广东的桂系军阀。同年 11 月，宋庆龄随同孙中山离开上海回到广州，并发起了第二次护法运动。正当形势大好之时，陈炯明发动武装叛乱，围攻总统府，想置孙

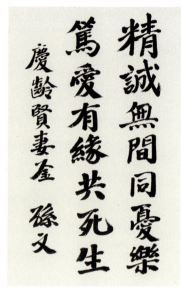

左：孙中山

右：孙中山给宋庆龄的题词

中山于死地。枪林弹雨之下，宋庆龄掩护孙中山撤离，后会合于永丰舰。患难见真情，宋庆龄和孙中山回到上海寓所后，孙中山亲笔题写了"精诚无间同忧乐，笃爱有缘共死生"几个大字，印证他们之间的爱情。

"适乎世界之潮流，合乎人群之需要"

毛泽东曾指出："孙中山先生之所以伟大，不但因为他领导了伟大的辛亥革命，而且因为他能够'适乎世界之潮流，合乎人群之需要'，提出联俄、联共、扶助农工三大革命政策，对三民主义作了新的解释，树立了三大政策的新三民主义。"当然，孙中山三民主义新解释的提出，经历了革命道路挫折的洗礼。

在经历辛亥革命、二次革命、护国运动的屡屡挫败后，俄

国十月革命的成功犹如黑暗中的一缕阳光，让孙中山看到了
希望。1918 年，孙中山给列宁发去祝贺十月革命胜利的电报。
1920 年秋，宋庆龄陪同孙中山在这所住宅的书房接见了共产
国际派来的第一位使者维经斯基。据维经斯基回忆：孙中山待
客人一坐下就开始询问苏俄的革命情况，接着谈了辛亥革命的
问题，双方就苏俄与孙中山建立关系问题交换了意见。

　　1922 年，陈炯明的叛乱更让孙中山深深感到，"顾失败之
惨酷，未有甚于此役者"。回到上海后，孙中山一度将自己锁
在寓所内，"遥望前路，罔知所届"。这时，李大钊叩响了寓
所大门，两人讨论"振兴国民党以振兴中国之问题"和两党
联合问题等，"畅谈不倦，几乎忘食"。孙中山意识到，为了
完成革命任务，必须寻找新的革命力量联合。同年 8 月，中
共中央在杭州西湖举行特别会议，决定共产党员以个人身份

孙中山与李大钊会晤（版画）

加入国民党。在共产国际和中国共产党
的协助下，孙中山决定整顿和改组国民
党。第一次国共合作逐渐拉开序幕。

　　1923 年 1 月，孙中山与越飞会谈，
双方就改组国民党和建立军队以及苏联援
助中国革命等问题达成共识，并发表了著
名的《孙文越飞联合宣言》。1924 年 1 月，
在共产党的参与下，中国国民党第一次全
国代表大会在广州召开，标志着国共合作
的正式形成。《中国国民党第一次全国代
表大会宣言》中重新解释了三民主义，即
新三民主义，与旧三民主义相较有了质的
飞跃和巨大的进步。

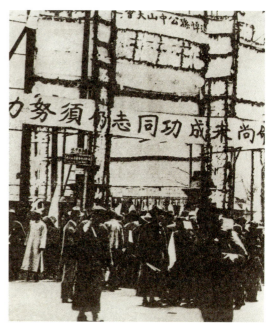

1925 年，上海各界人民在南市
公共体育场举行孙中山追悼大会

捐赠寄哀思

　　1924 年 10 月，深受孙中山革命思想影响的冯玉祥在北
京发动政变，推翻了由直系军阀控制的北京政权，电邀孙中
山北上"共商国是"。为了不错过实现和平统一的好机会，已
重病在身的孙中山毅然决定北上。然而，谁也没料到，孙中
山带着事业未完的遗憾在北京溘然长逝。

　　1925 年 3 月，临终前，孙中山除了对国事的嘱托外，在
《家事遗嘱》中这样写道："余因尽瘁国事，不治家产。其
所遗之书籍、衣物、住宅等，一切均付吾妻宋庆龄，以为
纪念……。"

　　料理完孙中山的丧事后，宋庆龄回到了上海莫利哀路 29

孙中山故居客厅

号寓所——她与孙中山共同生活了近十年的家，继续生活。因为这里的一桌一椅都保留着让她难以忘怀的温馨和幸福。

　　直到 1937 年八一三淞沪抗战后，宋庆龄离开上海前往香港。待抗战胜利后回到上海，寓所却早已面目全非，甚至连自来水管也被偷走。宋庆龄一边查询着当年被日军劫掠的孙中山遗物下落，一边恢复重新布置这幢曾经的"爱巢"。为了能永久地保存这革命的见证，宋庆龄将此故居移赠国民政府，作为永久性纪念地，寄托永远的哀思。

永远和党在一起

上海宋庆龄故居

位于徐汇区淮海中路1843号。故居是一幢乳白色假三层楼房，前后是花园。此处是宋庆龄生前长期居住和生活的地方，也是宋庆龄从事国务活动的重要场所。故居现为全国重点文物保护单位，纪念馆为全国爱国主义教育示范基地。

扫一扫
微听上海

上海宋庆龄故居今景

"头号福利团体"

为中国抗日战争争取国际援助等原因，1938年，宋庆龄在香港成立保卫中国同盟（保盟）。保卫中国同盟秉着"为了中国今天的战斗，也是为了明天的重建"的宗旨，高举抗日民族统一战线和国际反法西斯统一战线两大旗帜，吸引和团结了无数国际友人、港澳同胞、爱国侨胞，在各地开展了形式多样的活动支持中国人民的抗日战争。在众多

保卫中国同盟中央委员会成员合影。左四为宋庆龄

活动中，他们重点支持中国共产党领导的八路军、新四军、陕甘宁边区及其他抗日根据地。

1941年12月，宋庆龄离港赴渝。1942年8月，宋庆龄在重庆重组保卫中国同盟中央委员会及办事机构，通过各种途径恢复与各国援华机构的联系，继续争取友好国家的援助。保卫中国同盟在转移至重庆之后，援助的重点依然是中国共产党领导下的敌后游击区。数年间，宋庆龄通过各种途径源源不断地向那里输送医药物资、保健食品等。烽火乱世中，宋庆龄与她领导的保卫中国同盟在艰苦的抗战时期无数"雪中送炭"的举动，为饱经苦难的人民送去了光明与温暖。

抗日战争胜利后，作为支援中国人民抗战救济团体的保卫中国同盟完成了历史使命。为适应新的形势，宋庆龄将保

宋庆龄亲临建筑工地视察
儿童福利站的建造情况

卫中国同盟从重庆迁往上海，更名为中国福利基金会（China Welfare Fund）。1947 年，中国福利基金会在上海的胶州路建立了第一个儿童福利站，关注中国儿童的成长。1950 年 8 月，宋庆龄将中国福利基金会正式改组为中国福利会（China Welfare Institute）。自此至 1981 年 5 月，宋庆龄亲自领导中国福利会长达 31 年，并将其定位为"专门从事妇女和儿童的健康、福利和教育工作的机构""真正的人民团体"和"头号福利团体"。

名字和声誉不能出借

宋庆龄是一位伟大的女性，她不仅热衷于福利事业，而且始终秉承孙中山先生的遗志，为中国革命的胜利和中华人民共和国的建设作出了巨大贡献。周恩来曾誉她为"国之瑰宝"。

孙中山逝世后，蒋介石曾蓄意留住宋庆龄。在高官厚禄面前，宋庆龄告知蒋介石：宋庆龄的名字和声誉不能出借，谢绝

宋庆龄

了蒋的"美意"，兀自回到上海安居。1937年日本侵略军占领上海，宋庆龄被迫离开。直至1945年抗战胜利，回到上海后，她将莫利哀路29号（今香山路7号）的寓所捐赠，改为孙中山的纪念地，自己则暂居在靖江路一处较为简陋的寓所（今桃江路45号），1949年春，才迁居到淮海中路的住宅。

那时，正值辽沈、淮海、平津三大战役胜利，百万雄师聚集在长江北岸，准备渡江南下。而南京国民党政府则分崩离析，全面崩溃。为了延迟这末日的到来，在美国的支持下，蒋介石"以退为进"，由"副总统"李宗仁出任"代理总统"，开展"和平"攻势。同时还在社会上散布说宋庆龄将在国民党政府就职。为此，宋庆龄在上海英商《字林西报》上以中国福利基金会的名义发表声明：

"孙中山夫人今天宣布：关于她将在政府中就职或担任职责的一些传说，是毫无根据的。孙夫人进一步声明，她正在以全部的时间和经历致力于中国福利基金会的救济工作。她是这个中国福利机构的创始人和主席。"

2月，为了拉拢宋庆龄，李宗仁亲自登门拜访，请宋庆龄以个人身份北上，向中共领导转达"和谈诚意"。宋庆龄断然拒绝，表明立场："德邻先生，我曾明白表示

上海宋庆龄故居客厅

过，在国民党未实行孙中山先生的三大政策以前，我决不参加
这个党的任何工作。不久前，上海有些报纸造谣，说蒋介石下
野，我要出山了，我立即发表辟谣声明。二十多年来，我的立
场和态度始终一贯，不容有所变更。"

　　就这样，宋庆龄排除一切干扰，坚守在上海，以全部时
间和精力致力于中国福利救济事业，团结中外友人，迎接上
海的解放。

北上

　　1949 年 8 月 28 日下午，宋庆龄乘坐的火车缓缓地驶进北
平火车站。毛泽东与朱德、周恩来、董必武、林伯渠、李济
深、沈钧儒、何香凝、郭沫若、柳亚子、廖承志、蔡畅等 59
人早已在车站等候。

　　列车刚刚停稳，毛泽东便走进车厢，握紧宋庆龄的手，

1949年6月19日，毛泽东写信给宋庆龄，邀请她参加中国人民政治协商会议

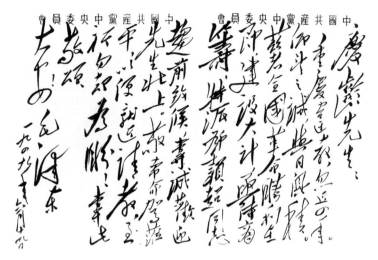

表示欢迎。面对如此高规格的欢迎阵容，宋庆龄感到意外又激动，回想北上的历程，更是让她感慨万千。1949年5月27日，上海解放，宋庆龄感到由衷的欢欣。她愉悦地感叹："我们现在总算可以自由地呼吸了。"邓小平和陈毅一进上海，就拜访了宋庆龄。毛泽东则亲自写了一封信给宋庆龄：

　　庆龄先生：

　　　　重庆违教，忽近四年，仰望之诚，与日俱积。兹者全国革命胜利在即，建设大计，丞待商筹，特派邓颖超同志趋前致候，专诚欢迎先生北上。敬希命驾莅平，以便就近请教，至祈勿却为盼！专此。

　　敬颂

大安！

　　　　　　　　　　　　　　　　毛泽东

　　　　　　　　　　　　　一九四九年六月十九日

同时，周恩来也写了一封信"渴望先生北上"。1949 年 6 月，邓颖超带着这两封信在廖梦醒的陪同下来到上海，拜访宋庆龄。宋庆龄接过毛泽东、周恩来的亲笔信，看得非常仔细。良久，才缓缓地说："此事容我再仔细想一想。"

原来，宋庆龄有一个难解的北平心结。1949 年前，她曾两次赴北平，一次是 1925 年陪同孙中山抱病北上，不久，孙中山病逝于北平。一次是1929 年，南京中山陵落成，她参加孙中山灵柩南移的奉安大典。因此，北平对她而言是一个伤心地。邓颖超见状，便留在上海，耐心等待宋庆龄的抉择。

精诚所至，金石为开。两个月后，宋庆龄表示"同意北上"。于是 1949年 8 月，宋庆龄从上海出发，前往北平，自此开启了建设新中国的新历程。

1949 年 9 月，宋庆龄、邓颖超、何香凝与参加新政协的部分女代表合影

据敌腹建奇功

刘晓故居

位于静安区愚园路 579 弄中实新村 44 号，是一幢砖木结构坐北朝南的三层楼新式里弄住宅。1947 年 7 月至 1949 年 5 月间，这里是中共中央上海局书记刘晓的居住地，也是中共中央上海局秘密机关之一。故居现为上海市文物保护单位。

扫一扫
微听上海

刘晓故居今景

从"小刘"到刘晓

刘晓，1908 年出生于湖南辰溪。他的革命生涯，与上海有着割舍不断的联系。1926 年，年仅 18 岁的刘晓在上海加入中国共产党，随后相继参加了党领导的上海工人三次武装起义和奉贤庄行暴动。那时，同志们不知道这个初出茅庐的小伙子的真名叫刘运权，只知道他叫小刘，而"小刘"这个称呼跟随了刘晓很长一段时间。

刘晓

1929 年 7 月，刘晓被分配到上海反帝大同盟发行部工作。当时反帝大同盟业已筹备就绪，即将正式宣布成立并举行游行示威。刘晓与发行部的工作人员接头后，提前拿了两箱子宣传品回到家里，以备在南京路游行示威时散发。为防万一，刘晓机智地在宣传品的箱子上写下一张留言条："箱子寄存，你不在家，过几天来拿。"

8 月 25 日，刘晓察看南京路地形时被包打听跟踪。他回到家，还未进门就当场被捕，两箱子宣传品就成了他的"罪证"。在被押往巡捕房的路上，刘晓趁人不备，把箱子的钥匙丢在地上。公堂审讯时，刘晓按事先准备好的"口供"回答道："箱子是我朋友寄放的，我没有箱子钥匙，不知道里面放的是什么。"敌人随即施以利诱："你说出箱子里宣传品的来处，我们马上放了你，同时还要给你奖赏。"刘晓仍咬定原来的"口供"。敌人见状，软的不行就来硬的，对他动用重刑。尽管被折磨得遍体鳞伤，刘晓始终守口如瓶，没有供出宣传品的来源，也未暴露共产党员的身份。最终，刘晓被租界当局以"危害治安罪"判刑一年。

出狱后的刘晓很快和党组织取得联系。1931 年 4 月，由于叛徒出卖，时任中共江苏省委秘书长的刘晓在上海再次被捕入狱。在狱中，他和陈为人、谢宣渠等共产党员成立狱中特别支部，组织难友们团结起来，巧妙地与当局进行周旋和斗争。当年底，经党组织营救保释出狱。随后，陈云找刘晓谈话，将他分配到苏区工作。

在刘晓赴苏区的途中，党中央决定，由他担任福建省委组织部部长。时任福建省委书记任弼时正在主持福建苏区党代表大会的选举工作，提议刘晓为代表。但任弼时不知道大家口中的小刘真名叫刘运权，而小刘本人又在来苏区途中无法打听，党代表会议又不能停止举行，于是就把"小刘"两个字颠倒一下：刘小。但以"小"命名似乎不妥，就改成"刘晓"。自此以后，刘晓就终身使用任弼时为他所起的这个名字。

一则不寻常的结婚启事

1937 年，中央派刘晓从延安到上海，担负恢复和重建遭受严重破坏的上海党组织的重任。考虑到上海复杂的环境，党组织决定刘晓与其夫人张毅一同前往。张毅是来延安投身革命的学生党员，家在上海，其父曾留学日本学医，与鲁迅是同学，是国民党左派，同情和支持共产党。于是，29 岁的刘晓重新踏上返沪的征程。那时的他，中等身材，脸色黑里透红，戴着眼镜，完全是一副知识分子模样，但残酷的战争和根据地艰辛的生活在他身上留下深深的痕迹。一路上，刘晓穿着一件借来的、不太合身的长衫，下面是一条西裤，脚穿皮鞋，以便看上去更像一个儒雅的商人。火车上，为掩饰浓重的乡音，大多时间他都沉默不语，或不停地吃东西，让张毅出面和别人打交道。

　　取道西安到达上海后，张毅的父亲就在家里摆了简单的酒席招待少数至亲好友，作为张毅与刘晓结婚的婚宴。随后，张毅父亲在上海的一家报纸上登出一则结婚启事：男方是刘巽斋（刘晓化名），女方是张毅。用这个当时上海通行的举行婚礼的办法，让新女婿露一露面，也便于掩护他们以后的工作。就这样，刘晓在这座"冒险家的乐园"中安顿下来了。

　　此后的十二年中，刘晓冒着生命危险，以多种职业身份作掩护，坚定地、创造性地贯彻党中央关于白区工作的基本方针和策略，为抗日战争的胜利和上海、南京等大中城市的解放，作出卓越贡献。

1938 年，刘晓、张毅和刚出生的长女合影

枕戈待旦迎解放

　　为迎接新的革命形势，1947 年 1 月，中共中央成立上海分局，刘晓任分局书记。同年 5 月，中共中央上海分局改为中共中央上海局，管辖长江流域、西南各省及平津一部分党的组织与工作，并于必要时指导香港分局，仍以刘晓为书记，刘长胜为副书记。

　　当时，刘晓一家住在淳化路（今襄阳北路）47 弄的一幢三层楼内，楼下是由吴雪之领导的党办企业协泰行。抗战胜利后，相邻的两幢楼分别住进了国民党的两位接收大员，且

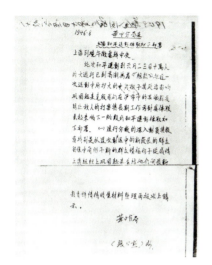

1946 年 8 月，刘晓致中央电
《上海和平运动采取如下部署》

1947 年关勒铭金笔厂全体股东
和员工合影，三排左四为刘晓

都有中统或军统背景，刘晓认为长期与特务为邻很不安全，遂决定搬家。恰逢党的第三条秘密战线"广大华行"总经理卢绪章腾屋搬家，卢便把中实新村 44 号的房子让给刘晓。对外则宣称是用七八根金条将此处房屋顶下的。一楼是客厅，二楼由妻子带着孩子们居住，三楼刘晓自己单独居住，译电员朱志良住在三楼亭子间，他的对外身份是刘晓的侄子。刘晓当时以关勒铭金笔厂副总经理的身份作掩护。妻子张毅则对外称是全职太太，其实是上海党组织领导层间的机要交通员。在邻居们的眼里，刘晓是位老成持重、事业有成的生意人，而太太则是位称职的家庭主妇。看上去，这是个再普通不过的上海人家。其实，这里也是中共中央上海局的一处秘密机关，但极少在此召开领导人会议，只有刘长

胜经常到来，两位上海党组织领导人常常促膝长谈至深夜。

进入 1949 年，随着三大战役取得决定性胜利，解放军南下解放并接管上海，已被提上议事日程。3 月，身在香港的刘晓接到中央通知，要他赶赴北平向毛泽东主席汇报接管上海问题。刘晓将有关上海当时经济状况及国民党四大家族携资金外逃等材料密写在一本张大千的画册里，和中共党员陆象贤等乘一艘英国轮船离港北上。在西山的双清别墅，毛主席赞扬了上海党组织的工作，并给刘晓出了一道题目：要对上海几百万人民作一个阶级分析，有多少工人阶级，有多少资产阶级，有多少小资产阶级，有多少失业工人。刘晓等人连夜工作，第二天就向毛主席交了卷。4 月下旬，南京解放之际，刘晓离开北平南下，投入接管上海的准备工作中。

1955 年 5 月，刘晓和刘长胜在莫斯科合影

5 月下旬，上海甫一解放。宁静的中实新村 44 号忽然响起了一阵局促的敲门声。打开大门，家人都惊呆了，门外站着的是一身戎装的刘晓，站他旁边的是邓小平、陈毅，身后跟着一批解放军战士。邓、陈笑着对张毅说，他们对上海党组织的领导机关十多年来始终没有遭到破坏感到奇怪，想来看看刘晓这位上海党组织的"总头头"住的地方。刘晓年幼的儿子刘际翔看到爸爸穿着军装回来，感到陌生而惊奇，他睁大着眼睛怯生生地问："爸爸，你以前是做生意的，怎么会变成解放军的呢？你教教我，我学了也要变成解放军。"闻听此言，众人皆哈哈大笑。

链接《《《

51
曙光中学旧址
（中共奉贤县
委旧址）

曙光中学旧址
（中共奉贤县委旧址）

位于奉贤区奉粮路 70 号（今奉城第一小学内），原为"潘公祠"，建于清同治年间，祠屋为砖木结构，坐北朝南。旧址现为奉贤区文物保护单位。

1927 年 8 月，奉贤籍共产党员李主一，以国民党县党部执行委员的公开身份，与刘晓（化名刘巽斋）、刘德超（化名刘炳）在此创办私立曙光中学，同时秘密成立中共曙光中学特别支部，刘晓任书记，李主一任组织委员。这是奉贤境内第一个中共党支部。同年秋，在中共曙光中学特别支部的基础上，成立中共奉贤县委员会，刘晓任书记，李主一任组织部长。八七会议后，中共江苏省委曾派林钧来这里秘密召开奉贤、南汇、川沙三个县的党团骨干会议，传达八七会议精神。1928 年 4 月，国民党当局查封曙光中学。奉贤县委改组，刘晓仍为书记，并转移至西乡庄行等地继续开展革命活动。

曙光中学旧址（中共奉贤县委旧址）今景

扫一扫
微听上海

刀尖行走十二载

刘长胜故居

位于静安区愚园路 81 号，是一幢砖木结构坐南朝北沿马路的三层新式住宅建筑。1946 年至 1949 年间，这里是中共中央上海局副书记刘长胜的居住地，也是中共中央上海局、中共上海市委的秘密机关之一。故居现为上海市文物保护单位。

扫一扫
微听上海

刘长胜故居今景

生意兴隆的"荣泰烟号"

刘长胜

1940 年春，刘长胜从延安回到上海。对于上海这座城市，他并不陌生。早在 1937 年 9 月，抗战全面爆发后，刘长胜受党中央委派，来到上海，协助先期到达的刘晓、恢复和重建上海党组织，开展工人运动，开始了他长达十二年的地下斗争岁月。同年 11 月，中央批准在上海建立中共江苏省委，刘晓任书记，刘长胜任省委委员兼工人运动委员会书记，后为省委副书记。在上海，刘长胜积极贯彻党的抗日民族统一战线政策和隐蔽精干的白区工作方针，放手发动群众，壮大党的力量，得到党中央和毛泽东的充分肯定和赞扬。

相较 1937 年，此番来沪，形势更加凶险。第二次世界大战激战正酣，上海租界外围的日军趁机向租界渗透，英、法、美则采取绥靖政策步步退让。号称"严守中立"的租界工部局根据"旨意"，加紧对抗日活动的镇压，甚至派出巡捕作向导，带领日本宪兵队进入租界抓人。一时间，汉奸特务成群结队，恐怖事件层出不穷。

在日益恶化的环境下，为了安全地开展工作，根据党组织的安排，刘长胜化名刘浩然，在常德路 65 号开了一家荣泰烟号作联络站。伙计是原来在邮局工作的中共党员冯邦荣。筹备这家店足足花了近半年时间。在选址时，刘长胜要求冯邦荣不能用亲戚朋友介绍的房子，只能在报上"召盘""召顶"的广告中找，这样万一暴露也不会被敌人查出底细

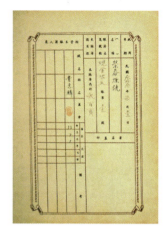

荣泰烟号店章和账簿

或波及他人。经过遴选，最后由刘长胜亲自出面，与房屋主人讨价还价，把房子定了下来。

1941 年 1 月 1 日，荣泰烟号在爆竹声中开张营业。冯邦荣没有做过生意，刘长胜就同他研究怎样领"市面"，当"掌柜"。过了一段时间后，生意居然兴隆起来。刘长胜身材魁梧，体型较胖，为人和气，常爱讲讲笑话，来往客人、左邻右舍称他为"胖刘老板"。这个身份刘长胜用了很长一段时间，直到他在 1945 年中共七大上当选为中央候补委员时，当时的公开身份还是荣泰烟号老板。

领导解冻生活费指数斗争

1947 年 2 月，国民党发动全面内战后，为了进一步搜刮军费，竟然宣布把生活费指数冻结在一月份的数字上，并重申前令，严禁罢工、怠工，违者格杀勿论。一面是生活费指数冻结，职工收入停滞不前，一面却是"物价突栏而出，再效野马奔腾"。不仅是普通工人，就连捧着"金饭碗"的公务员、银行职

1947年5月8日，上海万余纺织工人举行要求解冻生活费指数的游行

员等也大呼吃不消，从而激起了全市人民的一致反对。

根据党中央的电示精神，时任中共中央上海分局副书记的刘长胜亲自领导了解冻生活费指数的斗争。他认为，抓住生活费指数斗争不放，可以形成全市各行各业互相呼应、互相推动、共同斗争的大团结局面，进一步提高工人群众的政治觉悟。于是，在各级党组织的发动下，各业职工纷纷推派代表，向国民党上海市政府、社会局请愿。这些活动目标一致，分散进行，此起彼伏，连绵不断，影响遍及全市，并在5月份达到了高潮。"大票满天飞，工人饿肚皮！""物价天天涨，工人饿肚肠！""物价不抑平，工人没得命！"的口号响彻上海的大街小巷。

在社会各界的强大压力下，国民党政府决定有条件地解冻生活费指数，斗争取得重大胜利。此后，针对部分工人要求继续争取无条件解冻生活费指数的要求，刘长胜等清醒地认识到，如果继续坚持无条件解冻，将使斗争无限期拖延下去，对职工不利，也会造成不必要的损失，因而说服群众适时结束了这场斗争。

"爱搓麻将的胖刘老板"

解放战争时期，在国民党特务开列的黑名单中，作为上海党组织核心领导之一的刘长胜常常"名列榜首"。身处险恶的环境，刘长胜凭借自己的机智和勇敢，每每化险为夷。有一次，他半路遇到敌人"抄靶子"，想躲避已来不及，便急中生智把携带的文件塞进雨伞里，拿着伞把双手举起来。敌人只注意搜身而忽略了雨伞。刘长胜就这样有惊无险地闯了过去。

1949 年中共中央上海局和中共上海市委留沪迎接解放负责人合影，左起：吴克坚、张承宗、沙文汉、刘长胜

　　1946 年 9 月，刘长胜、郑玉颜夫妇入住愚园路 81 号，他们家住二楼，中共上海市委书记张承宗一家住三楼。中央上海局书记刘晓经常来此讨论开会。每当联络时，郑玉颜都在屋外放哨，一发现动静，刘长胜他们便借着搓麻将的名义，将麻将搓得哗哗响。久而久之，周围人都以为这位面相和善的老板最爱搓麻将，虽然人来客往，却从未引起怀疑。以至于上海解放后，报上登出上海市委领导刘长胜的名字，邻居老太惊呼："伊就是阿拉格麻将搭子'刘胖'？"

　　1949 年初，人民解放军取得三大战役的胜利，百万雄师饮马长江，上海解放指日可待。此时的上海街头，凄厉的警报声日夜不绝，大批共产党员和进步群众惨遭迫害和屠杀。上海警察局长毛森悬赏 3000 银圆，声称要取刘长胜的项上人头。即便如此，刘长胜依然从容不迫。他搬到了与中共上海党组织有秘密联系的国民党少将参议许彦飞家里，让许穿上军装，并让他把一张蒋介石的戎装照片挂在会客室里，照片上款是"彦飞同志"，下款是"蒋中正赠"，以此吓唬那些"查户口"的警察特务。刘长胜自己也脱下长袍，换上西装，在此一直安全地住到上海解放。

『民族魂』最后的坚守

鲁迅故居

　　位于虹口区山阴路132弄（原施高塔路大陆新村）9号，是一幢坐北朝南、红砖红瓦、砖木结构的三层新式里弄住宅。这是鲁迅生命最后三年半居住、战斗的地方。故居之上原辟有鲁迅纪念馆，后于虹口区甜爱路200号（鲁迅公园内）建成新馆。故居现为上海市文物保护单位。鲁迅纪念馆为全国爱国主义教育示范基地。

鲁迅故居旧景

扫一扫
微听上海

革命道路的同行者

　　1927 年 10 月，鲁迅来到上海，开始了他一生中最后十年的辉煌历程。在这里，他先后居住于景云里和拉摩斯公寓。1933 年 4 月 11 日，鲁迅携夫人许广平、儿子海婴迁入大陆新村 9 号，一直在此住到逝世。

　　彼时的大陆新村略显荒僻，鲁迅屋前"有块空地，雨后蛙声大作，如在乡间"。然而，相对安静的居家环境却为他的日常生活和写作创造了条件。每当客人离去，家人入睡后，鲁迅就沏上一壶浓茶，用棉套捂住保暖作为茶头，工作到天将破晓才就寝。在二楼简朴的卧室兼书房中，他伏案写下了《三闲集》《伪自由书》《且介亭杂文》等多部著作和文章，还翻译了《毁灭》《俄罗斯的童话》《死魂灵》等 10 余部外国文学作品。

鲁迅

　　在人生的最后一段时期，反动统治者的凶残屠杀和共产党领导下的革命群众的英勇斗争，令鲁迅的思想产生深刻而巨大的变化。他开始注重运用马列主义理论认识中国的社会现实和历史文化，通过论争与学习，确信"唯新兴的无产者才有将来"，在同反动势力的斗争中，逐渐完成从革命民主主义者到共产主义战士的蜕变。这一时期，鲁迅参与发起并领导了"中国自由运动大同盟"和"中国左翼作家联盟"，成为左翼文化运动的一面光辉旗帜。为了共同的目标，为了劳苦大众，鲁迅与共产党紧密地走到了一起，休戚与共，直至生命的最后一息。

　　对于毛泽东和他领导下的红军，身在上海的鲁迅十分关注。以中共党员、鲁迅挚友冯雪峰为桥梁，毛、鲁两位伟人虽从未谋面，却神交已久。1931 年，中央红军第三次反"围剿"胜利的消息传到上海后，鲁迅喜出望外，对前来议事的冯雪峰说："国民党在报纸上天天大喊朱毛如何如何，看来朱毛真把他们吓坏了！"1934 年初的一天，在瑞金中央苏区，毛泽东找到冯雪峰，风趣地说："今晚约法三章：一不谈红米南瓜，二不谈地主恶霸，不谈别的，只谈鲁迅。"他还遗憾地说，五四时期在北京，见到过李大钊、陈独秀、胡适、周作人，可惜没有见过鲁迅。冯雪峰则告诉毛泽东，鲁迅读过他的诗词，有"山大王"的气概。毛泽东闻言一阵大笑。

鲁迅与冯雪峰两家合影

1936 年，病中的鲁迅得知红军东渡黄河对日军作战的消息后，立即热情洋溢地同茅盾一起拟了一封贺电，托美国作家史沫特莱发往陕北。贺电称"只要想到你们在中国那样无比的白色恐怖进攻下，英勇的、顽强的、浴血苦斗的百折不回的精神，就是半身不遂的人也会站起来笑！"

"人生得一知己足矣"

在大陆新村 9 号居住期间，为安全起见，鲁迅通常约客人在百米外的内山书店或附近的咖啡馆会晤，只有特别亲近的人才会在家里客厅会晤。然而，瞿秋白、冯雪峰等共产党人和进步人士却是例外。特别是瞿秋白，他与鲁迅在革命和文学的事业中风雨同舟，肝胆相照，结下了深厚的友谊。在白色恐怖的环境中，鲁迅不顾危险，多次留瞿秋白在家中避难。"人生得一知己足矣，斯世当以同怀视之。"鲁迅书赠瞿秋白的这幅字，正是他与共产党人同甘苦、共患难的真实写照。

1932 年 11 月，瞿秋白、杨之华甩开特务的跟踪，第一次来到鲁迅家中（拉摩斯公寓）避难。对于瞿秋白夫妇的到来，鲁迅高兴地说："这回好了，秋白来了，我有知己了！"并特意将自己的书房兼卧室腾出来，让瞿秋白夫妇居住。据许广平回忆，鲁、瞿两人有"谈不完的话语，就像电影胶卷似地连续不断地涌现出来，实在融洽之极"。

瞿秋白还特地托人买了一盒玩具送给鲁迅的儿子海婴，并在盒盖上详细地写明了诸多零件的名称和件数。这套玩具是舶来品，用铁料制成，可以变化组合各种造型，鲁迅称之为"积铁成象"。瞿秋白说："留个纪念，让小孩大起来也知道有个何（瞿秋白化姓）先生！"鲁迅深为感动，当晚还在日记里记下一笔。

鲁迅和瞿秋白画像（徐悲鸿绘）

1934 年初，瞿秋白离开上海前往瑞金。出发前，瞿秋白再次来到鲁迅家中作客。未曾料到，这竟成了两人的最后一面。1935 年 2 月，瞿秋白在转移途中被俘，并于 6 月牺牲在福建长汀。由于消息闭塞，鲁迅直到 8 月还在设法筹资营救。当噩耗传来，鲁迅悲愤到几乎无法执笔。为了表达对这位人生知己、革命战友的怀念，鲁迅强撑着久病的身躯，筹划出版瞿秋白的遗译遗著，取名《海上述林》。他曾这样说道："我把他的作品出版，是一

鲁迅与木刻青年谈话

个纪念，也是一个抗议，一个示威！……人给杀掉了，作品是不能给杀掉的，也是杀不掉的！"

不朽"民族魂"

1936 年 10 月 19 日凌晨 5 时 25 分，一颗伟大的心脏停止了跳动。卧室临窗的书桌上，摆放着鲁迅未完成的手稿——《因太炎先生而想起的二三事》。冯雪峰、宋庆龄等生前好友悲痛地站在鲁迅遗体前，用眼泪送他最后一程。

经商议，由蔡元培、马相伯、宋庆龄、毛泽东、内山完造、沈钧儒、茅盾、萧三和史沫特莱等九人组成治丧委员会，当即发出《讣告》给各报记者。然而第二天，《申报》《新闻报》《大公报》等刊登的治丧委员会名单中，唯独缺了毛泽东的名字。原来，在国民党反动当局的统治高压下，各大报纸噤若寒蝉。只有上海的一家日文报纸如实登出，该报日文版

参加鲁迅葬礼的群众队伍

还在报道中特别以小标题注明："毛泽东亦是治丧委员。"

中共中央的唁电第一时间发到了上海。同时，党中央还代表人民意愿向南京国民政府发去电报，要求国葬鲁迅先生，并要求明令撤销对他的著作的禁令。国民党当局不仅没有这样做，还派出特务监视鲁迅的丧事。

忌惮于鲁迅世界级的崇高地位和声誉，国民党当局不敢乱来。丧仪活动举行得隆重而庄严。鲁迅遗体在万国殡仪馆停放三天，前往瞻仰遗容吊唁者川流不息，馆外街上排着望不到尽头的长龙。10 月 22 日，鲁迅遗体出殡至虹桥万国公墓。一路上，挽联队、花圈队、挽歌队、遗像、灵车、家属车及随后的执绅者六千余人，送葬者数万人，浩浩荡荡，绵延数里。遗体下葬前，在凄绝的哀乐和众人的恸哭声中，王造时、沈钧儒、章乃器、李公朴代表各界民众将一面白底黑字大旗覆盖在鲁迅的灵柩上，旗上缀有沈钧儒奋笔手书三个大字——"民族魂"。这是人民给予鲁迅的最高荣誉，也是鲁迅人生价值的最终体现。

『花开希望蕊，理智复能言』

多伦路郭沫若旧居

位于虹口区多伦路201弄89号，为砖木结构二层老式里弄住宅。1927年至1928年，郭沫若曾居住于此。旧居现为虹口区文物保护单位。

多伦路郭沫若旧居
（手绘）

扫一扫
微听上海

1927 年四一二反革命政变前夕，郭沫若因撰写讨蒋檄文《请看今日之蒋介石》，被国民党反动派通缉。同年参加南昌起义，并由周恩来、李一氓介绍加入中国共产党。南昌起义失败后，由于在行军中被敌人打散，与部队脱离，郭沫若只好辗转逃亡上海，隐居窦乐安路（今多伦路）一所住宅。因四周多日本侨民，不易被发现。

在这里，郭沫若补译和整理了《浮士德》第一部，"把损失了的补译起来，把残存的旧稿，也彻底润色了一遍"，大约花了十天时间，"便把这项工作完成了"。这是他苦闷的隐居生活中"一件很愉快的事"。郭沫若还借浮士德之口唱出自己的心境：

郭沫若

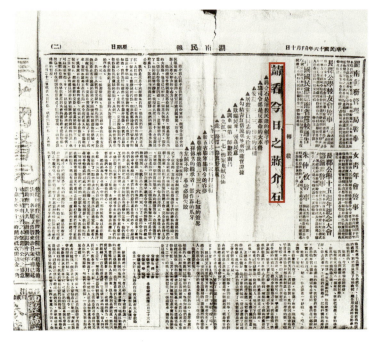

1927 年 4 月 10 日，《湖南民报》转载郭沫若的《请看今日之蒋介石》，揭露蒋介石反共反工农运动的行径

嗟我小斋中，灯火今复燃，

胸底生光明，深心知内观。

花开希望蕊，理智复能言；

景慕生之川，景慕生之源。

　　郭沫若从战场的驰骋回到这局促小房，虽然生活受到限制，但他依然对中国的革命充满了希望与自信。《浮士德》一书翻译完毕后，交由"创造社"出版社出版。

　　由于郭沫若认为"上海是不能久呆的，甚至中国也是不能久呆的"，打算举家迁往苏联。然而却突发重病，前往苏联之事只好搁置。之后，郭沫若曾回忆："我时常在这样作想，假使我不发病，我当然决不会有此后十年间陷在日本的局促生活。"

1937 年 7 月底，郭沫若由日本回国。图为郭沫若与刚出狱的救国会成员沈钧儒、李公朴、章乃器合影

　　1928 年 2 月，郭沫若开始准备动身赴日本，但他还犹豫不决，为"又要登上飘流的路"而"觉得不安"，"心中涌出无限的烦恼"。

　　此时，有消息传来，国民党当局已获悉郭沫若的住处，"当天晚上，要准备来拿人"。郭沫若只得马上跑到内山完造处，由内山带他到日本人开的旅馆暂住一夜。等到登船之时，郭沫若化装成头戴瓜皮帽，身穿长衫的"南昌大学教授吴诚"，"往东京考察教育"。

　　开船之时，郭沫若依然难舍故土，他在《跨着东海》一文中回忆："我真个是孤孤单单地离开了我很不情愿离开的

祖国。祖国并不是不需要我，然
而我却不能不离开了。在开船的
时候，我望着沉默着的祖国，悄
悄地流下了眼泪。"就这样，郭沫
若赶赴日本，开始了十年的流亡
生涯，直至抗战全面爆发后返上
海，主编《救亡日报》。

抗战胜利后，1946 年 5 月，
郭沫若由重庆来上海，入住溧阳
路 1269 号。8 月，邓颖超、齐
燕铭等假此招待文化界人士；在
此举行记者招待会，揭露美蒋在
"北平军调部"假调处、真进攻
的真相。郭沫若在此期间还担任
《文汇报》副刊主编，为反内战、
争和平奔走，参与慰问下关惨案
受害者，追祭李公朴、闻一多，
纪念鲁迅逝世十周年，声援抗议

郭沫若溧阳路旧居

二九惨案、欢送茅盾夫妇访苏等活动。1947 年 11 月，郭沫若
由中共党组织安排离沪赴香港。

郭沫若在上海几经奔波，然而，就如同他翻译《浮士德》
时所作的小诗一样，他所希望的革命之花最终开出了希望之蕊。

『矛盾』中产生的『茅盾』

景云里茅盾旧居

位于虹口区横浜路35弄（景云里）11号甲，为一幢坐北朝南、青砖青瓦的石库门房屋。1927年至1928年，茅盾曾居住于此。旧居现为虹口区文物保护单位。

景云里茅盾旧居旧景

扫一扫
微听上海

　　大革命失败后，作为文坛中最早党员之一的沈雁冰（笔名茅盾）遭国民党通缉。1927 年 8 月，他曾隐居于景云里，开始大量的文学创作。在大革命的冲击下，沈雁冰认为这是一个充满矛盾的时代，社会的矛盾、人的矛盾、思想的矛盾等等；于是，就以"矛盾"为笔名到《小说月报》上投稿。《小说月报》编辑部的叶圣陶收到书稿后，认为所署的"矛盾"二字一看便知是假名，倒不如在"矛"字上加个草头，更有利于掩护身份。沈雁冰欣然同意。因此，"茅盾"这个笔名就这么充满矛盾地产生了。

茅盾

　　"茅盾"这个笔名一直被沈雁冰沿用，包括《蚀》"三部曲"连同后来的《子夜》《林家铺子》《春蚕》等小说都署此名。当然，在景云里中创作的作品，主要是《幻灭》《动摇》《追求》三部曲（后来合起来出版时，将书名定为《蚀》）。

　　《幻灭》在《小说月报》上发表后，一度引起轰动，使茅盾迅速成为文坛上升起的一颗新星，但在这一阶段，茅盾正处于苦闷之中。与党组织失去联系的迷茫、武汉惨烈经历的回忆，再加上景云里环境的吵闹，让他只能愤懑地拿起来笔来诉说。他在《我走过的道路》中提及："景云里不是一个写作的好环境，时值暑季，里内住户，晚饭后便在门外乘凉，男女老少，笑声哭声，闹成一片。"

　　在这里，让茅盾有些许欣慰的是，他和鲁迅还曾有过数次深谈。周建人的《悼雁冰》一文曾

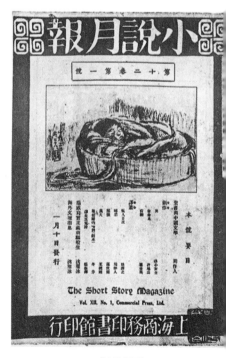

《小说月报》

茅盾长篇小说《子夜》

有记载："雁冰从武汉经牯岭回上海，躲藏在景云里寓所的三楼上。不久鲁迅也到了上海，先是住景云里23号，后来搬到18号，我则搬到17号。我的前门斜对着雁冰的后门。因雁冰不能出来走动，我就和鲁迅去看他，大家谈了很久。"

茅盾在景云里住了将近一年。1928年7月，他东渡日本。但景云里依然被文坛巨匠们所青睐，鲁迅、冯雪峰等都曾在这条里弄中安家。

1930年4月，茅盾从日本回到上海不久，即加入左联，曾任左联执行书记。1933年1月，他创作的长篇小说《子夜》出版。1933年4月至1935年3月，茅盾化名沈名甫入住山阴路156弄29号，以《申报·自由谈》为阵地，发表大量抨击时政、针砭时弊的杂文，并陆续完成了《林家铺子》《春蚕》等多篇优秀小说的创作。

1946年5月，茅盾夫妇自重庆来沪，居山阴路132弄6号二楼，从事进步文化活动，为报刊写杂文、文艺评论、翻译作品，为反内战、为李公朴、闻一多被害、为保障言论自由等发表宣言。同年12月应邀访苏，1947年4月回国，9月写出《苏联见闻录》。同年11月由中共党组织安排转移去香港，直至解放后才重回上海。

韬奋故居

以笔代剑展锋芒

位于黄浦区重庆南路205弄（原吕班路万宜坊）54号，是一幢三层砖木结构新式里弄建筑。1930年至1937年冬，邹韬奋寓居于此。故居现为上海市文物保护单位。

韬奋故居今景

邹韬奋

1944 年 6 月的一天，饱受病痛折磨的邹韬奋自知时日不多，召来上海的亲友口授遗嘱："我自愧能力薄弱，贡献微少，二十余年来追随诸先进，努力于民族解放、民主政治和进步文化事业，竭尽余钝，全力以赴，虽颠沛流离，艰苦危难，甘之如饴。……我死后，请中国共产党中央严格审查我一生奋斗历史，如期合格，请追认入党……"这是邹韬奋用自己生命的最后一息再次向党表达赤诚之心，也是他对自己一生的总结。

邹韬奋是民国时期著名的出版家和新闻记者。1922 年，担任中华职业教育社编辑部主任，主编《教育与职业》月刊。1926 年 10 月，接任《生活》周刊主编后，他对刊物进行革新，新辟评论性、趣味性、知识性等专栏，及时反映群众疾苦与民众需求，很快得到民众喜爱，发行量猛增。九一八事变后，《生活》周刊以宣传抗日救国为中心内容，一度成为当时全国期刊发行量之首的刊物。

1926 年，邹韬奋和沈粹缜结婚后，曾把新房安在上海法租界辣斐德路成裕里（现复兴中路 221 弄）18 号。这是一幢单开间的三层石库门楼房，刚造好不久，共 100 多平方米的居住面积，一层是客厅，二层是卧室。为了减少开支，他们把三层转租给他人。之后，随着他们孩子的出生，以及韬奋事业的发展，他们再次搬家至吕班路万宜坊。

在此期间，1932 年，邹韬奋创办生活书店，成为出版发

行进步书刊和马列著作的重要
文化阵地。1932 年 7 月，国
民党政府以"言论反动，思想
过激、毁谤党国"罪名，禁
止《生活》周刊在部分地区邮
递发行。1933 年 1 月，邹韬奋
参加中国民权保障同盟，当选
执委后，被国民党列入"黑名
单"，同年 7 月，被迫去欧洲
考察。在国外获悉《生活》周

李公朴、邹韬奋、沈钧儒、章
乃器、王造时、沙千里在狱中
高歌

刊遭国民党查封而停刊的消息后，邹韬奋当即在最后一期上
发表《与读者诸君告别》："本刊自东北国难发生以来，愈痛
于帝国主义的侵凌与军阀官僚的误国，悲怆愤慨，大声疾呼，
希望能为垂危的中华民族唤起注意与努力，不料竟以此而大
招政府当局的疑忌，横加压迫，愈逼愈厉"。"因此在记者个
人固应勿忘上面所说的教训而应从实际方面努力，同时并以
至诚希望诸君也把对于本刊言论的同情移到实际方面的努力，
共同奋斗，共谋中华民族的独立与解放"。

1936 年 7 月 15 日，邹韬奋与沈钧儒、陶行知等共同签
署发表《团结御侮的基本条件与最低要求》公开信，要求国
民党停止内战，联合红军，共同抗日。11 月 22 日，邹韬奋
与救国会其他 6 人被国民党政府逮捕，即"七君子入狱案"。
当时全国掀起了声势浩大的营救运动，各界人士纷纷向政府
提出抗议。但次年 4 月，江苏高等法院以所谓"危害民国为
目的而组织团体，并宣传与三民主义不相容之主义"等为由，
向七人提出公诉。6 月，宋庆龄、何香凝等人发起救国入狱运
动，再次声援"七君子"。最后，在全国人民的声援下，七七

邹韬奋主编的《抗战》三日刊

事变后，"七君子"获释。是年冬，邹韬奋一家也搬离此处。

出狱后，邹韬奋依然坚守文化阵地。八一三淞沪会战时，他筹办《抗战》三日刊，宣传中国共产党提出的全面抗战的方针，抨击国民党片面抗战的政策。11月，上海沦陷后，他转战武汉，继续编《抗战》三日刊。1938年，该刊与《全国周刊》合并，改名为《全民抗战》三日刊。之后，邹韬奋又转战重庆、香港、东江抗日民主根据地等地，始终没有放下手中战斗的笔。直至1943年，癌症病发，秘密回到上海治疗，次年7月离世。9月，中共中央电唁邹韬奋逝世并追认他为党员。

郭沫若曾给邹韬奋写过一副对联："韬略终须建新国，奋飞还得读良书"。这副对联既藏着邹韬奋的"韬奋"二字，又极其简约地概括了邹韬奋的理想和功绩，展现了邹韬奋以笔代剑战斗的一生。

4

第四章
红色文化

党培养妇女干部的
第一站

平民女校旧址

位于静安区老成都北路 7 弄 42 号、44 号（原南成都路辅德里 632 号 A），是独院的一幢两楼两底砖木结构旧式石库门里弄住宅。1922 年，中国共产党创办的第一所培养妇女干部的学校——平民女校在这里诞生。旧址现为上海市文物保护单位。

平民女校
旧址今景

扫一扫
微听上海

"作一个风雨晦冥中的晨鸡"

中国共产党自成立后，就将争取妇女的彻底解放作为反封建的一项主要内容，并把组织和领导妇女运动列为党的一项重要工作。

1921 年 10 月，陈独秀与李达商议，决定在上海创办平民女校，以期"养成妇运人才，开展妇运工作"。由于当时党的活动处于秘密状态，平民女校便以上海中华女界联合会的名义招生，并于当年 12 月在《妇女声》和《民国日报》上刊登招生简章和广告。何以定名为平民女校?《妇女声》出版的"平民女校特刊号"明确指出："说'平民'，是别于'贵族'的意思……第一，这是平民求学的地方；第二，这是有平民精神的女子养成所。"陈独秀、李达发表文章，热情赞扬平民女校是"到新社会的第一步"，"希望新成立的平民女学校作一个风雨晦冥中的晨鸡！"

《妇女声》"平民女校"特刊号

校址选在哪里合适呢? 当时李达寓所后面的南成都路辅德里 632 号 A 恰好急于出租，为了就近开展工作，李达就租下这里作为女校校舍。楼上的客堂间作为教室，课桌椅都是上海中华女界联合会负责人徐宗汉（同盟会元老黄兴的夫人）捐助的。楼上的厢房是学生宿舍，楼下是学生的工读工场和饭厅。鉴于当时党的经费紧张，每月 50 元的租金由李达用自己的稿费支付。1922 年 2 月，平民女校正式开学，李达任校务主任，王会悟（李达夫人）负责行政管理工作。

平民女校的诞生，很快引起了社会的关注。许多学生为了追求真理和妇女解放，纷纷慕名而

来。例如，湖南桃源第二女师的进步学生王剑虹在上海
拜访了陈独秀、李达、王会悟，了解了平民女校的筹备
情况。1921 年底，她回湖南时向同学亲友介绍了平民
女校的情况，于是她和同窗好友丁玲、湖南溆浦小学教
员王一知、堂姑王醒予以及王苏群、薛正源就在 1922
年春从湖南来到上海，进入平民女校。傅一星、黄玉衡
是外地女师的学生，因反对封建婚姻，毅然离家进女
校。钱希均从小是童养媳，是党的早期革命活动家张秋
人的未婚妻。张秋人参加革命后，对童养媳制度深恶痛
绝，他们一直没有结婚。张秋人对钱希均的处境寄予深
切的同情，处处关心她，把她作为自己的"妹妹"，化名
张静，介绍进入平民女校就读。钱希均自此走上了革命
道路。

平民女校教室

石库门中听党课

《平民女学工作部特别广告》

平民女校共有学生约 30 人，设有高等、
初等两个班，中学文化程度以上者进高等班，
年长失学者进初等班。女校实行半工半读，学
生靠做工获得的收入维持生活，特创立一个工
作部作为学生参加生产劳动的场所，设成衣和
织袜两个组。成衣组代客裁剪制衣，工价较一
般成衣店便宜；织袜组有两台摇袜机，织出的
袜子对外销售。这种办学形式的创新尝试，不
仅解决了学生学习经费紧缺的燃眉之急，而且
把理论学习与实践操作有机结合起来，成为当

王会悟

平民女校旧址旧景

时女子教育发展的方向。

平民女校的教师阵容相当强大。陈独秀、陈望道、李达、邵力子、沈雁冰、沈泽民、周昌寿等一批名望颇高的国内早期马克思主义者和党的早期领导人都曾在女校任教。在李达的倡导下，他们从教学内容和教学方法上都进行了彻底变革。王会悟曾这样描述："国文教员邵力子先生。他所选的国文，是从现今报纸上、杂志上、小说上所载的名著译文及评论的一类文字，和那贵族女学所受（授）的什么节妇传，什么太史公牛马走的文章，真是有天上人间之别了。作文教员陈望道先生。他的教法与一般国粹先生完全不同。他第一教我们作文法，他说，先前的作文是重文字，现在的作文是重意义的。"高级班的英文老师沈泽民，专教读本，注重翻译，他的教本是莫泊桑的小说和陀思妥耶夫斯基的《穷人》英译本。陈独秀讲授社会学，向学生宣传社会科学、马列主义的基本理论。代数教员李达，还专门为学生讲授马列主义原理。

最难能可贵的是，除按规定讲课外，平民女校还安排每周两个小时的演讲，演讲内容包括妇女问题和妇女运动问题、军阀割据与世界帝国主义的关系、为何要反帝反封建等等。这是一般女校中绝无仅有的。陈独秀、李达、施存统等人曾到校演讲。张太雷、刘少奇等从苏俄回国后，也曾到校演讲，介绍俄国革命和建设状况，使学生耳目一新。如此全面的、前沿的课程教授，极大地拓展了学生们的眼界，鼓舞了她们追求真理、投身革命的热情。

革命浪潮中的"女子先锋队"

平民女校鼓励和组织学生参加社会上的各种革命活动，宣传党的主张，支援工人运动，号召群众团结起来反帝反封建反军阀。据王一知回忆，女校的积极分子主要到各工厂，特别是一些女工工厂去进行宣传鼓动、贴标语、发传单、听工人的生活诉苦等等。1922 年 3 月，女校学生参加了上海工人和各界人士举行的黄爱、庞人铨追悼会，抗议军阀杀害湖南劳工领袖。1922 年 4 月和 5 月，浦东日华纱厂 3000 多工人两次举行罢工，平民女校学生在党的领导下积极向日华纱厂罢工女工进行慰问与宣传，并由王会悟带头到工厂去演讲。女校学生还参加了全市学生组织的罢工工人经济后援会，拿了写

丁玲

丁玲作品

着"支援工人罢工！""不许虐待工人！""要求改善劳动条件！"的小旗，不顾巡捕的威胁，到街上募捐，支援罢工工人。女校学生们在革命斗争的洪流中茁壮成长起来。

1922 年底，由于办学经费拮据等原因，平民女校被迫停办。部分学生转入上海大学或上海大学附中学习。平民女校虽然仅仅维持了八个月，但为党和革命培养了丁玲、钱希均、王一知等一批优秀妇女干部，在党的工人运动史、妇女运动史和教育史上都留下了浓墨重彩的一笔。

弄堂里的红色学府

上海大学遗址（陕西北路299弄）

位于静安区陕西北路299弄4—12号（原时应里522—526号）。在第一次国共合作时期，这里是国共合作创办，共产党实际领导的上海大学校址之一。该地块改建为恒隆广场。遗址现为上海市文物保护单位。

上海大学遗址（陕西北路299弄）旧景

两党携手办大学

　　上海大学的前身是 1922 年春创办的东南高等专科师范学校，校址在闸北青云路青云里。该校校长打着"提倡新文化"的旗号，通过招生大肆敛财，然后携款潜逃。全校学生愤而决定改组学校，提议延请陈独秀、章太炎、于右任三位名士中的一位出任校长。由于陈独秀四处奔走，行踪不定，章太炎隐居苏州，而于右任恰逢此时来到上海，还曾公开发表过"救国必须先从教育着手"的言论。无疑，于右任就是校长的最佳人选。经邵力子、柏文蔚、柳亚子、杨杏佛等人的劝说，于右任最终同意出任校长，并因原校名"字既多且狭隘"，建议改名为"上海大学"。1922 年 10 月 23 日，上海大学在原校址之上宣告成立。青云里校舍条件简陋，一座老式石库门楼房，上下总共十多间房屋，书有"上海大学"校名的木牌挂在里弄口，时人多称之"弄堂大学"。

　　建校之初，于右任自感身单力薄，亟须物色得力人才，协助办学。他认为共产党"乃吾国新起的政治活动之党。吾闻其党多青年，有主张、能奋斗之士"，"不得不寄厚望于他

左：邓中夏

右：邓中夏起草的《上海大学章程》

上海大学西摩路校址旧景

们"。1923 年初，李大钊应于右任之邀，推荐共产党员邓中夏到校担任校务长（总务长）并主持工作。邓中夏亲自拟定上海大学章程，确定了"养成建国人才，促进文化事业"的办学宗旨，并在此基础上锐意革新，制定学校发展规划，增设社会学系，专门开设马克思主义理论课程，聘请一支具有真才实学、各有所长的教师队伍。随后，为增强学校的领导和教学力量，瞿秋白受聘担任教务长兼社会学系主任，他立志要将上海大学办成"南方的新文化运动中心"。

在邓中夏、瞿秋白等共产党人的主持下，校务呈现蒸蒸日上之势。有志于革命事业的青年，无论天南海北，纷纷来此求学。即使是在上海本地，"也有许多青年是从校舍巍峨、设备完美的南洋大学、沪江大学以及东亚同文书院等校转学过来的"。1924 年春，全校学生已达 400 多人，俨然一座颇具规模的高等学府。

学生人数的激增使得本就简陋的校舍更加不堪重负。为了适应校务发展，1924 年 2 月，上海大学迁至西摩路 132 号（今陕西北路 342 弄位置），并在斜对面的时应里 522—526 号设立分部。

名师荟萃，桃李春风

在今天看来，上海大学的教师阵容可谓相当豪华，一时间群星闪耀。其中，中国文学系主任为陈望道，英国文学系主任为何世桢，美术系主任为洪野，尤其是社会学系，堪称独树一帜。翻开该系的教师名单，瞿秋白、蔡和森、张太雷、恽代英、肖楚女、施存统等共产党内的理论精英均赫然名列其中。在这些老师中，瞿秋白是最受学生欢迎的一位。

在学生们眼中，瞿秋白是个学识渊博、书生气十足的老师，"乌黑的头发向后梳着，额角又宽又平，鼻梁上架着一副和他面庞相配的深度近视眼镜"。上课时，瞿秋白的神态和蔼从容，声音虽不洪亮，却能让站在教室外的人也听得真切。据学生们后来回忆：瞿秋白的教育态度和那时上海的所谓大学教授不同。有些人在讲课时一味卖弄他们的一些"学问"，却不管学生们听得懂否；秋白同志则要照顾听课同学的不同程度和接受能力，极力讲得又通俗又明白。他在讲课中，每每把古今中外的许多事实引证起来，深入浅出地发挥着；把理论和当前实际斗争密切结合起来，反复地分析、解释。同学们听后都能心领神会，都很高兴听他的课。

因此，每当瞿秋白授课时，听课的不只是本系学生，还有中文系、英文系和美术系的学生，甚至别的学校爱好社会科学的学生也来校旁听。就连恽代英、肖楚女等人有时也加入听课行列。教室虽然是全

瞿秋白

共产党人在上海大学执教时编写的教材

校比较大的一间，但总是挤得满满的。

为了贯彻学术自由、兼容并蓄的教学方针，上海大学经常在课余举办各类讲座，延请李大钊、章太炎、胡适、郭沫若、郑振铎等名家学者来校演讲。每逢开讲，会场内外人头攒动，报纸上也争先登载，一派朝气蓬勃的景象。就连反动军阀的密探见此情景，也无可奈何地说："上海大学学生数不清。"

读懂"无字之书"

及至北伐前后，上海大学实际上已经成为中国共产党领导下的一所培养全方位人才的大学。王稼祥、秦邦宪（博古）、杨尚昆、李硕勋、阳翰笙、顾作霖、刘华、杨之华、张琴秋、钟复光等，都是在上海大学学习并从此走上革命道路。当时，在上大就读的王稼祥在给亲人的信中这样写道："上大为革命之大本营，对于革命事业颇为努力。余既入斯校，自当随先觉之后，而为革命奋斗也。"

上海大学始终强调，学生要读懂"两部书"。一部"有字之书"，指的是马克思主义；一部"无字之书"，指的是中国社会。因此，在共产党人的主持下，上大将党的理论教学与革命社会实践结合起来教育广大学生，鼓励学生参加社会实践，组建各类社团，并到工人夜校担任执行委员。学生们很快便崭露头角，活跃在革命运动中，而上大也成为反帝爱国运动的堡垒，全市青年学生运动的核心。

1924 年下半年，党领导的上海丝厂工人和南洋兄弟烟草公司工厂工人的罢工斗争，上海大学有许

何秉彝

240

多学生去参加。同年"双十节"庆祝大会上，上海大学学生郭伯和、何秉彝、黄仁等人发表反对军阀的演讲，却被国民党右派唆使流氓从高台上推下，郭伯和、何秉彝受伤，黄仁不幸身亡。上大学生经过这次血的洗礼，革命觉悟更高，斗志更旺。

上海大学还是五卅运动的策源地。1925年5月，日本内外棉七厂大班枪杀工人顾正红，引发上海学生和工人示威游行。5月30日当天，游行队伍就是在上大集中而后出发，当队伍行至南京路老闸巡捕房门前时遭到英国巡捕开枪射击。上大学生何秉彝作为游行队伍的联络员，在指挥活动时中弹身亡。惨案发生后，中共中央连夜召开紧急会议，决定发动各基层群众抗议帝国主义暴行，轰轰烈烈的五卅运动就此爆发。上大师生在党的领导下几乎全校出动，参与运动的各方面工作，在这场规模空前的反帝爱国运动中发挥重要作用。时称"北有五四运动的北大，南有五卅运动的上大"。

上海大学青云路师寿坊校址旧景
（手绘）

五卅运动后，公共租界当局为在自己心脏区域有这么一座红色学府而惊惶不安。1925年6月4日，租界当局以"过激"为借口，出动大批军警，以武力强占校舍，驱逐学生。师生们一面坚持反帝反军阀斗争，一面四处募捐经费，准备异地重建学校。在筹建校舍过程中，学校暂迁回青云路，在师寿坊（今青云路167弄）租用15间民房上课。1927年2月，上海大学迁往江湾新校舍。四一二反革命政变后，学校被国民党反动当局以武力查封。

链接《《《

黄仁烈士殉难地

　　位于静安区河南北路北苏州路西北方向（原河南北路3号），曾是天后宫所在地。

　　黄仁，四川省富顺县人，1904年9月生。1923年加入中国社会主义青年团，后转为中共党员。1924年八九月间，黄仁考入上海大学社会学系。1924年10月10日，上海商界、学界等团体在天后宫为纪念辛亥革命十三周年准备召开国民大会。大会筹备领导权为国民党右派所把持，他们意图帮助浙江军阀卢永祥打倒江苏军阀齐燮元。而中国共产党明确指出江浙战争实质是军阀争夺地盘之战，是帝国主义间接之战，主张打倒一切帝国主义和一切封建军阀。因此，中共上海大学党组织领导成员瞿秋白嘱咐参加国民大会的学生要注意国民党右派的活动，随时揭穿他们的阴谋。

　　黄仁、何秉彝、郭伯和等学生不畏艰险，毅然赴会。黄仁等到达会场后，广发"打倒一切帝国主义，打倒一切军阀"的传单。大会进行到一半时，会场外突然冲进一帮国民党右派事先雇佣的流氓，场面顿时大乱。黄仁当即被打。他忍着伤痛冲上主席台与

黄仁烈士殉难地旧景

黄仁

国民党右派代表理论，结果从七尺高台上被推下，身受重伤，昏迷不醒。12 日凌晨，黄仁因抢救无效去世，年仅二十岁。

10 月 26 日，黄仁烈士追悼大会在上海大学隆重召开。陈望道主持会议，何秉彝致悼词，瞿秋白、恽代英先后发表演说。黄仁是"第一个法西斯蒂所牺牲者"，是上海牺牲最早的共产党员。"黄仁惨案"一石激起千重浪。上海大学、全国学联通电全国，抨击国民党右派的暴行。《向导》《中国青年》《民国日报》等报刊纷纷刊文声援。一大批觉醒的青年不断涌向中共党团组织，到五卅运动爆发时，党团员人数成倍增长，成为一支反帝爱国的强大力量。

『在中国文化运动史上尽一部分责任』

上海书店遗址

位于黄浦区人民路1025号（原民国路振业里11号）。原建筑是一幢坐东朝西砖木结构街面住宅，现已拆除。1923年至1926年，上海书店曾设于此。遗址现为上海市文物保护单位。

上海书店遗址旧景

　　1923 年，为了加强党的宣传工作，扩大党的影响力，继人民出版社之后，党开始筹备成立公开的出版发行机构——上海书店。考虑到上海书店处于鱼龙混杂的大上海，不宜由身份公开的党员或在党内担任要职的干部负责，党中央特地从浙江一所女子师范学校调徐白民来上海主持书店筹建及日常管理工作。徐白民根据瞿秋白的建议，租下华界与法租界交界处的民国路振业里 11 号这套街面店房，将楼下布置为书店，楼上过街楼作为宿舍和党内活动的秘密场所。经周密准备后，同年 11 月 1 日，徐白民在门口挂上搪瓷招牌，上书"上海书店"四个大字，书店就此开业了。

　　上海书店自开业以来就以"在中国文化运动史上尽一部分责任"为开办宗旨，秘密发行中共中央机关刊物——《向导》，出版《共产党宣言》《反帝国主义运动》《平民千字课》《夜校教材》《世界劳工运动史》等 20 多种新书，还负责销售已被查封的新青年社所有存书以及由瞿秋白主编的《社会科学讲义》等书刊。

上海书店印行的进步书籍

　　1925 年 12 月，党中央派毛泽民到上海，任中共中央出版发行部经理，领导上海书店和印刷厂的工作。在他的领导下，上海书店迅速发展，经营范围也进一步扩大。1926 年，党在长沙、广州、南昌、宁波等大中城市先后开设了发行机构，在香港和巴黎也设立了书报销售点，上海书店即这些机构书籍的供应处。随着上海书店在社会上的影响力与日俱增，爱国青年接踵而至。较强的号召力引起军阀的极度恐慌，1926 年 2 月 3 日，淞沪警厅以"煽动工团，妨害治安性质"为由，派出探警查封上海书店。

　　解放后，上海人民政府根据徐白民的回忆文章，并进行实地勘实，确认人民路 1025 号为上海书店旧址。1989 年 5 月，南市区人民政府曾在该址开设文化生活书店，90 年代又改为杂品店。因修建古城公园，旧址被拆，立碑纪念。

『为革命的青年
作革命的指导』

《中国青年》编辑部旧址

位于黄浦区淡水路66弄4号（原萨坡赛路朱依里252号），是一幢一正一厢两开间两层坐北朝南旧式石库门里弄住宅。1924年春，团中央机关刊物《中国青年》编辑部迁至此处办公。旧址现为上海市文物保护单位。

扫一扫
微听上海

《中国青年》编辑部旧址今景

恽代英

中共三大后，为了进一步发动广大青年积极进行反帝反军阀的斗争，1923年8月，中国社会主义青年团第二次全国代表大会在南京举行。根据大会通过的《教育及宣传决议案》中提出"教育工作是本团根本工作之一，以共产主义的原则和国民革命的理论教育青年工人、农民、学生群众是本团最重大的责任"的要求，同年10月，团中央机关刊物《中国青年》在上海创刊。

《中国青年》第一任主编是恽代英，肖楚女、邓中夏、张太雷、林育南、任弼时、李求实、陆定一等，都担任过主编或编辑。创刊之初，编辑部没有固定场所，信件由恽代英的居所辣斐德路（今复兴中路）186号但一转，"但一"就是恽代英。1924年春，编辑部最终选址定于萨坡赛路朱依里252号的一幢石库门楼房内。底楼客堂是肖楚女的寓所；二楼的客堂和亭子间作为编辑部办公室；三楼小阁楼是印刷间。

作为中国共产党领导下创办最早的传播马列主义，坚持以爱国主义、共产主义精神教育青年的刊物，《中国青年》对自身使命的阐述格外清晰："救中国是一般青年的使命"，"打倒一切魔鬼，为中国前途开一个新纪元"。自创刊以后，《中国青年》在党的领导下，在青年中积极热情地传播马列主义，探寻中国革命的正确道路，旗帜鲜明地批判国民党右派的反动观点，动员和鼓舞青年参加反帝反封建斗争，并且经常讨论青年的学习生活、组织活动、婚姻恋爱、失学失业等各种问题，指导青年为维护自己的正当权益而斗争。

正因如此，《中国青年》得到了广大进步青年的支持与追捧，成为青年们前进中的"良师益友"，斗争中的"精神食粮"。期刊初刊时是 16 页的周刊，印发 3000 册，但至后来，发行量一度达到 3 万多册，成为当时发行最多的革命刊物。对此，亲历者邓拓曾这样回忆道："那时不少年轻人的衣袋中常常藏有一本 32 开的周刊（即《中国青年》）。在反革命统治的角落里，这样一本刊物，往往要秘密地传递过十几个甚至更多人的手。它和《新青年》《向导》成为革命的群众、进步的学生、教职员乃至一部分稍有新思想的老先生们所热烈追求的读物。"

1927 年四一二反革命政变后，为了保存革命力量，《中国青年》编辑部随党中央、团中央撤离上海，在武汉、广州、瑞金、延安等地继续发行。

《中国青年》第一期

重建党的舆论宣传阵地

《布尔塞维克》编辑部旧址

位于长宁区愚园路 1376 弄 34 号（原亨昌里 418 号），是一幢假三层砖木结构新式里弄住宅。1927 年 10 月至 1928 年 12 月间，这里曾是《布尔塞维克》编辑部所在地。旧址现为上海市文物保护单位。

《布尔塞维克》编辑部旧址
今景

扫一扫
微听上海

瞿秋白亲笔题写刊名

　　1927 年大革命失败后，中共中央机关刊物《向导》被迫停刊。同年 10 月上旬，中共中央领导机关从武汉迁回上海，隐藏在一幢幢石库门中。为了继续宣传党的思想，复兴革命，中央决定重新出版中央机关刊物，定刊名为《布尔塞维克》，由瞿秋白、罗亦农、邓中夏、王若飞、郑超麟等五人组成编辑委员会，瞿秋白为主任。

瞿秋白

　　根据党中央指示，郑超麟等负责为编辑部选址。当时，为了应对国民党的反动统治和愈演愈烈的白色恐怖，他们在选址时颇费了一番功夫。"工人区待不下去，我们就从静安寺开始，一条一条马路走，最终找到了这里。"据郑超麟回忆，四一二反革命政变后，虹口和老闸北一带的工人区不再安全。于是，他们把目光投向了当时被英法管理的上海西区，那里不受国民党政府直接管制，便于从事革命活动。最终，他们选定了亨昌里 418 号作为编辑部机关，此处地段僻静，周围居住的大多是在外国洋行供职的高级职员，前通愚

左：《向导》第一期

右：《布尔塞维克》第一期

园路，后通白利南路（今长宁路），如遇不测易于转移。

瞿秋白亲笔为《布尔塞维克》题写刊名，编辑部在他的直接领导下开展工作。当时虽然瞿秋白不住在编辑部，但他经常来亨昌里主持编辑工作，向编辑部传达中央有关指示和精神，并一直坚持为该刊撰写文章。为了扩大刊物影响，编委成员从原来的5人扩大到26人，充实进了蔡和森、张太雷、毛泽东、周恩来、恽代英等精兵强将。继瞿秋白之后，李立三、张闻天先后担任过编委会主任。

在众多革命志士努力下，1927年10月24日，《布尔塞维克》第一期问世，一个全新的舆论宣传阵地开始崛起，为正处于革命转折关头的共产党人指引方向。

"改头换面"秘密出版

作为党中央的宣传喉舌，《布尔塞维克》及时登载了中共中央许多重要决议和指示，发表了多篇研究和探讨中国革命性质、道路、路线、策略等问题的理论文章。八七会议后，各地党组织先后在全国各地领导了上百次的工农武装暴动，开辟了"以武装的革命反对武装的反革命"的新局面，《布尔塞维克》及时地报道了各地工农武装暴动的经过和组织工农红军建立革命政权，开展土地斗争的情况。为了悼念牺牲的革命烈士，《布尔塞维克》从第11期起特地开辟了"我们的死者"一栏，使许多先烈的光荣事迹得到保存。

值得一提的是，《布尔塞维克》在第1卷第25期的《湘南、湘东、赣西革命势力之扩展》一文中，特别赞扬了毛泽东在井冈山地区建立农村革命根据地，深入开展土地革命的情

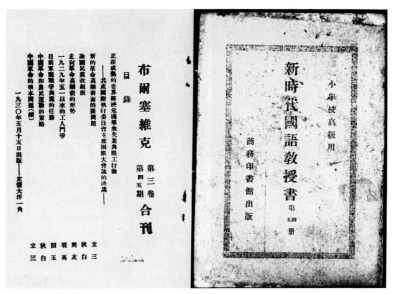

以伪装封面出版的《布尔塞维克》第 3 卷第 4、第 5 期合刊

况，同时还报道了朱德率领南昌起义的一部分力量上井冈山与毛泽东会师，称颂井冈山会师和井冈山革命根据地的建立与发展，使革命"势力所及之地""敌人都不敢正视"。文章还详细介绍了井冈山根据地分配土地的方法，称赞井冈山根据地深入开展土地革命使广大农民分到了土地，在政治上经济上获得了解放，因而有些农民说："这样，要共产党真万岁才好！"

在白色恐怖的艰难环境下，《布尔塞维克》一直秘密出版发行。原定为周刊，后因种种原因逐步改为半月刊、月刊和双月刊。1928 年 2 月以后，经常不能按时出版，中间曾有几次休刊，最长一次达八个月。为了避免特务密探的迫害与检查，从 1929 年 1 月第二卷第三期开始，不再用"布尔塞维克"的字样，封面用"少女怀春""中央半月刊""新时代国语教授书""中国文化史""金贵银贱之研究""经济月刊""平民""虹"等刊名作伪装，并先后借用"中央执行委员会宣传部""历史研究学会""中国经济学会""经济月刊社"等名义作为出版发行单位，还曾以顾康伯、钱玄同等知名学者之名为编著者。

中央领导的革命活动场所

亨昌里418号，在当时不仅仅是党中央机关刊物《布尔塞维克》编辑部的所在地，而且还成为党中央领导同志的革命活动场所。

时任中央临时政治局常委的罗亦农常住在编辑部楼上。1928年4月15日，罗亦农从编辑部住处前往戈登路（今江宁路）爱文义路（今北京西路）望德里中共中央联络点接待山东省委来中央的代表时，因叛徒告密不幸被捕。罗亦农被捕后坚贞不屈，未吐一字，不久后英勇就义。编辑部机关因罗亦农的坚守而安然无恙，保证了党刊的继续出版。

1928年12月，《布尔塞维克》编辑部迁往他处办公，一直坚持到1932年7月宣布停刊。在将近五年的时间里，《布尔塞维克》一共出版52期，其中在亨昌里的一年多中出版了31期，占总数的一半以上。

《布尔塞维克》编辑部内景

链接 《 《 《

63

瞿秋白寓所
旧址

瞿秋白寓所旧址

位于虹口区山阴路 133 弄（原施高塔路东照里）12 号，是一幢坐南朝北、砖木结构三层新式里弄住宅，现为上海市文物保护单位。

1933 年 3 月，经鲁迅介绍，瞿秋白夫妇入住此处二楼。同年 4 月 11 日，鲁迅一家搬至山阴路大陆新村，两家相距仅隔一条马路。在此居住期间，鲁迅和瞿秋白经常在一起谈论时事、文艺，共同领导左翼文化运动，结下深厚的友谊，"人生得一知己足矣"是为写照。为了给鲁迅留下一个永久的纪念，瞿秋白在此编辑《鲁迅杂感选集》，写下一万五千字的序言，对鲁迅的思想及杂文的战斗意义作了精辟论述，第一次给鲁迅以中国现代文学史上"无产阶级和劳动群众的真正的友人，以至于战士"的高度评价。其间，瞿秋白还写作《王道诗话》《出卖灵魂的秘诀》等多篇杂文。同年 6 月搬离此处。

瞿秋白寓所
旧址旧景

扫一扫
微听上海

中国革命文化的鲜明旗帜

中国左翼作家联盟成立大会会址

位于虹口区多伦路201弄2号（原窦乐安路233号），是一幢坐北朝南砖混结构假三层花园住宅。1930年3月2日，第一个中国共产党领导下建立的革命文化团体——中国左翼作家联盟的成立大会在此召开。会址现为上海市文物保护单位。

扫一扫
微听上海

中国左翼作家联盟成立大会会址今景

停止对鲁迅的错误批评

　　1927 年，大革命失败后，鲁迅、茅盾、郭沫若等大批文化人集聚上海，逐渐倡导革命文化。在沪的进步文艺团体和期刊杂志如雨后春笋般涌现出来，如鲁迅创办的朝花社和《朝花月刊》，钱杏邨（阿英）、洪灵菲、蒋光慈等领导的太阳社和《太阳月刊》《海燕周刊》，郭沫若、成仿吾、阳翰笙、冯乃超等领导的创造社和《创造月刊》等。这些刊物交相辉映，一道倡导无产阶级文学，共同宣传新文化运动必须有共产党的领导，汇成了一股革命文化运动的滚滚洪流。

左翼文化运动的旗手——鲁迅

　　然而，由于当时中共党组织遭受严重破坏，缺乏统一领导的各种文化组织，除反对国民党当局的共同目的外，内部矛盾日益激化。最突出的就是创造社、太阳社的某些成员对鲁迅的批评。他们公开写文章称"阿 Q 的时代过去了"，"鲁迅思想已过时"等，更有甚者，竟称鲁迅的文章是"封建余孽"。有一次，冯乃超写了一篇文章，工人排印时将"鲁迅先生"错排成"鲁迅老生"。鲁迅自然不知其中缘由。双方对立气氛则更趋激烈。

　　无谓的内耗论战无疑会给方兴未艾的革命文化运动带来损害。上海进步文化阵营出现的裂痕，创造社、太阳社和鲁迅之间的论战引起了周恩来、李立三等中共中央领导人的重视。事务繁忙的周恩来无暇直接与文化界接触。因创造社和太阳社党组织关系在闸北区委文化支部，直属江苏省委宣传部领导，周恩来便委派省委宣传部长李富春处理此事。

潘汉年

1929年秋的一天，李富春约文化支部书记阳翰笙在霞飞路（今淮海中路）的一家咖啡馆谈话。李富春说："鲁迅是从'五四'新文学运动中过来的一位老战士，坚强的战士，是一位老前辈，一位先进的思想家。站在党的立场上，我们应该团结他，争取他。我约你来谈话，是要你们立即停止这场论争，如再继续下去，很不好。"

与此同时，中共中央决定在中央宣传部之下成立中央文化工作委员会（即"文委"），以便更有效地领导各文化团体，并委派中央文委书记潘汉年传达指示：中国革命文化运动应当以鲁迅为首，并希望在鲁迅为旗手的领导下，统一各团体，建立一个新组织。10月中旬，潘汉年召集会议，出席的有夏衍、太阳社和创造社的骨干以及与鲁迅交往密切的柔石、冯雪峰等。阳翰笙在会上传达了李富春的指示。许多同志都表示拥护，并作了自我批评，说自己对鲁迅态度不好。会议达成一致：创造社和太阳社的所有刊物一律停止对鲁迅的批评，要表现出对鲁迅的尊重，同时推举冯雪峰、夏衍、冯乃超向鲁迅通报此次会议的精神。鲁迅高兴地接待了他们，并以极大的宽容对年轻人的做法表示谅解。

党领导下的"中国革命之一翼"

论争宣告平息，共识既已凝聚，那么究竟成立一个什么样的组织来团结进步文化团体呢？为了贯彻党中央要团结倾向革命、倾向共产党的广大文化人士的指示，既不能把名字搞得太红，又必须区别于国民党所控制的文化团体。经过一番斟酌和研究，最后决定以"左"为名，表示无产阶级立场，这一文学组织应成为中国共产党领导下的"中国革命之一翼"。有了准确定位，"中国左翼作家联盟"（左联）的名称呼之欲出。

左联盟员王一榴参加左联成立大会后创作的反映大会情景的漫画

　　左联的筹备工作是在党的领导下，吸收太阳社、创造社和其他团体成员共同进行的。1930年3月2日，左联成立大会在窦乐安路 233 号秘密召开。这里当时是中华艺术大学所在地。1929 年中共党组织接办该校，校长是陈望道，教务长兼中国文学科主任是沈端先（夏衍）。为了确保鲁迅的安全，大会开始前，潘汉年悄悄地对夏衍说："你可以事先和冯雪峰讲明，万一有紧急情况发生，让他和柔石先陪着鲁迅先生从后门撤退。在会场中我们布置了四个身强力壮的工人纠察队员，他们会一直保护鲁迅先生的。"

　　当天与会的正式代表还有郑伯奇、阳翰笙、彭康、钱杏邨、戴平万、洪灵菲、朱镜我、田汉、戴望舒、许幸之、冯铿、殷夫等数十人。这些蜚声文坛的明星们一同见证了一个历史性的时刻。大会选举鲁迅、夏衍、冯乃超、钱杏邨、田汉、郑伯奇、洪灵菲等七人为常务委员，并通过了左联的行动纲领和理论纲领。

　　鲁迅在成立大会上的讲演引起了不小的震动。他指出，"对于

左联成立大会场景

旧社会和旧势力的斗争，必须坚决，持久不断，而且要注重实力"，"我以为战线应该扩大"，"我们应当造出新的战士"，"要在文化上有成绩，则非韧不可"。鲁迅的讲话，铿锵有力，语重心长。多年后，与会代表还能清晰地回忆起当时的情景：先生是站着讲的，他身穿长衫，就像老师一样，从容不迫地侃侃而谈。当他说到革命艺术家要不懈努力时，随手拿起粉笔，在黑板上大书了一个"韧"字。

以笔为戈，粉碎国民党的文化"围剿"

左联成立后，左翼文化运动在中央文委的领导下蓬勃开展。左联的基本成员都是作家，但也不乏社会科学、音乐、戏剧、教育等领域的杰出人才。于是，由左联牵头，中国社会科学家联盟（社联）、左翼美术家联盟（美联）、左翼教育工作者联盟（教联）等应运而生，号称"八大联"，形成了完整的左翼文化联合战线。

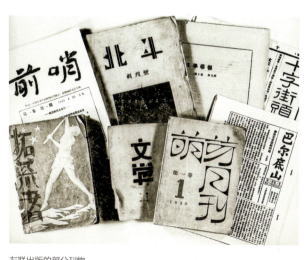

左联出版的部分刊物

在这些进步文化团体中，影响最大的是左联，在国民党当局眼中，最难缠的也是左联。作为党领导下的"中国革命之一翼"，左联的主要任务是创作左翼文学，引领社会思潮，揭露社会黑暗，突破当局在军事"围剿"的同时开展的文化"围剿"。在左联的带领下，左翼文化在国统区文艺阵地上取得节节胜利，而国民党当局的恐惧则日甚一日。他们拉拢御用文人，极力诋毁左翼文学是"破锣文学""马克斯牛克思文学"，造谣污蔑称其为"拿卢布"的文学，利用"民族主义""第三种人""自由人"等文化旗帜，颁布一系列报刊审查登记的禁令，通缉鲁迅、茅盾等大批革命作家，妄图扼杀左翼文化。对此，以左联为首的左翼文化界则奋起抗争，并以种种巧妙的"钻网术"，使当局惊呼左翼文艺浪潮汹涌难挡。

左联五烈士塑像

更有甚者，反动当局还对左翼文化战士实行残酷的人身迫害。应修人、洪灵菲、潘漠华、宗晖等壮烈牺牲在敌人的屠刀之下。"左联五烈士"柔石、殷夫、胡也频、李求实、冯铿用自己的鲜血浇灌了革命文艺之花。左联成员对种种疯狂的迫害毫不畏惧，他们公开发表宣言，出版"纪念战死者专号"刊物，对烈士表示深切哀悼，对反动当局的罪行进行英勇揭发和斗争。左翼文化运动的火焰不仅没有被扑灭，反而愈燃愈旺。

1936 年春，根据形势需要，为建立文艺界抗日民族统一战线，左联自动解散。虽然左联仅仅存续数年，但它在冲破黑暗、反对愚昧、寻求救国救民真理的过程中凝聚了进步的社会思潮和文化力量，称得上是中国近现代史上的一面光荣旗帜，一曲正气之歌。毛泽东曾这样总结："二十年来，这个文化新军的锋芒所向，从思想到形式（文字等），无不起了极大的革命。其声势之浩大，威力之猛烈，简直是所向无敌的。其动员之广大，超过中国任何历史时代。"

链接《《《

田汉旧居（山海关路）

田汉

位于静安区山海关路 274 弄（安顺里）11 号。20 世纪 30 年代，田汉在此居住。

田汉（1898—1968），原名寿昌，曾用笔名伯鸿、陈瑜、漱人、汉仙等，湖南长沙人。他是中国左翼作家联盟发起人之一，同时也参与发起、组织左翼戏剧家联盟（剧联）。1932 年加入中国共产党，从此参与了党对文艺工作的领导，先后担任过剧联党团书记和中共上海中央局文化工作委员会委员。他创作了《风云儿女》《青年进行曲》等一批进步电影文学剧本，使电影文学从思想到艺术出现新面貌。此外他还是《毕业歌》《义勇军进行曲》（即中华人民共和国国歌）等著名歌曲的词作者。

全民族抗战期间，他积极参加文化界救亡工作。在极端艰苦的条件下领导组建了新中国剧社和京剧、湘剧等民间抗日演剧团体，对加强戏剧队伍的团结和坚持进步戏剧运动起了很大推动作用。抗战胜利后，他又投入了反对国民党反动统治的民主运动，写作了《丽人行》《忆江南》《梨园春秋》等戏剧和电影剧本。

田汉旧居（山海关路）旧景

链接 《 《 《

66
聂耳旧居
（淮海中路）

聂耳旧居（淮海中路）

位于徐汇区淮海中路 1258 号 3 楼。1934 年底至 1935 年 4 月，聂耳居住于此，现为徐汇区文物保护单位。

聂耳（1912—1935），云南玉溪人。1928 年在云南省立第一师范学校学习期间加入共青团组织，积极参加党领导的青年读书会和音乐、戏剧的演出，参与散发传单等秘密活动。1930 年 7 月，聂耳来到上海，参加党领导的进步群众组织"反帝大同盟"。1931 年 4 月，他考入"明月歌舞剧社"，后进入联华影业公司工作，参加"苏联之友社"音乐小组，并组织"中国新兴音乐研究会"，参加左翼戏剧家联盟音乐组。1933 年，

聂耳

由田汉介绍加入中国共产党。1934 年 4 月加入百代唱片公司，主持音乐部工作，同时建立百代国乐队。先后创作《大路歌》《码头工人歌》《卖报歌》《开路先锋》《新的女性》《毕业歌》《铁蹄下的歌女》等脍炙人口的歌曲。

1935 年春，聂耳根据田汉创作的电影《风云儿女》中的《义勇军进行曲》歌词，很快就谱写出了乐谱的初稿。在随后的谱曲过程中，为了增强感染力，他对歌词做了细微修改。同年 5 月，随着电影《风云儿女》在上海首映，《义勇军进行曲》响彻长城内外、大江南北。

聂耳旧居（淮海中路）今景

巾帼摇篮，战地红花

三和里女工夜校旧址

位于静安区西康路910弄（原小沙渡路三和里）21—23号，是两层砖木结构石库门里弄住宅。1930年至1949年间，这里是上海基督教女青年会女工夜校，因设在三和里，也称三和里女工夜校。

三和里女工夜校旧址旧景

1930 年，中华基督教女青年会全国协会劳工部主任干事邓裕志等人得到女青年会全国协会拨款支持，在小沙渡路三和里创办女工夜校。邓裕志等是基督教徒，也是思想进步的爱国人士。她们认识到在民族危亡之际，只有把女工教育与民族解放事业结合起来，才符合造福人类的基督教义。她们实施的教育改革得到了陶行知等进步人士的支持。陶行知经常到三和里女工夜校讲时事。沪江大学教授钱振亚等编辑了一套通俗易懂的女工读物，使女工们在读书识字的同时，找到一把认识社会、走向光明的钥匙。在日军进占上海租界后，其他女工夜校相继停办，只有三和里女工夜校仍艰难维持，引领广大女工在知识的道路上继续前行。

八一三淞沪会战爆发后，全国妇女抗敌慰劳总会何香凝发起组织战地服务团，奔赴前线慰问抗日将士，女工们积极响应。首批战地服务团成员 11 人中，有 9 人是三和里女工夜校学生。到达淞沪前线后，女工们积极向群众宣传抗战意义，带动群众参加抬伤兵、运弹药、送粮草等支前工作；演出抗

三和里女工夜校学生毕业证书

三和里女工夜校学生参加的首批战地服务团成员合影

战话剧《放下你的鞭子》《军民全体打东洋》，教唱救亡歌曲《义勇军进行曲》《大刀进行曲》；慰问伤兵，帮助换药、喂饭、写家信、洗衣服，深受广大官兵欢迎，被誉为"战地上的一朵红花"。战地服务团解散后，她们一部分加入新四军，一部分去了延安，继续坚持抗战。

抗日战争胜利后，三和里女工夜校借实验民校举行庆祝大会，吸引千余名女工赴会。女工们表达了想读书的强烈愿望，邓裕志等人筹得经费，租下多所校舍供女工入学。1946年3月8日，三和里女工夜校师生参加了以许广平为首发起的"三八"妇女纪念会和示威游行，争取和平、民主、团结。1947年5月，夜校师生投入反饥饿、反内战、反迫害群众运动中，她们有着工人和学生的双重身份，很快成为工人运动和学生运动相结合的阵地中坚力量。1949年上海解放前夕，在党组织的领导下，夜校师生与工人一同参加全市人民反迁移、反破坏斗争，积极参加护厂队、救护队，为上海完整地回到人民手中作出贡献。

红色血脉的『避风港』

大同幼稚园旧址

　　位于黄浦区南昌路48号（原陶尔斐斯路341号），是一幢坐北朝南的三开间两层砖木结构小洋房。1931年至1932年间，这里是党在上海创办的第一所幼儿园——大同幼稚园所在地。旧址现为黄浦区文物保护单位。

扫一扫
微听上海

大同幼稚园旧址今景

董健吾

大革命失败后，部分中共领导人子女和烈士遗孤因无人照顾，流落失散。为了安置和教育这些革命后代，在周恩来的直接关心下，党组织决定以中国互济会的名义，由中共党员、圣彼得教堂牧师董健吾负责创办一所幼稚园。由董健吾牵头，这所幼稚园就可以作为教会的福利事业出现，以掩饰秘密抚育革命后代的真实目的。出于安全考虑，负责筹办的同志还特地请国民党元老于右任题写了"大同幼稚园"的园名，悬挂在门口。

经过一段时间的缜密筹备，1930年3月，大同幼稚园正式开园。取名"大同"，寓意世界大同，党组织希望这所幼稚园可以给这些孩子最好的保护和教导，成为他们在动荡岁月中的"避风港"。园址最初设在戈登路武定路口的一幢石库门房子（今江宁路441号，现已拆除），但这栋房子附近就是公共租界巡捕房，不够安全，而且空间狭小，孩子们没有足够的活动场所。1931年春，大同幼稚园迁到陶尔斐斯路341号的小洋房中。这里不但地方宽敞，阳光充足，而且周围环境幽雅安静，比较安全。不远处即是法国公园（今复兴公园），可供孩子们游玩嬉戏。

大同幼稚园的工作人员，大多是中共党员或中央领导的家属，如李立三的夫人李崇善（化名李文英）、李求实的夫人秦怡君（化名陈凤仙）等。收养的孩童以中央领导人子女和烈士遗孤为主，也兼收教友的子女。幼稚园成立不久，就接收了30多个孩子，其中有革命烈士彭湃的儿子彭小湃、恽代英的儿子恽希仲、蔡和森的女儿蔡转等。1930年11月，毛泽东的妻子杨开慧在长沙英勇就义后，二人所生的三个儿子毛岸英、毛岸青、毛岸龙，也经过百般周折，辗转来到上海，在党组织的安排下进入大同幼稚园秘密抚养。

　　幼稚园的生活丰富多彩，保育员们除精心照顾孩子们的生活外，更注重对孩子智力的开发和健康心理的培养。有些孩子很小与父母分开，缺少教导，性格顽皮倔强。保育员针对孩子的特点，因势利导，开展心理矫正。每天的起居、饮食、游戏、散步都有合理的安排，还编排成详细的时间表，要求孩子们"准时遵行"。孩子们渐渐变得互爱互助，往日的天真和活泼重回他们身上。

　　1931 年 4 月，顾顺章被捕叛变，上海的形势愈发严峻。1932 年 3 月，一名保育员外出办事时突然失踪。幼稚园又被租界当局盯上，屡屡被查问资金来源、职员履历和孩子父母情况等。为安全起见，党组织决定立即解散大同幼稚园，将孩子们安全转移，分散保护。

抗战烽火中的
红色新闻队

中国青年新闻记者协会
成立大会会址

位于黄浦区山西南路 200 号南京饭店。1937 年 11 月 8 日，中国青年新闻记者协会在此成立。会址现为上海市文物保护单位。

扫一扫
微听上海

中国青年新闻记者协会成立大会会址今景

1937 年八一三淞沪会战爆发，上海许多年轻的新闻工作者以笔作武器，毅然投身于抗日斗争的烽火中，为民族解放而战。同年 7 月，周恩来作为中共代表同国民党进行谈判期间来到上海，同潘汉年及中共上海党组织负责人刘晓等见面，指示要大力开展统战和群众工作，把公开工作与秘密工作结合起来。于是，潘汉年与国民党上海市党部主管文化工作的潘公展协商，决定由两党共同出资，以"上海文化界救亡协会"的名义，共同创办一张文化界抗日统一战线的报纸——《救亡日报》。

中国青年新闻记者协会创始人之一夏衍

在编辑出版《救亡日报》的同时，新闻工作者们一致认为要加强爱国新闻工作者的团结，组成抗日统一战线，为民族解放贡献更大的力量。在周恩来的倡导和支持下，经胡愈之、夏衍、羊枣等酝酿，确定在新闻工作者比较集中的上海，成立新闻工作者统一战线组织，由《大公报》记者范长江和羊枣、恽逸群等负责这一组织的筹备工作。

1937 年 11 月 4 日下午，范长江、羊枣、夏衍、碧泉、邵宗汉、金摩云、朱明、刘祖澄、恽逸群、王启煦、陈宪章等集合在一起商谈，决定组织一个永久性的团体，推范长江、羊枣、恽逸群筹备。5 日下午，筹备员即集议起草简章，接洽发起人，决定 8 日晚邀在沪基本会员开会。

11 月 8 日，中国青年新闻记者协会（简称"青记"，中国记协的前身）在上海南京饭店宣告成立。当时基本会员有范长江、王文彬、章丹枫、陆诒、邱溪映、孟秋江、邵宗汉、金摩云、徐怀沙、石西民、恽逸群、王启煦、戴述人、朱明、耿坚白、刘祖澄、碧泉、夏衍、羊枣、彭集新、傅于琛、王纪元等 24 人。其中季步飞、陈宪章不在上海，夏衍因事未到，金摩云因事早退。大会开始后，首先由筹备员报告经过，之后通过协会简章，推选范长江、恽逸群、羊枣、碧泉、朱明为总干事会干事，刘祖澄、邵宗汉、夏衍为候补干事，并议决由大会授权范长江组织武汉分会。

1938 年 3 月，中国青年新闻记者协会第一次全国代表大会在汉口召开。随后，"青记"在成都、长沙、上海、重庆、西安、南昌、兰州、广州、桂林、昆明、贵阳、延安以及香港、南洋等地建立了分会，团结广大记者，在宣传抗日、民主的斗争中培养和造就了一大批优秀新闻工作者。"青记"还编辑会刊《新闻记者》月刊，作为联系广大新闻工作者，反映各地抗战新闻工作的机关刊物。"青记"的活动，一直坚持到全国解放。

文萃社旧址

划破黑夜的那一束光

位于黄浦区福州路89号2楼219、223室。1946年1月至1947年3月间，这里是解放战争时期中国共产党领导下在上海出版发行的刊物《文萃》社址所在地。

文萃社旧址今景

出版《文萃》"决不是凑热闹"

　　《文萃》的创刊，始于两名青年记者的提议。抗战刚结束，贵阳《力报》的战地记者王坪、黄立文先后从大后方来到上海。两人希望办一个刊物进行和平民主的宣传。在寻找支持者的过程中，王坪遇到了国际新闻社的战友，从上饶集中营逃出暂时隐蔽在沪的中共党员计惜英。经商议，三人决定从选载重庆、成都、昆明、西安等地报纸和杂志中的进步文章入手，宣传和平民主，反对国民党独裁政治。因是文摘形式，所以定名为《文萃》，每星期出版一期。

　　为了更好地开展工作，创办者一开始就主动地、有意识地寻求中国共产党对刊物的领导。他们找到了党领导的国际新闻社负责人孟秋江。得知要创办《文萃》并要求他给予领导后，孟秋江就向中共中央南方局有关负责同志作了汇报。在得到批准后，他又立即与创办人员一起研究，制定了"反

《文萃》各期封面

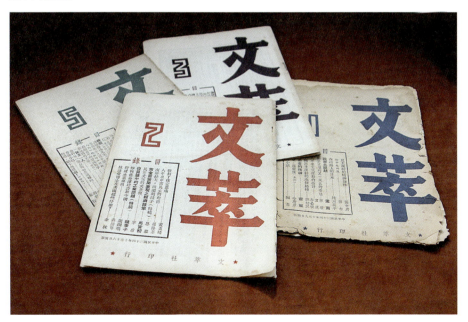

对内战，反对独裁，要求和平，要求民主"的办刊方针。根据指示，为了"利用合法"，黄立文化名"黄绍平"，伪造国民党员的身份，挂着重庆记者的头衔，到国民党上海市党部去"呈请先发先行"备案。不久后接到了"宣字第四十五号准予备案"的批复，取得了一张"护身符"。

经过紧张的筹备后，1945 年 10 月 9 日，《文萃》周刊第一期问世。正如第一期"编后小语"（代创刊辞）中所写的那样："我们为什么在此时此地出版这样一本集纳性的，文摘性的刊物？决不是凑热闹，而是适应此时此地的需要。"《文萃》所代表的，是当时全国人民制止内战、争取和平、反对独裁、要求民主的共同愿望和呼声。

创刊之初，文萃社没有固定的社址，联系地址先后几次更换。1946 年 1 月，文萃社租下位于福州路四川路口的申达大楼里面的两间办公室，分别作为经理部和编辑部。但是由于办公室原由日本人租用，抗战胜利后已被国民党查封。为了捞取房屋转租的油水，国民党官员百般推诿，迟迟不予启封。后来，孟秋江趁国民党政府"敌产管理局"举行记者招待会时，当场质问发言的刘姓局长。该局长一时下不来台，只好派人去启封。这样，文萃社才算有了固定的办公地点。

"其影响所及，殊非浅鲜"

为了既能宣传民主，又能站稳脚跟，徐图发展，《文萃》起初主要以民办的、中间偏左的面貌出现。然而随着形势的变化，上海的和平民主运动逐步发展起来，仅仅转载外地报刊的文章已不能适应斗争的需要。从 1946 年二三月间起，开

《文萃》1947 年新年号封面

始增加"特稿"和"来件"数量，由原先的一两篇陆续增至六七篇，至当年 6 月间，每期的特稿已占到总篇幅的百分之八九十。《文萃》逐渐完成了从集纳性、文摘性刊物向时事政治刊物的蜕变。此间，《文萃》也有了自己的基本作者队伍。这支队伍可谓大师云集，星光熠熠。郭沫若、茅盾、马叙伦、吴晗、田汉、宦乡、许广平等都是经常的撰稿人；姚溱、胡绳、李南山等紧密结合形势，发表了不少吸引力很强的政治、军事、经济评论；丁聪、米谷、沈同衡（石东）等为《文萃》创作的漫画也成为该刊的一大亮点。

由于《文萃》大胆揭露国民党当局发动内战、镇压民主运动的丑恶行径，真实报道国共双方战场力量的此消彼长和共产党领导下的解放区欣欣向荣的面貌，很快成为国统区民主人士和进步青年的必读刊物，被称为"唤起民众组织民众的一面旗帜，激励人们投身革命的号角"。有读者在给编辑部的信中这样写道："这里每一篇文章都是那么有份量，那么值得一读。它叫人在黑暗里看到了曙光，在苦难中获得希望，在惊涛骇浪中坚定信心。"就连国民党当局也不禁哀叹："其影响所及，殊非浅鲜。"

1947 年初，国民党白色恐怖日紧，查禁反查禁的斗争日趋白炽化。3 月 6 日第七十二期出版以后，《文萃》这个在国统区为数不多的进步刊物也被迫转入地下，由周刊改为不定期丛刊，通过人人书报社秘密出版发行。文萃社也从申达大楼搬走，编辑部人员无固定办公地点，分散开展工作。当年 7 月，国民党当局查封了承印《文萃》的友益印刷厂，先后逮捕了该刊骨干陈子涛、骆何民、吴承德等 40 人。

《文萃》三烈士

陈子涛，广西玉林人，生于 1920 年，曾在党领导下的成都《华西晚报》工作。1946 年 8 月，陈子涛应邀从成都来到上海，参加《文萃》的编辑工作。《文萃》转入地下后，他临危受命担任主编。面对艰苦而复杂的斗争环境，在上海无亲无故的陈子涛生活十分简朴，他宁可花极大精力为稿费和其他同志的生活而筹款，自己却连一件夏衣都不肯添，一身而外，只有一个装满稿件的大皮包。他整日奔波，有时间就坐下来工作。朋友们时常提醒他当心，而他总是镇静自若，无所畏惧。

骆何民，江苏扬州人，生于 1914 年。1927 年加入中国共产党。大革命失败后，与党组织失去联系，后因参加进步活动而多次被捕入狱。据说，上海租界捕房的巡捕都认识他了，每次见他被捕入狱都说："你又来了！"1946 年冬初，骆何民找到当时《文萃》主编黎澍，要求参加《文萃》的工作。鉴于日趋紧张的局势，黎澍多次劝他不要冒这个险。但他为

左：陈子涛

中：骆何民

右：吴承德

了积极靠拢党，争取党的信任，恢复组织关系，不仅坚持参加，办了承印《文萃》的秘密印刷厂，而且还把他的住处当作《文萃》工作人员的庇护所。

吴承德，江苏苏州人，生于 1919 年，1946 年担任《文萃》社经理部负责人。在他的领导下，当时上海有二百多个书报摊出售《文萃》，由八个书报摊负责分发，组织严密而又灵活。1947 年 4 月，在恶劣的条件下，吴承德又创办人人书报社，利用其他书报掩护《文萃》的发行。他在工作中表现出的机智和勇敢，给同事们留下深刻印象。

陈子涛、骆何民、吴承德三人被捕后，在监牢受尽酷刑，始终坚贞不屈，表现出共产党员的英勇气概。更难能可贵的是，在阴暗的牢笼中，他们依然克服困难坚持学习，使监狱中洋溢着学习的气氛。当时有特务还对此发牢骚："文化人就是这点讨厌，'文萃'案子的犯人弄了许多书，把好多犯人吸引住了。"最终，三烈士没能看到黎明的曙光，在解放前被国民党当局相继杀害。

1949 年 12 月 27 日，上海举行了大规模的追悼会，讣告中写道："《文萃》在上海国民党反动派统治最黑暗时期，真实报道消息，指示正确方向，为千万人民增强了革命信心。"中共上海市委组织部决定，追认骆何民同志为中共正式党员，党龄从 1927 年开始算起。

5

第五章

浦江堡垒

中共上海区委党校旧址

孕育干部的摇篮

位于黄浦区复兴中路239弄（原辣斐德路冠华里）4号，为三层砖木结构的石库门建筑。1926年11月，中共上海区委党校曾设于此。

中共上海区委党校旧址今景
（手绘）

中共四大后，全国的革命形势日益高涨。尤其是五卅运动爆发后，中国共产党在上海地区的力量急剧增长。党员队伍的迅速扩大，立刻使党的建设任务的重要性凸显出来。最尖锐的问题就是如何对新党员进行有效的教育。中共上海区委曾坦诚地表示："在五卅高潮中，我们吸收八百人之多，免不了有少数的反动的不稳分子，所谓'高潮带进的草渣'。"当时有些新党员不能分清党与工会的关系，甚至"不知道党是什么东西"。

根据党中央的决定，上海地委于1925年8月正式改组为上海区委。之后，上海区委会议正式通过"成立党校案"，确立党校"人数计四十人，由宣传部即速积极筹备"。因此，在这一时期内，上海区委举办了一系列党员培训班，提高党员的政治素养。1926年11月，中共上海区委党校设于辣斐德路冠华里一幢砖木结构三层旧式石库门建筑，对外挂牌"启迪中学"。区委宣传部主任尹宽为校长。学员均为区委所属江、浙地区及上海市区的基层党组织负责人，也有青年团干部，约30、40人，按地区分成若干个小组。学员们没有固定的教科书，完全靠笔记，学习期间还经常组织讨论。党校还建有党支部，负责人是尹宽，组织委员是王嘉模。党校严格规定，学员入学后不准外出，膳宿都在校内，过集体生活。

中央对党校十分重视，设置中国现代革命史、中国革命问题、政治经济学、世界革命史等课程，特命中央及上海区委的领导人周恩来、罗亦农、王若飞、彭述之、瞿秋白、赵世炎等亲自来给学员们上课。周恩来还曾在党校讲授辩证唯物论、历史唯物主义等课程。

当时，按照要求，各学员在党校学习时间为一个月，但由于北伐军节节胜利的消息像滚滚雷霆震撼着上海滩，党组织决定立即组织工人武装起义，以配合北伐军解放上海。因此，党校提前一周结束（实际学时为三周）。学员们结业后大都回各自的工作岗位，继续为革命事业奔波。此地还成为工人武装起义的临时指挥部和联络处及组织纠察队骨干秘密进行武装训练的地点。周恩来、罗亦农、赵世炎、侯绍裘、汪寿华等人常来此开会碰头。

上海郊县农民武装斗争的指挥部

中共淞浦特委办公地点旧址

位于静安区山海关路387弄（育麟里）5号，是一幢坐北朝南砖木结构旧式石库门里弄住宅建筑。在1928年至1930年间，这里曾是中共淞浦特委办公地。旧址进行整体迁移保护后位于山海关路339号（静安雕塑公园三号门内）。旧址现为上海市文物保护单位。

中共淞浦特委办公地点旧址今景

1927 年 8 月 7 日，中国共产党在汉口召开中央紧急会议（八七会议），会议总结了大革命失败的教训，确定了土地革命和武装斗争的总方针。为贯彻八七会议精神，中共江苏省委挑选了150 名党员干部，深入全省各地农村组织开展工作。中共六大后，江苏省委进一步开展农村工作，初步有了建立淞浦、沪宁、徐海等六个特委的构想。1928 年 9 月，淞浦特委在松江县钱家草村正式成立，由杭果人、陈云、林钧、严朴、顾桂龙等 5 人组成。杭果人任书记，陈云任组织部部长，林钧任宣传部部长，统一领导松江、金山、青浦、南汇、川沙、奉贤、嘉定、崇明、宝山、太仓等10 个县的党组织工作。1928 年冬，淞浦特委迁往上海，曾设在同孚路（今石门一路）和长浜路（今延安中路）交界的一家烟店楼上（今延安中路1013 弄 2 号），后改设在山海关路育麟里 5 号。为了掩护，对外声称是小学，门口挂着正德小学的木牌。

经过陈云等同志的努力，淞浦特委在加强党的组织建设、提高党员数量和质量方面进展很快，成效卓著，培养和造就了一大批党员骨干，为组织群众运动奠定坚实基础。至 1929 年冬，松江、金山、南汇、青浦、川沙、奉贤等各县县委得到恢复和建立，党员数量上升至 1000 余人，党支部 129 个，农民支部 121 个。就连 1927 年农民暴动后党的力量遭到重大损失而暂停活动的嘉定、崇明两县也重建了县委。

杭果人

中共淞浦特委办公地点
（延安中路）旧址

山海关路育麟里旧景

　　淞浦特委作为上海郊县农民武装暴动的指挥部，发动并领导了多次农民武装斗争。1928 年秋收时节，在淞浦特委的领导下，奉贤庄行暴动爆发，农民武装迅速冲击了当地的反动势力，全镇的国民党武装力量很快就被消灭，暴动队伍占领了庄行，随后将从豪绅地主家中搜查到的田单、契票、债据当众烧毁。暴动有力地打击了豪绅地主的嚣张气焰，也震惊了国民党当局，参加暴动的群众随即被当局派兵镇压。革命暴动一时间遭遇挫折。1930 年 10 月，淞浦特委撤销，特委所辖各县工作由江苏省委直接领导。

73

夏采曦故居旧址（中共黄渡特别支部旧址）

链接《《《

（中共黄渡特别支部旧址）

夏采曦故居旧址

位于嘉定区黄渡镇劳动街70号。现为嘉定区文物保护单位。

夏采曦（1906—1939），又名夏清祺，1925年参加五卅运动，并加入中国共产党。1927年2月，受中共上海区委（江浙区委）委派，夏采曦返回家乡黄渡开展党的工作。

1927年9月，中共黄渡特别支部在黄渡镇劳动街70号夏采曦家中成立。黄渡特别支部书记夏采曦在此主持召开青浦东乡中共党员会议。江苏省委巡视员陈云到会，传达了八七会议精神和江苏省委的指示。会议着重分析和讨论了东乡农民秋收起义问题，清除了党内动摇分子。陈云在会上指出，青浦地处上海、苏州、嘉兴三角地带的中心，地理位置十分重要。青浦东乡与昆山、嘉定相接，东乡农民的抗租斗争如果能和嘉定外冈地区农民的"五抗"（抗租、抗债、抗粮、抗捐、抗税）斗争联成一片，则可切断沪宁铁路，支援苏州、无锡地区的农民暴动，举行秋收斗争的意义十分重大。会议最后决定，根据青浦东乡地区的特点，坚决要求减租。

同年10月至11月间，夏采曦和陈云奔走于黄渡、观音堂、练塘、小蒸等地，积极筹划秋收斗争。夏采曦还领导组织农民协会，发动农民进行抗租斗争。

夏采曦故居旧址（中共黄渡特别支部旧址）仪门上部雕刻

夏采曦

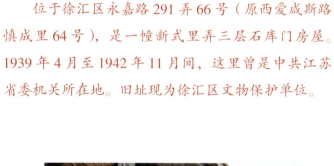

从同福里到慎成里的

风雨守望

抗战时期中共江苏省委旧址

位于徐汇区永嘉路 291 弄 66 号（原西爱咸斯路慎成里 64 号），是一幢新式里弄三层石库门房屋。1939 年 4 月至 1942 年 11 月间，这里曾是中共江苏省委机关所在地。旧址现为徐汇区文物保护单位。

抗战时期中共江苏省委旧址今景

"三人团"与江苏省委的重建

中共江苏省委最早成立于 1927 年 6 月，此后在白色恐怖愈演愈烈的情况下，机关多次遭国民党反动当局破坏，于 1935 年被迫停止活动。当时，在上海的党组织，仅文委、共青团等系统的部分党组织得以保存，但都与党中央失去了联系，彼此也没有横向关联，像断了线的风筝，只能依靠信仰孤军奋战。王尧山曾这样回忆当时的情况："失掉党中央的领导，真是痛苦。党的方针、政策是什么？不知道。红军长征的情况也不清楚，只能从敌人的报纸上看到一些反面消息，从中猜测。"

王尧山

1936 年初，党中央决定抽调一批有城市工作经验的高级干部，分赴上海等国民党统治区重要城市，恢复重建党的领导机构。4 月，与部分左翼人士颇为熟稔的冯雪峰先行抵沪，通过鲁迅等人，成功寻觅到周文、王尧山等在沪坚持革命斗争的中共党员，上海党组织终于重回中央怀抱。1937 年 5 月 17 日，党中央在延安召开白区工作会议。为迅速恢复和重建上海党组织，会后，中央决定派刘晓赴上海，主持上海党组织的领导工作。出发前，毛泽东、刘少奇、张闻天分别找他谈话，指出在上海坚持斗争的重要性、艰巨性和复杂性，要求他到上海后坚持白区工作会议确定的基本方针和斗争策略，注意整顿和发展壮大党的组织，做好群众工作，隐蔽精干，积蓄力量。

1937 年 6 月下旬，刘晓到达上海。随后，根据中央决定，成立了由刘晓、冯雪峰、王尧山组成的"中共三人团"，是为上海党组织的最高领导机关，刘晓任书记。三人团从全国性抗战的总任务出发，确定把党的重建工作与领导群众公开的抗日救亡运动，既严格区分又密切结合，使党的政治影响和组织基础在广泛的群众运动中发展起来。

1937年11月，经中央批准，中共江苏省委在上海成立。刘晓任书记，刘长胜任工委书记（后任副书记），王尧山任组织部部长，沙文汉任宣传部部长，张爱萍任军委书记。江苏省委的工作，主要以上海市为重点，同时领导江苏、浙江两省党组织的工作，还担负开辟江浙敌后农村抗日武装斗争的重任。此后，省委按照不同产业、不同系统，设立了工、职、学、妇等各个党的工作委员会，全面领导上海的地下斗争。

与汪伪"76号"爪牙做邻居

为适应白色恐怖下秘密工作的特点，改变此前"左"倾错误思想指导下建立的大机关作风，省委机关采取了"机关社会化""机关家庭化"的做法。即所有各级领导机关都不以机关的名义出现，而以家庭亲属的名义相处，使机关在外表

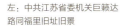

左：中共江苏省机关巨籁达路同福里旧址旧景

右：中共江苏省机关蒲石路旧址旧景

上同一般居民家庭一样。

1937 年 11 月至 1942 年 11 月，江苏省委组织部长王尧山的住处成为省委的主要机关之一。为确保安全，五年里他的住处曾四度搬迁。其中，1937 年 12 月至 1938 年秋，省委机关设在巨籁达路同福里（今巨鹿路 211 弄）16 号。这是一幢坐南朝北的三层石库门楼房。王尧山、赵先夫妇住在底层。赵先原在小学教书，搬来这里后她便辞去了教职，除承担省委妇委的部分工作外，专职掩护省委机关。

赵先

省委各级领导都有便于掩护的职业和社会合法身份。刘晓通过王尧山的大哥同人寿保险公司的关系，在保险公司里挂名做"掮客"，兜售生意。刘长胜是荣泰烟号的老板。王尧山和他二哥在永嘉路开了一家小文具店，兼卖杂货。

当时，省委会议每周一次，多数是在这里召开。会议一般开一天，如果是上午开始，就在这里吃午饭，饭后必须打一会儿扑克牌，以掩人耳目。然而，同福里的环境并不理想。后来成为汪伪"76 号"行动队长的吴世宝，他家的前门正对着王尧山家的后门。赵先进进出出经常会碰到吴世宝。吴家大门常常敞开着，有时候赵先在灶间做饭，吴世宝就站在她家后门口，找话题和她攀谈。

为安全起见，省委机关迁到了蒲石路（今长乐路）504 号。这处房子是沿马路的，有许多方便之处，省委开会时，他们就把前门半开半闭着，作为表示安全的记号，在对面的马路就可以看到。然而不久，因房客发生家庭纠纷，法租界巡捕房的包打听常来调查案情。于是，王尧山和刘晓商议租幢独家居住的房子，以方便掌握机关内部的安全。

慎成里的两次遇险

1939 年 4 月，江苏省委机关又转迁到西爱咸斯路慎成里 64 号。由王尧山夫妇作二房东，刘晓一家人作三房客，掩护省委活动。住进慎成里的独幢房子后，虽然没有了左邻右舍的干扰，房子内部的安全能够主动掌握了，但仍然发生过两起不安全的事件。

就在王尧山夫妇刚搬来不久，一天早晨，他们在熟睡中被敲门声惊醒，只见房间的气窗上有个碧眼黄发的外国人正在向室内窥视。打开门后，两个法国巡捕闯了进来，拉开床头的小柜看了看，又打开大柜、箱子翻了翻，接着又到二楼刘晓房间转了一圈，没有发现可疑的地方才走。当天，为了安全起见，王尧山买来油漆，将气窗上的玻璃漆成和房间墙壁一样的颜色。

1991 年，王尧山（左一）参加中共江苏省委机关旧址揭牌仪式

还有一次是在 1941 年，刘晓和夫人去了重庆。王尧山夫妇便将二楼出租给一个自称开厂的老板。忽然一天半夜里，他们听到前门外有皮鞋踩地的声音，接着又传来敲门声。打开门后，一个中国巡捕急速走进来，说着："外面快冻死了！"原来，楼上所谓的老板，其实是个汉奸，太平洋战争爆发后，他就走马上任，做了伪法院的院长。这个巡捕是来保护他的安全的。此后几天，这幢房子的灶间里夜夜坐着一个巡捕。所幸的是，没过多久，这个汉奸就搬走了。

75

中共上海区委
（江浙区委）
机关旧址

链接 《 《 《

中共上海区委（江浙区委）机关旧址

位于虹口区山阴路69弄（原施高塔路恒丰里）69号、70号，是一幢坐北朝南砖木结构单开间三层石库门新式里弄住宅。

五卅运动后，为了加强党对上海地区革命运动的领导，1925年8月，中央决定将上海地委改组为中共上海区委（江浙区委），管理与领导上海、江苏、浙江党的工作、党的组织和工人、农民运动。罗亦农任区委书记，庄文恭、尹宽、何松林、赵世炎为委员。

中共上海区委（江浙区委）在中央的领导下，积极组织群众开展经济斗争，整顿党团组织，汇聚革命力量，参与领导上海工人三次武装起义。1927年6月，根据中央指示，上海区委（江浙区委）撤销，分别成立中共江苏省委、中共浙江省委，江苏省委兼管上海。

中共上海区委（江浙区委）机关旧址
今景

链接 〈〈〈

1927 年中共江苏省委旧址

位于虹口区山阴路 69 弄 90 号（原施高塔路恒丰里 104 号），为一幢坐北朝南砖木结构单开间三层石库门新式里弄住宅，现为上海市文物保护单位。

四一二反革命政变后，陈延年按照中央指示，来沪担任中共上海区委（江浙区委）代理书记，在此设立办公机关。底层作会客室，二楼作会议室，三楼为地下交通员住处。

1927 年 6 月，上海区委（江浙区委）撤销，江苏省委成立，除管辖上海、江苏省的党组织外，还领导安徽省的凤阳、泗县、宿县、蚌埠等地党组织。6 月 26 日，中共江苏省委在此举行成立会议，陈延年为江苏省委书记，组织部部长郭伯和，宣传部长王若飞。由于叛徒出卖，当天下午，机关遭敌人包围。陈延年、郭伯和奋不顾身与军警搏斗，掩护其他同志迅速从屋顶撤离，终因寡不敌众被捕，江苏省委机关被破坏。7 月，陈延年、郭伯和在枫林桥畔英勇就义。

1927 年中共江苏省委旧址旧景

扫一扫
微听上海

复燃革命火种

中共江苏省委机关旧址（景华新村）

位于静安区巨鹿路（原巨籁达路）820弄22号，是一幢新式里弄三层小楼。1939年至1942年间，这里既是中共江苏省委机关所在地，也是江苏省委宣传部部长沙文汉与妻子省委妇委书记陈修良的居所。解放战争时期，此处还是中共中央上海局秘密机关之一。

中共江苏省委机关旧址（景华新村）旧景

选定"景华新村"

1939 年 11 月，中共江苏省委急需寻找一个开会与接头的新秘密联络点。当时，上海大地产商周湘云从巨籁达路的私家花园里划出一半地皮，建成新式里弄"景华新村"，对外租售。负责寻房的沙文汉夫妇实地勘察后，觉得该处交通便利，每幢楼房自立门户，住户都是富有人家，又有巡捕管门，十分安全，是建机关的理想场所。

省委书记刘晓听取汇报后，认为地点很好，但党的经费极为拮据，不要说 1500 银元押金，就是每月 140 法币的租金也无力承担，承租费用还需自筹。因多年从事地下工作，沙文汉、陈修良夫妇早已身无长物，想到陈修良母亲袁玉英手中还有一笔外祖父的遗产，便找老太太商量，没想到她一口答应。很快，袁玉英便化名陈馥，全额出资租下了景华新村 22 号小楼。沙文汉也改名换姓为陈元阳，自称逃难的乡下地主，携家眷到"姑姑"家暂住。

秘密机关建立后，省委书记刘晓、副书记刘长胜、组织

1939 年 12 月，沙文汉、陈修良
夫妇和女儿合影

部长王尧山等江苏省委领导人常到此开会。三楼亭子间北面
是花园，南窗正对自家后楼，四面临空，非常安全，省委重
要会议或个别谈话大都在这里进行。

革命的"众家姆妈"

陈修良的母亲袁玉英自女儿走上革命道路后，一直义无
反顾地关心和支持党的工作。自 1925 年起，她不避危险、变
卖家产，先后资助党承租了宁波地委、浙江省委、团中央机
关等多个联络点，掩护、照料多位地下工作者，被党内同志
亲切称为"众家姆妈"。租下景华新村的小楼后，经验丰富、
警惕性高的老太太又主动承担起安保重任。她因严重青光眼
疾导致行动困难，就叫贴身保姆黄阿翠做耳目，时刻观察四
周动静。党内同志来访都不称真名，而是起个有趣的别名，
如刘晓身材较胖，就唤作"大肚子"。

1941 年底，太平洋战争爆发，
日军占领上海租界。次年 8 月起，江
苏省委奉命分批撤退至淮南根据地。
此后，面对日军日益严酷的入室搜
查，双目失明的"众家姆妈"毫不动
摇，巧妙周旋，始终坚守小楼。1946
年沙文汉夫妇返沪后，该楼被重新启
用为中共中央上海局秘密机关，一度
沉寂的小楼再次活跃起来。席卷全国
的五二〇学生运动行动指令，就是从
这里发出的。上海解放前夕，小楼经

20 世纪 50 年代，陈修良（中）、
母亲陈馥（右）等在西湖边合影

历了唯一一次"意外"。据陈修良回忆，沙文汉曾约定如有危险，就叫面店送两碗面到家中，有一天，"忽然有人在后门口高喊：'哪一家定了两碗面？'母亲大惊，即叫黄阿翠拿出一个小包袱，准备转移。还未出门，忽听到三楼邻居推窗高呼：'面是我们要的！'这才知道是一场虚惊！"

"孤岛"不孤，奋起抗战

　　中共江苏省委成立之时，正值淞沪会战结束，国民党军队全线撤退，上海华界沦于日本侵略军之手。只有苏州河以南的公共租界一部分和法租界还在英、美、法租界当局掌控之下，形成一座特殊的"孤岛"。在复杂而严峻的环境下，江苏省委正确把握"隐蔽精干，长期埋伏，积蓄力量，以待时机"的方针策略，要求组织形式和斗争方式做到更加隐蔽。在组织上采取联谊会、俱乐部、同学会、青年会、音乐会等合法形式进行活动，并将合法与非法、公开与秘密的斗争结合起来，以经济斗争掩护政治斗争，在斗争达到一定要求时，即适可而止。同时加强统战工作。"孤岛"在江苏省委的领导下，以有限的党员深入基层，通过上层统一战线的推动，开展了1938年一·二八淞沪抗战六周年的全市悬挂国旗运动，节约济难、义卖义演、劝募寒衣、移民垦荒等公开的社会活动，以及抵制日伪渗透的护关、护邮、护校斗争，抗议日伪暴行的汽车司机大出丧斗争等。

　　另外，遵照周恩来关于支援新四军和开展敌后武装斗争的指示，江苏省委从人力、物力、财力等各方面大力支援新四军和抗日根据地，并加速开拓敌占区的乡村工作，使抗日

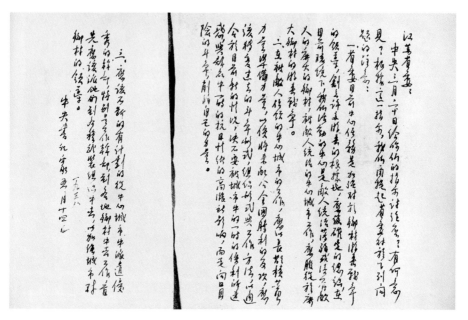

武装斗争的星星之火在上海外围燃烧，开辟了浦东、青浦、嘉定、崇明四个抗日游击区，常熟东乡、无锡梅村、江阴武进三个抗日游击基点，直插敌人心脏地区。1939 年前后，上海群众抗日救亡运动达到新的高潮。党组织也在群众斗争的基础上不断壮大，到 1939 年时，中共党员已增加到 1500 多人。党员的成倍发展，使得党的活动范围和政治影响日益扩大。

太平洋战争爆发后，上海全面沦陷。在新形势下，江苏省委及时将十六字方针具体化，号召党员深入工厂企业中"勤学勤业交朋友"，同时进行战略调整，把党的力量尽量从小单位转到大、中型单位，从一般单位向重点单位倾斜，保存并壮大了实力。

石库门中的抗战『心脏』

八路军驻沪办事处旧址

位于静安区延安中路504弄（原福煦路多福里）21号，是一幢坐北朝南两楼两底砖木结构的新式石库门里弄住宅。1937年8月至11月间，这里曾是八路军驻沪办事处所在地。旧址现为上海市文物保护单位。

八路军驻沪办事处
旧址旧景

扫一扫
微听上海

弄堂里的"八办"

1936 年 10 月，正值日本侵略者对我国步步蚕食，中华民族进入生死存亡之秋，建立抗日民族统一战线共御外侮已迫在眉睫。此时，中共中央委派潘汉年从陕北来到上海。甫一抵沪，潘汉年就去莫利哀路 29 号宋庆龄寓所（今香山路 7 号孙中山故居）拜访，向她呈交毛泽东的亲笔信。毛泽东在函中提及："兹派潘汉年同志前来面申具体组织统一战线之意见，并与先生商酌公开活动之办法……"宋庆龄把中共领袖的嘱托当作义不容辞的任务，她热忱帮助联络各界著名人士，给予潘汉年全力支持。

随后，李克农也来到上海，在福煦路多福里 21 号设红军驻沪办事处，对外称"李公馆"，秘密开展工作。1937 年 7 月，全面抗战爆发后，推动第二次国共合作一致抗日的局面逐渐形成，根据国共两党协议，中国工农红军改编为国民革命军第八路军。8 月，在红军驻沪办事处的基础上，八路军驻沪办事处（简称"八办"）成立，负责人先后为李克农、潘汉年，

潘汉年

李克农

刘少文

迁至萨坡赛路的八路军驻沪办
事处旧址今景

由周恩来直接领导，进行公开活动。11月，上海华界沦陷后，"八办"迁至萨坡赛路192号（今淡水路264号），转为半公开活动，由刘少文负责，一直坚持工作到1939年底奉命撤销。

"八办"成立后，成为中国共产党在上海开展抗日民族统一战线工作的公开阵地，通过卓有成效的上层统战工作和抗日救亡宣传，迅速扩大了党的政治影响，为抗战初期党在上海掀起抗日救亡高潮发挥了重要作用。

凝聚人心，协力抗战

在上海，潘汉年曾以中共驻沪代表和八路军驻沪办事处主任的双重身份与宋庆龄、邹韬奋等著名爱国进步人士建立联系，与国民党市政当局洽谈协调，以国共合作的形式拓展上海抗日救亡工作的阵地，与中共上海党组织密切配合，将救国会扩建为抗日救亡协会，扩大了党的群众工作基础。"七君子"于七七事变后获释。潘汉年同刘少文一起去看望沈钧儒。沈钧儒感激不尽，代表"七君子"表示："我们和你们之间是心心相印的关系。"

为团结一切可以团结的力量投入抗战，"八办"甚至把统战工作做到了上海青帮头子杜月笙那里。1937年10月28日，潘汉年致函上海市各界抗敌后援会的主席团成员兼筹募委员会主席杜月笙：八路军"开入晋北，血战经月，已经予日寇重创"，但因为"经费限制，防毒装备缺乏"，"渴望后方同胞捐助防毒面具……"杜月笙接信后，第二日即在杜公馆召开抗敌后援会主席团会议，讨论捐赠防毒面具一事。会议通过决议，同意将 1000 具从荷兰进口的防毒面具（价值 1.6 万元）捐赠给前方八路军将士使用。

1937 年 11 月，上海华界沦陷，局势愈发严峻。在沦陷之前，"八办"根据中共中央指示，开始全面安排上层爱国民主人士的撤离问题。宋庆龄、沈钧儒、邹韬奋、沙千里、胡子婴等著名爱国人士的撤离，都是潘汉年、刘少文一手经办的。"孤岛"时期，"八办"负责人刘少文以星期聚餐会的形式，向工商实业界等各界上层人士通报共产党的政策和八路军、新四军战绩，增进彼此间的了解，使上海成为全国抗日救亡重要阵地。

为抗日根据地"雪中送炭"

"八办"非常重视抗日救亡的舆论宣传工作，创办出版了《内地通讯》《文献》《民族公论》等刊物，积极宣传党的抗日主张。还与中共江苏省委协同出版了《团结》周报、《译报》《上海职工》等，支持《救亡日报》《抗战》等救亡刊物以及《西行漫记》《鲁迅全集》《钢铁是怎样炼成的》等进步书籍的出版。潘

八路军驻沪办事处出版的
《文献》

左：《译报》编辑部人员在工作

右：《译报》制版报头

汉年、刘少文等还经常在各种刊物上发表文章，分析形势，鼓舞士气。其中，潘汉年发表于第131期《良友画报》的《对日抗战中的第八路军》，是上海最早全面宣传八路军的文章。

"八办"在营救被捕同志方面做了大量工作，就释放政治犯多次与国民党谈判。许多与党组织失去联系的同志，都到"八办"来寻找党的关系。为此，"八办"专门设置联络接待处，还安排一部分同志到难民收容所临时落脚。经审查后，大部分同志被介绍到延安学习或赴大后方参加救亡工作。一些在上海有隐蔽条件的同志则转由上海党组织安排工作。

组织联系上海郊县抗日武装，向根据地输送人员、物资器材及情报等也是"八办"的重要工作。为了抗日救亡，上海人民踊跃募捐，竭诚支援子弟兵，而"八办"则在申城与抗日根据地之间架起了一座特殊的桥梁。1938年下半年，"八办"和中共江苏省委以各界救亡协会等名义，先后开展了"节约献金""劝募寒衣"和"节约救难"运动；1939年又发动了义卖义演。这些活动为新四军筹集了大量钱款和越冬物资，仅学生界就劝募了10万件棉背心。"八办"还通过广泛的联系，筹集了大批枪械、药品、布匹、胶鞋等军需物品，及时送到新四军军部，有效地支援了抗战。

新四军驻上海办事处旧址

『中转站』

艰难时局下的抗日力量

位于徐汇区嘉善路 140 弄（原甘世东路兴顺东里）15 号，是一幢砖木结构二层石库门里弄住宅。抗日战争时期，这里曾是新四军驻上海办事处所在地。旧址现为徐汇区文物保护单位。

新四军驻上海办事处旧址今貌

扫一扫
微听上海

成立于危难之际

1940年12月初，驻地皖南的中共中央东南局和新四军军部派东南局青委委员杨斌秘密来到上海，计划在军部北移江北时，对一些老弱和不适宜随部队行动的干部和人员，做好分散秘密转往苏北根据地的准备工作。

1941年1月，震惊中外的皖南事变发生，国民党掀起反共浪潮。从二三月开始，不少干部历尽艰险突围出来，陆续来到上海，千方百计寻找党组织，然后转往苏北根据地去。这项繁重而艰巨的任务全由杨斌的工作机构担负，该机构当时虽无正式名义，但实际上是新四军驻上海的秘密办事机构。

1941年3月，新四军新的军部和中共中央华中局成立新四军驻上海办事处（简称"新办"），杨斌担任主任，办事处工作人员有荣健生、张达平、徐盼秋、汤季宏、李子明等。在组织上，"新办"属临近上海的苏中区党委代管，而工作机构、交通人员及开展工作，都是由上海党组织配合和安排的。当时，中共江苏省委派组织部部长王尧山和教委书记刘峰与

皖南事变中的新四军部队

杨斌直接联系。

起初，"新办"租下巨籁达路（今巨鹿路）251号的二楼亭子间作为研究工作的地方。这是一幢三层街面房屋，底层开肉店，二三楼是住家，后门弄堂称圣达里，通向圣母院路（今瑞金一路）。1942年初，"新办"将工作地点迁至甘世东路兴顺东里15号。这是一幢两层石库门楼房，弄堂另一头通向西爱咸斯路（今永嘉路），进出方便。另外，"新办"还在爱多亚路（今延安东路）龙门戏院隔壁、吕班路（今重庆南路）震旦大学附近开设烟杂店作联络点。其中，党员刘燧章在爱多亚路上开的烟杂店叫作益星商店，作为固定联络站，由杨斌亲自掌握，供华中局、苏中区党委和杨斌紧急联系用，也作为华中局和江南其他地区联系的中转站。

杨斌

两年工作"零"差错

组织运输人员，是"新办"最吃重的一项任务。自成立后的两年间，"新办"共向根据地输送革命力量约计一千六七百人。其中主要是江苏省委从各系统动员参加新四军的人员，绝大多数是工人、学生和职员，包括印刷、印钞、军械等根据地急需的技术工人和医生护士，也有部分文化教育界知名人士，如许幸之、韦悫、钱杏邨、张宗麟等。另外，部分皖南事变突围人员，如中央东南局副书记曾山和谭启龙、余立金、李一氓、钱俊瑞、薛暮桥等负责干部，从大后方撤退到上海的知名爱国人士，如刘季平、孙冶方、贺绿汀、邹韬奋、范长江等，以及苏南撤退

参加新四军的部分
上海籍学生合影

人员和南洋回国抗日的华侨青年等，也都是经由"新办"部署安排，一路护送至根据地。

特别值得一提的，"新办"还承担了两次护送国际友人赴苏北根据地的任务，分别是1941年3月护送奥地利医生罗生特和同年5月护送德籍波兰作家、共产党员汉斯·希伯及其夫人秋迪。为顺利完成这两项任务，"新办"也是颇费心思。好在当时敌伪统治区对外国人出入境尚无严格的手续，只需混在旅客中机灵迅速地通过，如遇岗哨盘问，即扮作苏北某敌占城市教堂的传教士和某医院的医务工作者。盐城大扫荡后，希伯北上山东，拟赴延安。令人痛惜的是，希伯在1941年11月沂蒙山区反扫荡战斗中，随部队参加战斗壮烈牺牲。

在中共上海党组织的帮助下，"新办"开辟了从上海到苏北根据地的东西两条交通线。东线是经由南通的任家港、天生港，海门的青龙港等港口到达苏中四分区中心地区的掘港镇一带；西线是经由如皋的张黄港、靖江的新港等港口到达苏中三分区中心的芦港一带。1942年又开辟了经镇江、六合进入天长淮南根据地的线路。所有输送人员离沪前，"新办"将其按照性别、年龄等情况搭配编成两人或三人一档，进行适合身份的化装。交通人员每次护送六七人，并向每人交代清楚当地的风俗习惯、应付敌伪检查的方法和交通联络地点等应注意的问题。

由于"新办"严格的秘密工作原则，一丝不苟的工作作风和江苏省委的大力支持，两年内在输送过程中没有一次差错，所有人员全部安全到达根据地。

光荣完成历史使命

除组织输送人员外，"新办"还应根据地的需要担负一些其他工作。例如，曾掩护苏中区党委书记陈丕显和新四军干部刘炎、邓六金、汤光恢、李坚贞、曾子平等来沪治病。搜集有关报纸杂志、地图资料，采购和运输各种医药、医疗器械、教育用品、电讯等军用物资。"新办"充分发挥上海信息中心的优势，除运送各种进步书籍外，还从各种报纸杂志，包括敌伪报刊上收集有关资料，剪辑成册后送往根据地，同时又把根据地报刊上有关中国共产党和八路军、新四军反"扫荡"、反"清乡"的报道带到上海，通过苏联塔斯社上海分社提供给苏联《消息报》发表。1942 年，为了配合根据地部队在上海采购和运输物资的工作，"新办"在福州路上开设一家"报关行"作为掩护。

1941 年 12 月，太平洋战争爆发，日军占领租界，上海的工作环境不断恶化。1942 年 10 月，"报关行"遭日本特务破坏，杨斌不知道出事，走进门便被扣住盘问，他镇定地自称是来上海治病的南洋华侨，想到此处托购西药，特务没发现破绽只好放人。这次险些被捕的经历后，杨斌意识到已不宜留在上海继续工作，随即撤回苏中根据地。此时，正处于被日伪频繁的"扫荡""清乡"中的根据地，要求部队精兵简政，不再大规模吸收人员到根据地来。于是，1942 年底，新四军驻上海办事处奉命撤销，光荣地完成了历史使命。

6

第六章
英烈丰碑

汪寿华旧居

浑身是胆任去留

位于虹口区四川北路 1906 弄 94 号，为砖木结构二层石库门住宅。1925 年至 1927 年，汪寿华在此居住。

汪寿华旧居今景

临危受命舍我谁

为了加强国内的革命运动，中共中央在 1924 年底 1925 年初调回了一批在苏联学习和工作的党员，汪寿华即为其中之一。回国后，他参加了中共第四次全国代表大会。会后不久，上海爆发了轰轰烈烈的五卅运动。在这次运动中成立的上海总工会领导了上海工人罢工，并推动了学生罢课、商人罢市。

在此期间，汪寿华出任上海总工会宣传科主任，协助上海总工会委员长李立三和总务科长刘少奇领导工人运动。他发动群众在上海的大街小巷贴满了反帝的标语、传单，以期唤起同胞们的反帝爱国之心。

至五卅运动后期，由于敌人的迫害，上海总工会领导人李立三、刘少奇相继离沪，刘华又惨遭敌人杀害，汪寿华自告奋勇地挑起了上海总工会代理委员长的重担。敌人几次查封总工会，到处逮捕他，他也无所畏惧，经常更换打扮，改名换姓，死里逃生。

1926 年 10 月，原定在 10 月 24 日凌晨发动的第一次工人武装起义，由于北伐军离上海还较远，并没有对上海形成威慑，工人武装的准备不够充分等原因，尚未发动就失败，很多党员被捕牺牲。而且，这次起义还使敌人倍加警觉，已知工人要武装暴动，更加疯狂地搜捕汪寿华等党员。1927 年 2 月，上海总工会召开会议动员第二次武装起义时，租界巡捕突然前来会场搜查，与会者们情急之下解下围

汪寿华

巾，一条一条地接起来，缚在窗棂上，让汪寿华和几个工人顺着围巾安全撤离。撤走后，汪寿华与会场内的其他工人里应外合，将所有参会工人解救出来。自奉命回国领导工人运动以来，这样的死里逃生，汪寿华已经司空见惯，这样的危机化解，汪寿华也已是驾轻就熟。

一呼百应揭竿起

1927 年初，北伐军一路披荆斩棘，逼近苏州、常州和松江，以瓮中捉鳖之势，团团围住上海。上海工人们似乎又看到了胜利的希望。1927 年 2 月，陈独秀、周恩来、汪寿华等筹谋第三次工人武装起义。这次起义吸取了前两次起义的经验教训，作了大量的准备工作，例如，召开市民代表大会，宣传革命，争取市民的支持；组织三千多人的工人纠察队，配备武器装备，秘密训练；发动铁路罢工，切断对方援军的运兵补给线等等。除此之外，汪寿华等起义领导人还派人与已抵达上海近郊龙华的北伐军商议，希望可以相互配合，内外夹攻，一举消灭盘踞上海的北洋军阀。

3 月 21 日中午，全市 80 多万工人在汪寿华等人的一声号令下，全体罢工，罢工后又立即按计划转入武装起义。前期训

1927 年 3 月 23 日，上海总工会委员长汪寿华在湖州会馆上海工人纠察队成立大会上讲话

练好的工人纠察队立马从南市、虹口、浦东、吴淞、沪西、沪东、闸北等七个区分别向军警据点发动猛攻。市民群众也主动帮助纠察队筑街垒、运弹药、送食品。

然而，正当一切都热火朝天的时候，原本商议好要共进退的"同盟军"——北伐军却迟迟不见声响。即使汪寿华不断派人前去催促，北伐军依然按兵不动。幸而，勇猛的工人起义军经过了两天一夜的血战，最终占领了除租界以外的整个上海地区，取得了上海工人第三次武装起义的胜利。

胜利后，上海各界代表举行市民代表会议，成立上海特别市临时市政府。汪寿华也在工人的推举之下担任上海总工会委员长，成为工人们公认的领袖。

上海滩上"鸿门宴"

在工人第三次武装起义胜利后不久，蒋介石进入上海，他加紧策划反革命政变，与上海青帮头子黄金荣、杜月笙、张啸林等互相勾结，利用流氓冒充工人纠察队招摇撞骗，敲诈勒索，散布工人纠察队要冲击租界等谣言。

面对种种诬蔑和挑衅，汪寿华一面为戳穿国民党右派的阴谋和借口，不顾个人安危，于3月27日毅然面见蒋介石。一面为防患于未然，汪寿华领导上海总工会接连采取了一系列反击措施。他以上海总工会名义，在上海各报刊登紧急启事，提醒工人和市民警惕阴谋，之后又召开上海总工会第二次执委会，做出"如发生解除工人武装的事情，则决定全市工人总罢工"的决议；采取发表敬告上海市民书，揭露反动派造谣中伤，挑拨捣乱的阴谋，希望市民协助制止等一系列行动。

汪寿华的行动让蒋介石和国民党反动派更视他为眼中钉、肉中刺，欲必除之而后快。4月11日晚上，杜月笙邀请汪寿华到他家赴宴，商议要事。去还是不去？党内同志意见纷纷。有些认为可以去探探虚实，更多的同志觉得这是一场"鸿门宴"，去了可能会有危险。但最后，汪寿华还是决定赴宴，一探虚实。

为安全起见，组织上决定李泊之陪同前往。但在两人即将到达杜府时，汪寿华要李泊之在附近等他，如果两小时后他还没出来，即有意外，让李立即报告组织。进入杜府后，汪寿华即被绑缚起来，随后又被偷偷送出府外，残忍杀害，时年26岁。汪寿华是四一二反革命政变中牺牲的第一位烈士。

汪寿华

汪寿华烈士遗物——线毯

『工人万代仰施英』

赵世炎旧居

位于虹口区多伦路189号（原北四川路志安坊190号），是一幢假三层砖木结构沿街住宅。1927年间曾是时任中共江苏省委常委、代理书记、上海总工会常务委员会主席赵世炎的寓所。旧居现为虹口区文物保护单位。

赵世炎旧居旧景

扫一扫
微听上海

"黄昏之贼"的异域抗争

　　1920 年 5 月，时年 19 岁的赵世炎从上海出发，远渡重洋留法勤工俭学，开启了追求马克思主义真理的艰苦征程。

赵世炎

　　在法国，赵世炎和蔡和森等人一起领导了"进占里大"斗争。北洋军阀政府曾用向法国索回的部分庚子赔款筹建了一所里昂中法大学。然而，这个以"照顾勤工俭学学生"名义建成的大学，却把在法勤工俭学的学生拒之门外。愤怒的学生们决定组织起来，"誓死争回里大"。1921 年 9 月，赵世炎被选为总代表，率领先遣队百人"进占里大"。北洋政府驻法大使馆勾结法国政府，派出武装警察包围里大，强行将学生拖上警车关入兵营。在被无理关押期间，赵世炎挺身而出，代表学生与对方谈判，并领导绝食斗争。然而，中法两国反动当局无视学生们的抗议和社会舆论，以"过激党"的罪名，将104 名学生遣送回国。赵世炎利用总代表出入交涉的机会设法逃脱，留在法国继续领导勤工俭学学生进行学习和抗争。

　　流亡法国期间，赵世炎曾在巴黎西郊一家铁工厂工作。此时他虽经历母亲病故等悲痛，但在辛苦工作之余仍学习不辍，认真阅读马克思主义书籍。每到黄昏，赵世炎就独自跑到楼顶平台，借助夕阳余晖读书，自喻"黄昏之贼"。在法国，他团结了一大批勤工俭学学生和进步分子，共同创建了中共旅欧支部，其中就有稚气未脱的青年邓小平。邓小平之女邓榕曾说："我父亲在讲留法勤工俭学经历

赵世炎流亡法国期间影像，自喻"黄昏之贼"

的时候，说当时革命组织的领导者，第一是赵世炎，第二是周恩来。我父亲当时年龄小，他参加组织以后，对赵世炎和周恩来是由衷地钦佩和折服，他把他们当作兄长一样地来看待。"

"不愿意参加斗争，还算什么共产党员！"

1926 年，赵世炎来到上海，担任中共上海区委组织部部长、上海总工会党团书记。上海工人三次武装起义，赵世炎是主要领导者。1927 年 3 月，第三次起义时，他和周恩来共同指挥的工人纠察队经过三十多个小时的英勇奋战，终于消灭了三千直鲁联军和两千余警察，取得了震惊中外的上海工人第三次武装起义的伟大胜利。

作为起义的副总指挥，赵世炎亲身投入上海工人阶级的伟大斗争，深深地感受到了斗争胜利带来的喜悦。他在评价这次武装起义时指出："三月暴动在世界革命史上的价值，是写在十月革命后的一页。三月暴动在中国革命史的价值，是

周恩来、赵世炎等领导上海工人第三次武装起义（油画）

确定中国革命的性质，保障中国革命的胜利，划分中国革命历史的一页新篇幅。"

　　然而，武装起义胜利后不久，蒋介石在帝国主义的支持下悍然发动四一二反革命政变，对共产党人和革命分子大肆屠戮。面对白色恐怖，赵世炎临危不惧，坚定表示："共产党就是战斗的党，没有战斗就没有了党，党存在一天就必须战斗一天，不愿意参加斗争，还算什么共产党员！" 1927 年 6 月中旬，中共江苏省委书记陈延年、组织部部长郭伯和、秘书长兼宣传部部长韩步先被捕。党中央委派赵世炎代理江苏省委书记，挑起省委全部重担。他积极营救被捕同志，同时通知各区委和联络点，要求大家做好应变准备。然而，韩步先被捕后叛变，供出了施英（赵世炎当时的化名）的住处。

赵世炎在这本小册子里记述了上海工人武装起义的实况

　　7 月 2 日，大雨倾盆，敌人包围了北四川路志安坊 190 号赵世炎的住处。赵世炎外出未归，敌人就埋伏在四周。家中的赵世炎夫人夏之栩和岳母夏娘娘万分焦急。夏娘娘机警地走近窗口，瞥见赵世炎正向家走来，迅速将作为信号的花盆推了下去。可惜狂风暴雨掩盖了一切，赵世炎并未留意到这一警报声，一进门即遭逮捕。赵世炎在被捕的一瞬间想到的依然是同志们的安危。趁敌人翻箱倒柜之际，他悄声将中共江苏省委常委王若飞的住址告诉夏之栩，让她通知王若飞尽快转移，避开搜捕。

"最后的斗争"时刻到了

　　赵世炎被捕后，面对各种酷刑拷问，始终坚贞不屈。他坚称自己叫夏仁章，湖北人，是因为老家闹土匪携款来上海

《布尔塞维克》第一期刊载的
《悼赵世炎陈延年及其他死于
国民党刽子手的同志！》

避难做生意的，这令主审人一时真假难辨。后来，由于叛徒的当面指认，赵世炎才大声承认自己就是"施英"，并严厉怒斥叛徒。其实，赵世炎早已将生死置之度外，作为一名共产党员，他意识到，"最后的斗争"时刻到了。面对敌人的审讯，他理直气壮地宣传党的正确主张和共产主义美好理想，愤怒揭露蒋介石充当帝国主义走狗、叛变革命、屠杀工农的滔天罪行。他还时常在牢房里对难友们进行共产主义和革命气节的教育，"不要害怕，越怕越没有希望"，给许多难友增添了斗争的勇气和力量。

上海数十万工人得知赵世炎被捕的消息后无比悲愤。许多工人向组织提出，要不惜一切代价救出他。党组织为营救赵世炎也付出了大力气，动用了各种办法，但始终未能成功。狱中的赵世炎虽知性命不保，但始终无所畏惧，他奋笔写下遗书："一生为共产主义奋斗，为中国无产阶级事业斗争，为中华民族反帝反军阀的解放运动而努力！"7月19日，赵世炎毅然迈向刑场。临刑前，他激昂高呼："工农联合起来打倒新军阀蒋介石！""中国共产党万岁！"在上海枫林桥畔英勇就义，年仅26岁。

英烈已逝，但信仰之火永不熄灭。赵世炎牺牲后，和他共同战斗过的老师、战友吴玉章感怀赋诗，以志纪念："龙华授首见丹心，浩气长虹烁古今。千树桃花凝赤血，工人万代仰施英。"

茅丽瑛烈士遇害处

「孤岛」抗战女杰

位于黄浦区南京东路114号。1939年12月12日，茅丽瑛烈士在此遇害。

万国殡仪馆茅丽瑛烈士公祭现场，众多上海市民前去向她的遗体告别

"我是主席，也是大众的牛呵！"

茅丽瑛，1910 年出生于浙江杭州，1931 年以优异成绩考入上海江海关工作，1935 年参加了各界职业妇女自发组织的上海中国职业妇女会。

八一三淞沪会战爆发后，茅丽瑛作为前线慰劳组的负责人之一，带领一支慰劳队，带去苹果、橘子、罐头等慰问品，冒着酷热，步行到红十字医院、太和医院、小沙渡培成女校等地慰问伤兵。上海沦为"孤岛"后，江海关一部分进步青年组织起救亡长征团，辞职去华南宣传抗日，茅丽瑛也准备一同前往。按当时规定，在海关工作满七年即可获得一笔相当一年薪水的酬劳金。再过几个月，茅丽瑛在海关就满七年了。但她认为，为了抗日救国，抛弃这"金饭碗"和近千元的酬劳金，毫不足惜。可是，年迈孤苦，相依为命的母亲怎么办？

茅丽瑛

思虑再三，茅丽瑛最终决定辞别母亲，踏上南下的征程。她曾这样说道："我爱我的母亲，但我也爱我的祖国……我为这矛盾难过，但我到底还是决定选择这一条路……我母亲的哭声几乎动摇了我的决心，但我想到侵略者加于我们祖国、我们人民的损害与屠杀，我又坚定了下来。"

1938 年 5 月，茅丽瑛加入中国共产党，并被推选为中国职业妇女俱乐部（简称"职妇"）主席，领导妇女界的抗日救亡活动。她说："我是主席，也是大众的牛呵！"

任职后，繁重的工作担子落在了茅丽瑛肩上。对

于每项工作，她都事必躬亲，
经常工作到深夜。她还经常深
入各行业的妇女中，满腔热情
地从政治上、经济上关心她
们。提出"实现男女平等，妇
女必须取得经济上的独立"，
并发动劝募基金、互助互济等
活动，成立缝纫组，接洽特约
商店和医院，为会员们解决实
际生活问题。她还在俱乐部内

抗战爆发后，江海关歌咏团举行义演，取得善款救济难民、支援新四军。前排左二为茅丽瑛

成立话剧团、歌咏会，活跃群众生活，组织慰问宣传演出。

夜以继日的工作，饥饱不定的生活，让茅丽瑛患上了严
重的胃病。姐妹们劝她注意身体，她说："我所有的一切，都
早已献给大家。我要抓住每一分钟，做一点有意义的事。"

"愿为义卖而生，为义卖而死"

1939 年，中共江苏省委决定由茅丽瑛领导"职妇"向社
会广泛募捐，所得款项用来支援新四军抗战和救济难民。重
任在身，茅丽瑛每天通宵达旦地为筹备义卖活动四处奔走。
既使母亲的去世，依然没有让她停下奔忙的脚步。

"职妇"开展的抗日救亡运动，引起了日伪的注意和恐
慌。6 月 7 日，"职妇"借大陆广播电台播音，动员各界人士
踊跃捐献义卖物品。傍晚，电台收到一封附有子弹的匿名信，
信笺上"立即停止，否则将于你们不利！！！"12 个黑字赫然
触目。在场的会员一时不知所措，打电话报告茅丽瑛。孰料

上海职妇剧团公演后全体合影，后排左一为茅丽瑛

茅丽瑛却异常镇定地对着电话筒说："继续播音！"坚定的声音给姐妹们增添了勇气和力量，使播音持续到午夜12点才结束。6月9日和18日，电台又连续两次进行募捐播音。国货公司、永安公司、先施公司等56家公司的职工和厂商起而响应，捐献了大量食品、药品和日用品。"职妇"的募捐队还深入大街小巷，所到之处，市民们纷纷慷慨解囊。

正面恐吓行不通，日伪就采取迂回阻挠的方法。义卖会开幕前夕，原定的地点——宁波同乡会突然发来"因有难处，请另觅场所"的通知。盛暑骄阳，酷热难当，心急如焚的茅丽瑛为落实义卖会场到处奔波求援，但对方皆因收到恐吓信而婉言谢绝。情势如火，经过一番踌躇后，茅丽瑛果断决定："环境越是艰险，我们越是动摇不得。……商场就设在'职妇'会所！""我已下了决心，愿为义卖而生，为义卖而死！"

经过一夜奋战，小小的"职妇"会所俨然成了百货商场。7月14日上午，义卖会如期举行。人们从四面八方潮水般涌来，争相购买物品，许多人多付钱，少取货。少女们捧来"储蓄箱"，把积攒起来的零用钱全数交到柜台上，白发苍苍的老太太把珍藏了几十年的仅有的一些首饰塞到售货员手中……

义卖会按计划举行了两天，圆满结束。义卖所得之款项，除部分交难民救济协会外，其余均通过八路军驻沪办事处转交新四军。

"七月流火，九月授衣"

义卖会的成功使敌人对"职妇"和茅丽瑛的仇视进一步加深。1939 年 11 月 17 日，日伪汉奸的《新申报》在一篇题为《上海共党企图再举，在文化界积极活跃，日方已加严密监视中》的报道中写道："以第二史良之中国共产党激烈分子茅丽瑛为中心，……为新编第四军文化工作班担任重大任务，此事既经判明，深遭重视。"对此，茅丽瑛毫无惧色，她对姐妹们说道："我不怕，不屈服。除了工作，生命中没有什么可留恋的东西。"此时，党组织十分担心茅丽瑛的安全，指示她立即隐蔽，待命撤退转移。然而，汪伪"76 号"已伸出魔爪，显露杀机。

1939 年 12 月 12 日晚，茅丽瑛在南京路慈昌大楼边门遭汪伪"76 号"特务行刺，身中三弹，于 15 日在医院牺牲。年仅 29 岁。弥留之际，她告诉身边的同志："请关照一切朋友别为我悲伤！我死，没有什么关系，我是时刻准备着牺牲的，希望大家继续地努力，加倍努力！"

茅丽瑛牺牲后，党组织为揭露敌人的阴谋，激发人们的

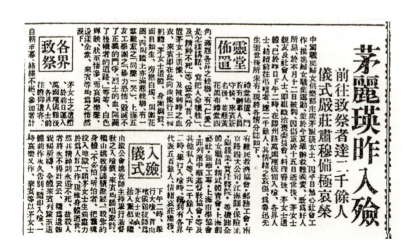

茅丽瑛公祭相关报道

爱国热情，在上海各大报纸登报丧启事，上海各界爱国人士成立了治丧委员会。12 月 16 日至 17 日，上海万国殡仪馆举行隆重公祭，数千名群众满怀悲愤的心情，向静卧在鲜花丛中的女共产党员茅丽瑛做最后的告别。《申报》为此记载："其情绪之哀伤，为鲁迅先生逝世后所未有。"

解放后，上海人民政府曾多次为茅丽瑛举行纪念活动。陈毅市长还亲笔写了挽词："为人民利益而牺牲是光荣的，人民永远纪念她！"60 年代初，剧作家于伶创作了以茅丽瑛为主人公原型的多幕剧《七月流火》，以志纪念。剧名取自《诗经》"七月流火，九月授衣"，寓意茅丽瑛因为新四军募寒衣而惨遭杀害。茅丽瑛像一颗流星，划过黑沉沉的夜空，晶莹透彻般地陨落了。生命之光虽然短暂，但她崇高的人格与不屈的力量却永久地留在人们的记忆中。

1981 年上海电影制片厂拍摄了根据于伶话剧改编的以茅丽瑛为原型的电影《七月流火》

李白烈士故居

电波中的永恒

位于虹口区黄渡路107弄（原亚细亚里）15号，是一栋砖木结构三层新式里弄建筑。1947年至1948年，李白烈士曾居住于此。故居现为上海市文物保护单位。

扫一扫
微听上海

李白烈士故居今景

"假夫妻"到"真夫妻"

李白

　　七七事变后，中共中央计划在国民政府所在地南京建立通讯电台，军委三局根据这一计划，派遣李白赴南京负责此项工作。虽然李白希望上前线，但还是愉快地服从了组织调动。之后由于种种原因，南京设台计划未能实现，组织便调遣李白到上海工作。

　　1937年10月，李白来到上海，由于长期在部队战斗生活，突然让他转变成一名地下工作者，还有些不习惯。据战友申毅回忆：那时，李白见到有钱有势的人，会马上露出不屑的态度，而遇到乞讨者，又会毫不犹豫地慷慨解囊，很多次都是身无分文地回来，举止神态总是显得与"身份"不符。直到一年后，李白才慢慢融入上海社会。等到组织派裘慧英假扮李白的妻子，掩护并协助他工作，前来接头时，李白早已成为成熟的地下工作者，头发梳得溜光，皮鞋擦得锃亮，戴着眼镜，清瘦的脸上略带着几分让人捉摸不透的神情。裘慧英还因此放心不下，偷偷去找领导上海工运斗争的市委副书记马纯古问："看了看不像个同志，会不会有错？"

　　就这样，李白和裘慧英以"夫妻"的身份开始了工作。李白常常为了排除干扰，也为了工作安全，在凌晨零点至四点的时候，在房间里挂上厚厚的双层深色窗帘，将25瓦的灯泡换成5瓦，再蒙上一块布，随后又在电键下面垫一张纸片，以减轻声响，做好这些准备后，才"滴滴，答答"地开始发报。由于无线通讯工作需要高度集中的精神和娴熟的技术，所以每当

李白烈士故居内景

李白一戴上耳机，完全沉浸在电波中时，裘慧英便主动地担当起"警卫"工作。他们同甘苦、共患难，渐渐地产生了爱情。1940 年，经党组织批准，他们成为一对真夫妻和生死与共的隐蔽战线战友。

走出"76 号"魔窟

在抗战期间，李白曾两次被捕，死里逃生。第一次被捕是在 1942 年太平洋战争爆发后，日军进入租界，不断破坏党组织，并用无线电测向仪侦测党组织的电台。1942 年农历八月，由于电台被日伪侦破，李白和裘慧英双双被捕。在狱中，任凭敌人严刑逼供，李白一口咬定自己是为了商业投机而私设的电台。由于当时上海各种投机商十分猖獗，敌人又无法掌握确切的信息，一个月后，只得将裘慧英释放，但仍继续囚禁李白，还将李白秘密地转移到极司菲尔路（今万航渡路）76号汪伪特工总部关押。之后，由于日伪实在找不到证据，经党组织的积极营救，李白才走出"76号"这个魔窟。

1944年，李白又奉命到浙江淳安县，打入"国际问题研究所"，想利用敌人的电台为党传送情报。但是到了淳安县后，李白发现县城里没有照明电，发报时只能人工手摇，且发电功率很小，周围又有高山，对电波起了屏蔽作用，无法实现发报。因此，李白只好将电台转移到浙江场口镇外一个乡村，改为与党的上海电台秘密联络，通过上海党组织中转，将情报送到延安。

然而，好景不长。那段时间，场口镇周边时有国民党各派军阀武装火拼，有一次险些将李白的电台击毁。万般无奈之下，他又带着电台回到淳安。在船上，一个国民党兵搜到了李白身上的收发报机，导致他又一次被捕。这次由于有"国际问题研究所"这个身份作挡箭牌，过了几天就被无罪获释，可谓有惊无险。

1942年，李白被关押在极司菲尔路76号汪伪特工总部

"天快亮了，我所希望的也等于看到了"

抗战胜利后，李白又一次秘密潜伏上海，将电台设于亚细亚里 6 号，1947 年上半年迁入亚细亚里 15 号三楼。为了掩护电台，避免引起敌人的注意，李白取得了海洋渔业公司修理渔业电器设备的公开职业。这个渔船修理处位于上海东北端的复兴岛，李白就每天两三个小时用于往返途中，下班后，又半夜起来进行长达三四个小时的通报。

李白与妻子及儿子的合照

1948 年 12 月 29 日深夜，李白正在给中央发一份非常重要的国民党绝密江防计划时，敌人却悄悄地用分区停电的办法锁定了李白的住所。听到一阵敲门声后，李白立即意识到问题的严重性，于是飞速地把一份电报发完，再把电文稿撕碎丢入抽水马桶冲走，而后将天线、机器拆散藏于壁橱里，并吩咐裘慧英把三岁的儿子李恒胜送到楼下邻居家。但李白最终被捕。

被捕后，任凭国民党特务施以种种酷刑，李白坚不吐实。据裘慧英回忆，她曾带着儿子前去探监，此时，李白的双腿已经被老虎凳压坏了，完全无法站立，只能在难友的托举下艰难地爬上囚窗。看着被敌人折磨得不能辨认的李白，裘慧英抱着孩子掩面而泣。

"以后你们不要来看我了。"李白缓缓地说。

"为什么？是不是判决了？"裘慧英急忙问道。

"不是，天快亮了，我所希望的也等于看到了，今后我回来当然最好，万一不能回来，你们和全国人民一样，能过上

1949 年 4 月，李白化名李静安，在狱中写给妻子裘慧英的最后一封信

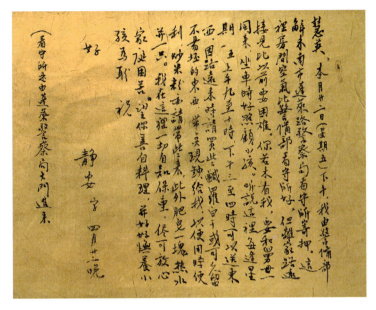

自由幸福的生活！"

看着泪眼相对的父母，年幼的李恒胜还不知道发生了什么事，只顾着伸着手喊着："爸爸，抱抱！爸爸，抱抱！"

李白看着年幼的儿子，笑了，张开双臂大声说道："爸爸过几天就回来抱你！"

可是，这个拥抱，李恒胜再也没有等到。1949 年 5 月 7 日夜，李白被押解到浦东戚家庙秘密杀害。这时，离上海解放仅有 20 天。

84

李白等十二烈士
就义纪念地点

链接《《《

李白等十二烈士就义纪念地点

位于浦东新区世纪大道与浦电路交汇处北 100 米左右。现为浦东新区文物保护单位。

上海解放前夕，1949 年 5 月 7 日，军统特务头子毛森根据蒋介石"坚不吐实，处以极刑"的命令，将李白、秦鸿钧、张困斋、杨竹泉、郑显芝、周宝训、吕飞巡、黄秉乾、严庚初、焦伯荣等十二位烈士秘密押至浦东戚家庙（即今世纪大道与浦电路交汇之处）北 100 米左右杀害，就地掩埋。

解放后，上海市人民政府将十二烈士遗骨迁至虹桥公墓，后又迁至龙华烈士陵园。在戚家庙北 100 米左右处树纪念标志"李白十二烈士万古长青"。

就义地旧景

守护红色电台

秦鸿钧新新里秘密电台遗址

位于黄浦区瑞金二路 409 弄（原中正南二路新新里）315 号。1940 年至 1949 年间，秦鸿钧秘密电台曾设于此。原建筑已拆除，所在地块改建为日月光商务大楼。

秦鸿钧新新里秘密
电台遗址（手绘）

扫一扫
微听上海

"只要耳朵听得见就行了"

秦鸿钧是 1927 年入党的党员，1936 年曾赴苏联学习收发电报技术，1937 年，学成回国来到上海做秘密电讯工作，在法租界金神父路（今瑞金二路）148 号 3 楼建立秘密电台，与共产国际远东局直接联系。之后由于秘密工作的需要，党组织介绍中央文库的守护者——陈为人的妻妹韩慧如与秦鸿钧认识。数月后，二人因共同的信仰结婚。婚后，二人在贝勒路（今黄陂南路）吴兴里开设一家糖果工场，后移至辣斐德路（今复兴中路）173 号街面房子，开设永益糖果店作掩护。秦鸿钧白天当"老板"经商，夜间在 3 楼发电报。韩慧如则坐在窗边担任警戒，一旦发生紧急情况，就立即通知他做好撤离准备。

秦鸿钧

1939 年末，秦鸿钧接到通知，撤销电台，离开上海赴哈尔滨接受新任务。1940 年，受党组织派遣再回上海。

秦鸿钧金神父路秘密电

他把秘密电台设于中正南二路新新里 315 号的阁楼上，建立与中央华中局的直接联系。由于革命形势的需要，情报任务越来越重，党组织考虑到秦鸿钧晚上经常不能睡觉，白天需要休息，就让他以失业者的身份负责报务，韩慧如则以教师身份为其掩护，并任交通员，传送文件。

秦鸿钧发报时御寒用的衣物

秦鸿钧与韩慧如所租的房子条件较差。为了避免灯光露出，秦鸿钧晚上工作时，就将天窗紧紧地关起来，阁楼的木墙缝都用纸条糊上，以防止电键的滴滴声被邻居听见，但这样一糊一堵，小阁楼里就密不透风。炎夏时，阁楼闷热难熬，秦鸿钧一晚上工作下来，桌子、椅子上都印下汗浸湿的潮印。寒冬里，小阁楼寒气刺骨，工作完成后，秦鸿钧往往两只手指都冻得伸不直，两条腿也站不起来。但为了紧缩工作时间，秦鸿钧经常连续作战，直到任务完成才站起来活动一下，避免给敌人造成更多的侦察机会。久而久之，秦鸿钧患上了严重的关节炎，眼睛视力也急速下降。

有一次，由于工作紧张，连水也顾不上喝，秦鸿钧口腔溃疡非常严重，嘴上长满了口疮，韩慧如劝他去医院看病。秦鸿钧说："这没关系，只要耳朵听得见就行了。"

双双陷囹圄

1949 年 3 月 17 日深夜，秦鸿钧像往常一样披着厚厚的大衣，走进几经改装的阁楼开始工作，韩慧如也一如往常，机警地注意着街头的动静。忽然，一阵急促的砸门声惊起了韩慧如。她立马按照事先约好的暗号，站到床上，猛烈地敲打着阁楼的地板。秦鸿钧则立刻结束发报，收拾阁楼。

但这时，后门被毫不知情的一楼住户陈老太太打开了，砸

门的便衣直接闯了进来，使劲地拍打着一楼
到二楼楼梯上的一道大门。韩慧如异常镇静，
假装在起床，想借此拖延时间，给秦鸿钧多
一点时间逃离。

拖延了几分钟后，便衣的叫骂声越来越
大，韩慧如只好把门打开。几个便衣拿着手
枪直冲到二楼，还有几个喊着要上阁楼。韩
慧如又开始假装找钥匙，继续拖延时间，估
摸着秦鸿钧已经离开，才把钥匙交给便衣。
可是谁料想，秦鸿钧爬上屋顶，准备从这排
房子最东边的晒台跳下去的时候，发现那天
晒台的门不知道被谁给关上了，无法下去。
就这样，秦鸿钧和韩慧如不幸双双被捕。

秦鸿钧使用的收发报机

过了几天，四名便衣特务又押送韩慧如
回到了这幢房子，希望以她为"鱼饵"找到
更多的共产党员。韩慧如就借此机会，以美
金为诱惑，以需要向学校请假为借口，让特
务带着女儿咪咪把"请假条"交给学校的教
导主任张琼，暗示学校的党员们马上秘密
转移。

接着，韩慧如又在敌人的眼皮底下开始
第二项秘密行动。她假装无法忍受女儿和儿
子的调皮捣蛋，吵着把他们赶到晒台时，趁机把放在晒
台的接头暗号——六根竹竿拿了下来。然而，这次秘密
行动失败了，来此接头的共产党员张困斋不小心走了进
来，落入了敌人设好的陷阱。

秦鸿钧、韩慧如及其子女合影

血溅黎明

张困斋

　　秦鸿钧、张困斋、韩慧如三人被分别关在监狱中。国民党特务把秦鸿钧绑在老虎凳上，把他的腿打得变了形，血水把衣服和血肉模糊的身体粘在一起。上完老虎凳，又用辣椒水往秦鸿钧和张困斋的鼻子里灌。秦鸿钧的肺部被辣椒水灌伤，一口口吐着鲜血，张困斋也被灌伤，不停地咳嗽。但是不管敌人如何折磨，两人都不吐露一点机密。他们早就做好了为革命赴死的准备。

　　敌人看到在秦鸿钧和张困斋身上无法套出情报，就转向韩慧如。但无论怎样威逼利诱，韩慧如也依然坚称毫不知情。深夜，待看守的敌人睡着了，秦鸿钧轻声对韩慧如说："看样子敌人是不会放过我的，我牺牲了，你要……"韩慧如知道他是希望自己继承他的事业，因此坚决地回答："你放心，我有这个决心，我还要把孩子带大成人。"就这样，秦鸿钧、张困斋、韩慧如三人用言语、肢体动作相互鼓励要坚持，不能违背自己的信仰。

　　1949年5月7日，秦鸿钧、张困斋等革命烈士在浦东戚家庙被杀害。5月25日，解放军兵临城下，看守监狱的敌人都悄悄地溜走了。韩慧如与狱中其他同志趁敌人抓紧逃命无暇顾及关押革命者的空档，砸开脚镣手铐，冲出监狱大门。

　　6月20日，人们在浦东戚家庙旁边挖出了秦鸿钧、张困斋，还有先前被捕的中共秘密电台报务员李白等烈士遗体。他们牺牲在了黎明到来之际。

壮志未酬身先死

四十三烈士牺牲地

　　位于静安区共和新路洛川东路一带（原宋公园附近的荒地）。1949年5月9日至21日，43名烈士在此牺牲。牺牲地现为闸北公园及附近地方。

四十三烈士牺牲地今景

上海解放后，在宋公园刑场发掘的部分棺木

闸北公园习称宋公园。1913年，著名国民党人宋教仁遇刺身亡。翌年，民国政府在闸北象仪巷南辟地百余亩，营建墓园安葬宋教仁，得名宋公园。1929年，宋公园更名为教仁公园，并拟对公众开放，后因30年代日军两次入侵上海，对外开放未果，1946年才正式向公众开放。

时间来到1949年5月，在上海即将解放的黎明，国民党反动派眼看大势已去，加紧疯狂地捕杀革命者，作垂死挣扎。他们将宋公园南周边地段临时辟为刑场，在1949年5月9日至21日的12天内，连续枪杀、活埋了43名革命志士。他们大多数是在国民党党部、军队、中统特务组织、警察系统或铁路、邮电及其他要害部门内从事情报和策反工作，或是开展群众运动的中共党员、秘密工作者和准备起义的国民党官兵，在执行任务或筹划起义时不幸被捕。

在43名烈士中，有打入敌人内部进行策反并秘密收集情报的中共党员方守戆、冯瑞祥、崔太灵、吴浦泉、方元明、方云卿、钱凤岐、刘家栋、蒋志毅、钱相摩；有积极从事革命思想动员工作的中共党员穆汉祥、徐海峰、陈潘旭；有冒着生命危险揭露国民党独裁统治的民革委员孟士衡、谢超逸；有不畏强权积极参加策反工作的孙文主义革命同盟成员方志农、张达生、王文宗、朱大同；有致力于政治瓦解秘密收集情报的中国进步青年同盟成员陆自成；有向往光明投身解放工作的新民主主义青年联合会成员史霄雯；有团结斗争争取民主和平的农工民主党上海市委委员曾伟、代理主任委员虞健、成员郭莽西及南京市委委员刘启纶；有心怀民族大义的国民党国防部陆军第十三编练司令部副司令兼参谋长陈尔晋及其下属冯德章、王培华、许建民、秦步云、樊莆堂；还有其他从事秘密活动的革命志士

家属前往认尸时的悲痛情形

田芥平、莫香传、梁玉言、杨新、黄培中、王克仁、郇锡瑾、姜汉卿、方干卿、钱文湘、刘临沧、王曼霞。其中，中共党员 13 人，民主党派成员 11 人，无党派人士 11 人，国民党爱国军官及家属 8 人。

龙华喋血不眠夜

龙华革命烈士纪念地

位于徐汇区龙华路 2591 号。1927 年 3 月，国民党淞沪警备司令部（初为上海警备司令部）在龙华镇设立后，许多共产党人和革命志士在此牺牲。纪念地现为全国重点文物保护单位。

扫一扫
微听上海

龙华革命烈士纪念地今景

墙外桃花墙里血

在《为了忘却的记念》一文中，鲁迅曾这么写道："前年的今日，我避在客栈里，他们却是走向刑场了；去年的今日，我在炮声中逃在英租界，他们则早已埋在不知那里的地下了；今年的今日，我才坐在旧寓里，人们都睡觉了，连我的女人和孩子。我又沉重的感到我失掉了很好的朋友，中国失掉了很好的青年，我在悲愤中沉静下去了……"

这个令鲁迅悲愤的"前年的今日"就是 1931 年 2 月 7 日。鲁迅"很好的朋友"，中国"很好的青年"便是国民党在上海龙华秘密杀害的包括左联作家柔石、胡也频、李伟森、殷夫、冯铿在内的 24 名革命青年。

1931 年 1 月 17 日，参加中共扩大的六届四中全会的部分同志在东方旅社 31 号房间讨论工作，因叛徒告密，国民党当局警察及公共租界巡捕在此逮捕了中华全国总工会执行委员会常委兼秘书长、全国苏维埃代表大会中央准备委员会秘书长林育南、中国左翼作家联盟干部柔石、胡也频等 11 人。同时，在中山旅社逮捕了何孟雄等 7 位同志。五天内，共有 36 位中共党员和进步人士被捕。2 月 7 日，其中的 24 名革命志士踏着风刀霜剑，在白雪皑皑处洒下滴滴鲜血。

在这个魔窟中洒下热血，献出

龙华二十四烈士被捕处（东方旅社）旧景

在龙华牺牲的中共中央委员和
中央监察委委员群像

生命的还不止这 24 名烈士。1927 年四一二反革命政变后，中共早期重要领导人和优秀党员汪寿华、宣中华、孙炳文、佘立亚、杨培生、张佐臣、陈延年、赵世炎、郭伯和、黄竞西、周颙、顾治本、糜云浩、陈博云被杀害。1928 年，罗亦农、陈乔年、郑复他、李主一等牺牲。1929 年，又有杨殷、彭湃、颜昌颐、邢士贞等牺牲。龙华烈士陵园就是这些革命烈士的埋骨处。

1934 年，一位被关押在龙华监狱的革命者曾在血迹斑斑的高墙上题了一首诗："龙华千古仰高风，壮士身亡志未穷，墙外桃花墙里血，一般鲜艳一般红。"这短短 28 字，诉说着一段段惊心动魄、浸透血泪的革命往事；诉说着一个个龙华喋血的不眠之夜⋯⋯

最小的牺牲者

在龙华烈士中，最小的牺牲者是欧阳立安，年仅 17 岁。欧阳立安成长在革命家庭，他很早就做起了交通员，帮助传递机密情报。父亲欧阳梅生积劳成疾在武汉病逝后，欧阳立安来到上海。来沪后，他常常和青年工人们交朋友，给工人朋友讲革命道理、朗诵诗歌、开展文艺演出。工人们也都非常喜欢他，还推选他为上海总工会青工部部长。

就在欧阳立安与青年工人们打成一片，一起策划工人罢工的时候，不幸的事情发生了。1931 年 1 月，由于叛徒出卖，36 名革命烈士被特务逮捕，其中欧阳立安等 24 名革命者被判死刑。

在审讯室里，24 名革命者经历了各种刑讯，都丝毫没有动摇。据欧阳立安的母

欧阳立安

龙华二十四烈士雕塑

亲陶承在《我的一家》中回忆：特务们看着才 17 岁的欧阳立安，以为他经验最少，可以从他身上找到审讯的突破口，于是就把他打得遍体鳞伤。但欧阳立安坚定自己的信仰，始终不松口。特务眼见威逼未能奏效，又想用利诱的方法哄骗他，就凑近说："你年纪轻轻的，死了多可惜。我可以想办法为你开脱，只要……"

"你们别枉费心机了，我什么都不会说！"还没等特务把话说完，立安就斩钉截铁地大声喊道："你们要我说，我只能告诉你：中国革命一定会胜利！"

特务们见状气得直跳脚，只好把欧阳立安等革命者都关进戒备森严的龙华警备司令部看守所关押起来。

那时正值寒冬，天气非常阴冷，刚刚细雨蒙蒙，转而又下起了大雪。革命者们裹紧已被打烂的衣衫，嘲笑着特务们气急败坏的样子，相互鼓劲。何孟雄还倚在唯一的小窗下，赏起雪来。

欧阳立安也拖着沉重的脚镣，蹒跚地走过来："你在赏雪吗？"

"是呀！"何孟雄漫应一声，"这雪太猛，麦苗儿都要冻死了吧？"

"你猜我想什么了？"欧阳立安喃喃道，"我原答应弟弟妹妹，春天带他们去看桃花，现在看不成了。"

大雪过后，欧阳立安等 24 名革命者一起被杀，掩埋在深雪覆盖的荒地。

萋萋青草地，何处埋忠骨？

1950 年春天，刚诞生的新中国百废待兴。3 月 27 日，一封北京发出的中央内政部部令函放在了上海市长陈毅的办公桌上。部令函是谢觉哉部长亲自签发的，要求对发生在 30 年代的一起中共党员和左翼作家被害案进行调查。函中称：1931 年，欧阳立安等 23 名烈士于上海东方旅馆等处被捕，后被国民党淞沪警备司令部杀害于部内旷场上，埋葬在方塔旁，要求上海市政府调查先烈坟址，追念革命烈士。

陈毅市长和几位副市长传阅后，当天批转市民政局，要求从速调查。接到批令后，市民政局立即行动。然而，当调

龙华二十四烈士遗物

英烈坑

查人员来到龙华实地勘察时，发现寻找龙华烈士遗骸并不那么容易。原来号称魔窟的龙华警备司令部旧址早已杂草丛生，或是垦为农田，而部令函中所说的旷场也已成菜地，方塔也杳无踪迹，不见遗存。何处是忠骨掩埋地？

调查人员找到原龙华兵工厂的几位老人，一步一步确定了埋尸处。在一片荒地上找到了 18 具比较完整的尸骸，还有几具颅骨、肢骨，已零散不全，在坑中还捡出一副脚镣、一副手铐、一些银钱和铜钱、一件已腐烂掉一半的绒线红背心。

在龙华找到遗骸的消息很快报告给了陈毅等市领导。陈毅对此高度重视，要求弄清这些遗骸的真实身份以及牺牲烈士的关系。于是新的问题又出现了。牺牲烈士人数究竟是 23 人还是 24 人？在这些批示中，大多写着"二十三名同志"。而且，参与调查的李初梨等最初的回忆报告中也称："23 烈士被捕于 1931 年 1 月 17 日、18 日……"但是鲁迅的《为了忘却的记念》和史沫特莱发表于 1931 年 4 月的《中国左翼

作家联盟为国民党屠杀同志致各国革命文学和文化团体及一切为人类进步而工作的著作家思想家书》中则表明为 24 人。1949 年 12 月，当时一起被捕的黄理文在《人民日报》发表《回忆欧阳立安的就义》一文，并列举了 17 位牺牲烈士姓名。

历经多番考证，最终证实当天在龙华牺牲的烈士总共有 24 名。他们是：林育南、何孟雄、李求实、龙大道、欧阳立安、恽雨棠、罗石冰、王青士、蔡博真、伍仲文（女）、段楠（阿刚）、李文（女）、柔石、胡也频、殷夫、冯铿（女）、费达夫、汤士伦、汤士（仕）佺、彭砚耕、刘争（王和鼎）、贺林隶（贺治平）、李云卿，还有一名烈士姓名无法查清。

链接《《《

位于虹口区横浜路 35 弄 23 号。旧居现为虹口区文物保护单位。

柔石（1902—1931），原名赵平复，浙江宁海人。1928 年因与家乡农民暴动有牵连，逃至上海，结识鲁迅。9 月，柔石迁入此处（原为鲁迅寓所）。在鲁迅帮助指导下，任《雨丝》编辑，共同创办朝花社，出版《朝花》周刊、旬刊及《艺苑朝花》；创作小说《二月》《为奴隶的母亲》、诗《血在沸腾》，修改出版长篇小说《旧时代之光》和出版小说《希望》等作品。鲁迅为《二月》作小引，称其为优秀之作。1930 年春，与鲁迅等发起中国自由运动大同盟，参加中国左翼作家联盟，并任执行委员。5 月加入中国共产党，并参加全国苏维埃区域代表大会。1930 年迁往别处。1931 年 2 月 7 日，柔石被国民党杀害于龙华，为"左联五烈士"之一。

柔石旧居

左：柔石

右：柔石旧居今景

7

第七章

峥嵘岁月

高歌昂首是工人

『五卅』运动爱国群众流血牺牲地点

位于黄浦区南京东路 772 号附近。1925 年 5 月 30 日，震惊中外的五卅惨案在这里发生。该址现为上海市文物保护单位。

"五卅" 运动爱国群众流血牺牲地点今景

扫一扫
微听上海

"从前做牛马，以后要做人！"

1924年5月的中共中央扩大执委会会议和1925年1月的中共四大召开后，中国共产党加强了对上海工人运动的领导，工人运动高潮再次掀起。

1925年2月2日，日商内外棉八厂粗纱间夜班的12岁女童工因疲劳过度，倚墙瞌睡，被日本领班发现后遭毒打，导致腿部受伤。其姐在同一车间，见状冲上前理论，也遭拳打脚踢。全车间工人忿忿不平，起来向厂方抗议。日本资本家见此情形，就借机将50余名工人开除，并将带头的工人送入租界会审公廨。同时，早、中两班工人也受牵连，不准进厂。2月7日，会审公廨将1名工人判刑，另5人遭训斥，其中一人被厂方禁闭。日本资本家的蛮横激起了工人们的义愤。

沪西工友俱乐部遗址（安远路278—280号德昌里内）旧景

沪西工友俱乐部获悉后，向中共上海地委和中共中央作了汇报。中央组织了罢工委员会，指定邓中夏、李立三等负责，号召上海全体党团员起来支援日商纱厂的斗争。沪西工友俱乐部散发传单，呼吁工人一致罢工。罢工工人提出口号："反对东洋人的虐待！""反对东洋人打人！""从前做牛马，以后要做人！"就这样，内外棉十一家纺织厂，1.7万余工人全部罢工。14日起，沪西日华三厂、四厂、东亚麻袋厂5000余工人参加了罢工；沪东大康一、二厂4000余工人全体罢工；15日和16日，沪西丰田、同兴近6000工人起来罢工；18日，沪东裕丰一、二厂2600余工人罢工。至此，日商6个纺织会社、22家纺织厂、3.5万余工人投入了二月大罢工。

此时，日本资本家和日本政府正联合起来，千方百计想把这场罢工镇压下去，开展大逮捕，继而送入会审公廨接受审判。淞沪警察厅也密切配合，严令禁止罢工，并逮捕了罢工领导人邓中夏、孙良惠等和数十名工人，沪西工友俱乐部也遭封闭。

罢工工人不畏强暴，越战越勇，在工会的领导下，团结一致，继续坚持斗争，并得到社会各界有力的声援，迫使日商坐下来谈判。经过多方斡旋，双方于 2 月 26 日签订了复工协议。二月大罢工以工人的胜利宣告结束。次日，工会代表到警察厅接被捕工人出狱，一路上，数千群众沿途夹道欢迎，欢庆罢工斗争的胜利。

一声枪响的愤怒

然而，到了四五月间，棉纱行情发生逆转，从棉价低纱价高转变成棉价高纱价低。日本资本家想压缩生产，借机向工人反攻倒算。他们撕毁 2 月协议，继续虐待工人，克扣工资，3 天之内，开除工人 30 余人。5 月 14 日，内外棉十二厂又有 6 人被开除，工人质问老板却遭毒打。15 日上午，日商纱厂工会召开紧急会议，工人要求马上举行大罢工，压住日本资本家的嚣张气焰。于是，日商各织布厂工人相继举行怠工斗争。

工人们怠工后，内外棉七厂的棉纱得不到供应，资本家气得扬言要关厂。15 日傍晚，七厂大门紧闭，张贴"因故停工"的布告。工人党员顾正红扯下布告，率领工人们冲开厂门，讨个说法。内外棉副总大班元

顾正红

1925 年 5 月 24 日，内外棉纱厂工会举行顾正红烈士追悼大会

木和七厂大班川村带领一批打手赶到，疯狂地毒打手无寸铁的工人。顾正红率领工人奋起自卫。川村恼羞成怒，对顾正红连连开枪。顾正红中弹后仍高喊："工友们，团结起来，斗争到底啊！"敌人又对顾正红开了两枪，还用刀在他头上猛砍，顾正红倒在血泊之中。被激怒的数百名工人奋不顾身地冲上前去，同敌人厮打起来。此时大批巡捕赶来用暴力驱散人群，致使多人受伤。5 月 17 日，顾正红因伤势过重，壮烈牺牲。

5 月 24 日，愤怒的工人们在潭子湾举行公祭顾正红大会。会场上"为顾正红烈士报仇！""打倒帝国主义！"的口号声震天动地，公祭大会成了反对帝国主义的誓师大会！

南京路上血成河

公祭大会召开时，日本资本家要求中国政府派兵警镇压，但兵警赶到时，会已开成。日方又要求英国领事馆帮忙，不准在租界里持旗成群结队行动。因此，上海大学学生因集队持旗去参加顾正红公祭大会而遭逮捕。文治大学学生为罢工工人进行募捐活动，也有多人被租界当局拘捕。

5月28日，中共中央和中共上海地委举行联席会议，讨论发动各阶层共同反帝的行动。蔡和森提出以工人阶级为反帝斗争的中坚力量，争取、团结一切反帝力量，发展成为全国性的反帝大运动。

5月30日，租界当局以"扰乱治安"的罪名审讯被捕学生，判决上海大学 4 名学生有罪，除仅 15 岁的 1 人当庭开释外，其余 3 人均交 100 元保释。

上海各校学生愤怒了！他们陆续进入租界，散发传单，演讲日商纱厂工人罢工、顾正红遭枪杀、学生援助工人而被捕的事情。受学生们的感染，内外棉罢工工人、邮局职工、铁厂工人、手工业工人、店职员、中小学教员等也加入了斗争行列。

顿时，熙熙攘攘的南京路，到处是演讲的学生，到处是围观的群众，甚至分不出谁是来演讲的，谁是来听演讲的。反帝口号一浪高过一浪，敌人慌了手脚，英捕头爱活生下令如有不服制止者，准予拘究。一瞬间，一大批学生被捕。在共产党员、共青团员的带领下，广大学生继续前进。闹市中心的南京路，"人如蚁聚，驱之不散"。爱活生惊慌失措，指挥英捕和华捕挥舞警棍驱赶、殴打、逮捕群众。

五卅惨案现场

广大群众毫不退缩，坚持一定要释放被捕学生。至下午2点，已有100多名演讲者被关进捕房。被捕者毫无惧色，敲门窗、拍桌椅，同敌人进行说理斗争，将老闸捕房闹了个天翻地覆。学生、工人见大批人被捕，朝巡捕房集结。下午3点，老闸捕房门前已水泄不通。

爱活生见状，开始召集华捕、印捕及英捕到老闸捕房门口。突然，随着一声"准备！瞄准！开枪！"的命令，顷刻间子弹横飞，血流遍地。13人被打死，另有数十人受重伤，受轻伤者不计其数。南京路上流满了中国人民的鲜血。

帝国主义的子弹点燃了中国人民愤怒的烈火！全国各大、中城市纷纷罢工罢课，声援上海人民的反帝斗争，从而形成了更大规模的五卅反帝爱国运动。运动历时三个多月，沉重打击了帝国主义势力，大大提高了中国人民的觉悟，揭开了大革命高涨的序幕。

五卅运动中上海群众的反帝示威

90

"五四"以来上海革命群众集会场所——南市公共体育场

链接 《《《

『五四』以来上海革命群众集会场所——南市公共体育场

位于黄浦区大吉路 200 号。旧址现为上海市文物保护单位。

南市公共体育场建成于 1917 年 3 月，是最早的由中国人自己建造的公共体育场。从五四运动至八一三淞沪会战爆发期间，上海工人、学生和各界人民反帝、反封建斗争的群众集会经常在此举行，具有光荣的革命历史。

1931 年 9 月 26 日，五万市民在南市体育场举行抗日大会后群众整队游行

链接 ‹ ‹ ‹

91

"五卅"运动初期的上海总工会遗址（宝山路）

『五卅』运动初期的上海总工会遗址（宝山路）

位于静安区宝山路 393 号（原闸北宝山里 2 号）。原建筑在一·二八淞沪抗战中毁于日军炮火。遗址现为上海市文物保护单位。

1925 年五卅惨案发生的第二天晚上，在瞿秋白、蔡和森、李立三等的领导下，各工会代表召开联席会议，1925 年 6 月 1 日，上海总工会在闸北宝山里 2 号正式成立，公开办公，领导全市各界民众的罢工、罢课、罢市斗争。会议选举李立三为委员长，刘华为副委员长，刘少奇为总务科长（相当于秘书长）。同时决定举行全市总罢工，并联合学生罢课、商人罢市，开展反帝爱国运动。

宝山里弄口旧景

中国工人运动的辉煌一页

上海工人第三次武装起义时工人纠察队沪南总部——三山会馆

原址位于半淞园路211号，后因辟通中山南路，1989年，三山会馆按原样移位至中山南路1551号重建。1927年3月21日，上海工人在中国共产党的领导下举行第三次武装起义，沪南工人纠察队在三山会馆设立了联络点，上海工人第三次武装起义胜利后，上海总工会工人纠察队南市总部也设在这里。三山会馆是唯一保存完好的上海工人第三次武装起义工人纠察队旧址，现为上海市文物保护单位。

三山会馆今景

扫一扫
微听上海

运筹帷幄谋起义

1926 年 10 月和 1927 年 2 月 22 日，为响应北伐战争，中国共产党领导上海工人举行了旨在推翻封建军阀统治、建立上海市民自治政府的第一和第二次武装起义，但由于准备不充分均宣告失败。

1927 年 2 月，中共中央成立领导和组织第三次武装起义的最高决策机构和指挥机关——特别委员会，由陈独秀、罗亦农、赵世炎、汪寿华、尹宽、彭述之、周恩来、萧子璋 8 人组成。周恩来负责起义的军事工作，担任特别军委负责人和武装起义总指挥。

为了提高工人纠察队的战斗技术，周恩来在全市设立多处秘密训练点，派出黄埔军校毕业的同志为各部委和大厂工人纠察队负责人上课，指导武器使用和巷战战术的训练，培养军事骨干。经过 25 天的训练，有 1800 名工人纠察队员学会了使用武器。并且，周恩来还主持制定了《武装暴动训练大纲》，详尽地规定了各项细节。

之后，特别委员会又根据周恩来的提议，把整个上海（除租界外）划分成 7 个区，分别安排了得力者担任负责人，各区分别制订了详细的作战计划，内容包括进攻的主要目标、各路人力和武装配备、进攻方法、时间、注意事项、治安、通信联络等，并且对各个地区的工纠队实行统一编制和组织。整个上海的工纠队成为一支有统一领导、组织严密、纪律严明的革命武装队伍，整装待发。

参加起义的上海工人纠察队

工人一声吼

1927 年 3 月 21 日清晨，中共上海区委作出发动第三次武装起义的决定。上海总工会也发出了罢工令：号召全上海的民众起来，工人罢工、商人罢市、学生罢课，建立上海革命民众的市政府。

中午，南市救火会的大钟敲响，紧接着黄浦江上的轮船和各工厂的汽笛齐鸣。全市电车停驶，轮船停开，工厂停工，全上海 80 多万工人在总工会的一声令下齐罢工。南京路上商店关门罢市，各马路商店也跟着关门；各大中学校学生纷纷罢课。罢工工人纷纷向预定的集合处集合。上海大学、复旦大学、暨南大学、南洋公学等校学生也组织纠察队、宣传队，与工人并肩参加战斗。

第三次武装起义在南市、浦东、闸北设有 3 个指挥部。南市总指挥部初设在老西门肇家浜（今复兴东路）的一里弄内，起义开始后，转移至半淞园路的"三山会馆"。南市区

上海工人第三次武装起义胜利后，上海总工会在湖州会馆大厅前举行升旗典礼

是上海县署和淞沪警察厅所在地，又是华界水陆交通的重要枢纽，故而是武装起义的一个重点地区，也是第三次武装起义打响第一枪的地方。

从军阀部队手中缴获的大炮

经过两天一夜共 30 小时的激战，上海工人第三次武装起义获得了全胜。这次武装起义一共消灭北洋军阀部队 3000 余人和武装警察 2000 余人，缴获 5000 多支枪、若干门大炮和大量弹药装备，占领了上海除租界以外的所有地区。在激烈的战斗中，有 300 余名工人和群众英勇牺牲，1000 余人负伤。上海工人阶级用生命和鲜血换来了起义的成功，使上海这座东方大都市回到了人民手中。

24 天的市民政权

上海工人武装起义的目标，就是要建立新政权——市民政府。1927 年 3 月，《上海特别市市民代表会议政府组织条例草案》制定。该条例草案第一条规定，上海市以市民代表会议为全市最高权力机构，定名为市民代表会议政府。

3 月 12 日，上海市民代表会议举行成立大会。大会通过了宣言，"庄严宣告本会之责任，即在执行全市公民之意志，接收上海政权，建设民选政府，而对于军阀之走狗官僚、土豪劣绅之流，当依国民政府颁布之条例行之，为民除害，决不宽容"。这次大会是组织未来上海市民政府的第一步。

3 月 22 日上午 9 时，闸北还在激战，4000 余代表在已经

上海特别市临时市政府部分
委员合影

取得起义胜利的南市九亩地新舞台（今大境路 97 弄）召开第
二次市民代表会议，选举产生上海市政府委员 19 人，组成上
海特别市临时市政府（即上海市民政府），其中共产党员和共
青团员占了 10 人。23 日上午 10 时，临时市政府在南市蓬莱
路上海县署开始办公，29 日，临时市政府在新舞台召开大会，
举行市政府委员就职典礼，到会代表和嘉宾多达数千人。

正当上海市民热烈庆祝新政权诞生时，白崇禧来信称
"奉蒋总司令谕要市政府自动取消"。蒋介石到上海后，更是
视市民政府为眼中钉。

黑云压城城欲摧。1927 年 4 月 12 日，蒋介石在上海制造
了四一二反革命政变。上海市民政府在 4 月 14 日被查封，存
在的时间只有 24 天，但是，这只有 24 天的市民政权是中国历
史上第一次在中国共产党领导下，由民众自己建立起来的人民
政权。"破天荒的上海市民政府，为中国革命开了个先声。"

链接《《《

93
上海特别市临时市政府旧址

上海特别市临时市政府旧址

位于黄浦区蓬莱路 171 号。旧址现为黄浦区文物保护单位。

1927 年 3 月 22 日，中国共产党领导上海工人第三次武装起义取得胜利后，召开第二次上海市民代表大会，成立上海特别市临时市政府，这是上海历史上第一个民选政府。之后，临时市政府在原上海县署旧址（即蓬莱路 171 号）对外办公，召开市政府委员会议。会议强调："我们的市政府是我们民众从长期奋斗与牺牲中得到的"，"我们要继续努力创造一个新上海"。24 日，上海特别市临时市政府得到武汉国民政府承认。29 日，临时市政府委员会宣誓就职，当晚举行第一次全体会议。

上海特别市临时市政府在四一二反革命政变中被封。

上海特别市临时市政府旧址旧景

爱国无罪！
爱国何罪？

沪西共舞台事件遗址

位于普陀区胶州路959弄1号。1932年7月17日，全江苏省援助东北义勇军反对上海自由市的抗日民众团体代表大会在共和大戏院（亦称沪西共舞台）召开，与会代表遭国民党当局逮捕，史称"共舞台事件"。原建筑现已拆除，所在地块改建为长久大厦。

沪西共舞台内景（手绘）

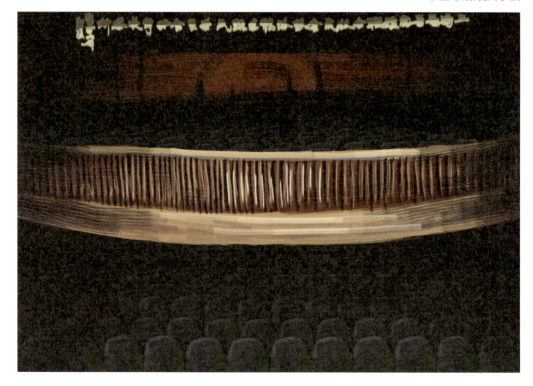

戏院内的大围捕

1932 年 7 月，上海发生了一件震惊全国的大案。国民党当局在当时上海、南京等地的报纸上纷纷以"捕获大批共党""本案关系甚大""事关颠覆党国"之类的大字标题，作了报道。但细看报道内容，才发现原来是一些抗日组织代表在沪西共舞台召开抗日会议，却遭到国民党当局逮捕。抗日何罪?! 爱国何罪?!

1932 年，一·二八淞沪抗战后，蒋介石不顾全国人民的反对，公然与日本签订了屈辱的《淞沪停战协议》，并加紧镇压抗日运动。许多抗日活动被取缔。但上海民众在中国共产党号召下，组织了近百个抗日民众团体。为建立全江苏反帝同盟，继而建立全国反帝同盟，中共江苏省委遵照中央指示，决定召开全江苏省援助东北义勇军反对上海自由市的抗日民

沪西共舞台事件相关报道

众团体代表大会，并定于 1932 年 7 月 17 日在沪西劳勃生路（今长寿路）、胶州路口的共和大戏院召开。

国民党当局获悉后，立刻派出大批特务、暗探、军警预伏会场周围。7 月 17 日上午 9 时许，当代表们进入会场开会时，大批特务、军警立马将会场包围。由于这个戏院只有一个大门，没有后门，特务冲进来后，代表只能翻墙逃跑。其中码头工人、身材高大的陈荣（蔡疾呼）蹲在墙边，拉着一些人搭上他的肩膀跳出去，自己却和其他在场的人一起被捕。当时被捕的共有 88 人，每两个人用一根麻绳绑在一起，用汽车押到上海市公安局。

经过几天审讯，代表们被移解到龙华淞沪警备司令部。又经过一次审讯，国民党当局以案情重大，于 7 月 29 日夜将全案人员移解到南京军政部军法司，后又关押在南京警备司令部。在多次审讯中，代表们统一口径：共舞台大戏院举行义演募捐援助东北义勇军，大家是去捐款看戏的。但之后，由于叛徒的出卖，供出了召开大会的内部情况和被捕的同志，而且还供出党在上海的一些机关。就这样，未参加大会的上海党员肖万才等 7 人也被捕，被解押到南京，至此涉案人员达 95 人。

遗憾的两件事

被捕的代表们有的被吊打，有的坐老虎凳，但他们绝大多数坚守信仰，坚贞不屈。国民党当局无奈以"危害民国为目的，扰乱治安"等罪名判处 13 人死刑。

曹顺标

温济泽

1932 年 10 月 1 日清晨，看守所一片杀气腾腾。看守班长打开牢房门上的大铁锁，大声地叫着一个一个被判处死刑同志的名字："肖万才、曹顺标、许清如、杨小二子、徐阿三、徐金标、崔阿二、钟明友、邱文知、陈山、陈士生、王德盛、柳日钧……"

十九岁的曹顺标是这十三名烈士中最年轻的一位。叛徒出卖了他，指认他是共青团员、民联青年部长，会场上搜出的十几张文件，如代表大会宣言草稿、大会致中华苏维埃共和国临时中央政府电稿、大会致中国工农红军电稿等，都是他带到会场的。因此，曹顺标被国民党当局判处死刑。

曹顺标有一个生死与共的好战友，名叫温济泽，也是共舞台事件的被捕人员。叛徒也供出了温济泽，但由于并没有见过他，因此没有当场认出。温济泽悄悄问曹顺标："我去承认我是青年部长吧。"曹顺标严肃地说："这怎么行？你的身份没有完全暴露，自己不应当向敌人承认什么。何况你承认了，也挽救不了我呀！"温济泽心里万分感动。

在狱中的那些日子，他俩常合盖一条薄棉被，在被窝里悄悄地谈话。为防止别人听见，常口说几个字，又用手指在对方手心里写几个字，这样断断续续地谈。有一次，曹顺标谈到理想的时候，对温济泽说："革命总有牺牲。死是没有什么可怕的。我感到遗憾的只有两件事：一件是，为革命做的工作太少；一件是，我心里爱着一个女同志，看她对我也有这个意思，可是我们都没有说出口，现在只能永远是没有说出口的初恋了。"

时间一天天走过，曹顺标预感到敌人将会动手，便向温济泽交代遗言："我准备牺牲。我死后，请你设法带信给我的哥哥。他是党员。要他把我的尸体埋大路旁，我要睁着眼看到红军打进南京城，才能闭上眼睛。"

临刑的那天，曹顺标听到看守班长叫他的名字，便从被窝里坐起来，穿上鞋子，只穿着汗衫和短裤，就从容自若地走向刑场。在刑场上，他与其他 12 位革命者迎着如血的晨曦，高唱《国际歌》，高呼"共产党万岁！"英勇就义。

"冬天到了，春天还会远吗？"

同案 95 人中，除被判死刑的 13 人外，被判徒刑的有 70 人，交保释放的 9 人；卖身投靠的另 3 人被移送国民党中央执行委员会"察看"。

这些被判徒刑的代表戴着重镣，十个人关在一个窄小的牢房。大家紧挨着睡觉，没有多大可以走动的地方。八月的太阳，晒得墙壁都发烫，牢房像火炉一般。大家挤在一起发出的汗味、狱中马桶露出的臭气，混杂在一起，使呼吸都非常困难。

陈志正等革命者被当作重犯严加看管，戴着笨重的镣铐，住在黑暗闷气的牢房中，过着非人的生活。但他们依然坚持斗争，还编辑、传阅手抄刊物《监狱生活》，在狱中自我砥砺。他们还利用墙角小缝互递条子，沟通消息，帮助隔壁难友学习，相互鼓励。

但是，1935 年 5 月，由于狱中叛徒告密，有 8 名共产党员的身份被暴露，其中就有陈志正。因而他又被军政部军法司加判了八年零两个月徒刑，与原判的无期徒刑一并执行，关进了南京中央陆军监狱。

在监狱生活的折磨下，陈志正的肺结核病复发，身体日渐衰弱，但他没有放松学习和秘密翻译日本大内兵卫所著的《财政学大纲》的工作。狱内无纸张，他就用铅笔头以蝇头小字将译出的文字写在原著的行间空隙中，完成了约20万字上、中两卷的译稿。在狱中，陈志正对红军的长征充满着期望，曾写信给二哥志安，引用英国诗人雪莱的名言："冬天到了，春天还会远吗？"表达对革命将胜利的信念。亲属为了营救他，曾设法疏通国民党上层关系，答复是要求本人写"悔过书"才有可能出狱。亲属劝他说："留得青山在，不怕没柴烧。"他却回答说："我没有做错，无过可悔，写什么悔过书？"

1937年5月，国共第二次合作已达成协议，但国民党却迟迟不肯实现释放政治犯的诺言。备受摧残的陈志正最终病死狱中。他在遗书上这样写道："我生无内疚，死无怨尤。""愿弟妹们为人类的幸福而努力！"

反帝反战总动员

远东反战大会旧址

位于虹口区霍山路85号，为坐北朝南砖混结构假三层欧洲毗连式建筑。1933年9月30日，宋庆龄在此主持召开了远东反战大会，并作《中国的自由与反战斗争》的演说。

扫一扫
微听上海

远东反战大会旧址今景

压迫和造谣都阻止不了的反战大会

1932 年 8 月，世界反对帝国主义战争大会在荷兰阿姆斯特丹召开，出席大会代表 2200 余名，代表世界各地三万余个群众组织。这次大会成立了世界反对帝国主义战争委员会，宋庆龄等人为名誉主席。

1932 年底，世界反对帝国主义战争委员会决定于 1933 年在上海召开远东反帝反战会议，同时派出调查团调查日本侵略中国东北的情况。这个消息不胫而走。1933 年 8 月，中国共产党接到了世界反对帝国主义战争委员会的通知后，马上指示中共江苏省委负责筹备这次会议。

这次大会是远东会议，除了世界反战委员会的代表外，原定还有日本、朝鲜的代表。但是大会尚未召开，却风波迭起。

一·二八淞沪会战中，宋庆龄手捧拾获的日军炮弹在残墙壁下留影，以示不忘国耻

朝鲜代表还未参会即被日本领事署逮捕。而日本代表也被日政府禁止出席大会。世界反战委员会代表英国人马莱、法国人古久烈、比利时人马尔度等，于 8 月 18 日到达上海后，曾一度赴日，拟与日本代表接洽。不料船到横滨，马莱一行却被日本警察阻挠登陆。几经交涉才允许登岸入住，但不许行动。马莱等人只好即返上海。回到上海后，马莱曾造访公共租界与法租界当局，希望可以在此召开会议。然而

两租界不想因反战大会和日本引起龃龉，"坦率地"拒绝此要求。

按理来说，这次远东会议的矛头是针对日本帝国主义的，主要议题是日本侵华问题，中国政府应该表示支持。然而，国民党当局正在执行"攘外必先安内"的投降主义政策，便对此次会议竭力阻止甚至破坏。马莱等代表来沪时，国民党当局还宣布外国代表一概不许登陆。到了九月中旬，日本特务机关还不断制造关于反战大会的谣言。一时间，压迫和造谣纷至沓来！

为了摆脱这些不利因素，跳出警探和国民党特务的包围圈，马莱等代表宣布：反战大会已决定不在沪召开，他们也将在一周内离沪回国。9 月 29 日，国际代表离开饭店，忽而失踪。正当特务们四处查找他们的时候，他们却已在华界的一幢小楼里秘密地召开了反战大会。

外国代表在沪码头登陆

"反战会所准备好了"

就在代表们抵制压迫与谣言的同时，《自由言论》1933年第1卷第15期发出了一篇名为《反战会所准备好了》的文章，告诉世人："这个会议值得我们欢迎"，应该在上海召开，"反战会所准备好了！"

这个"反战会所"的小楼就在霍山路85号。中共江苏省委早已在此秘密筹备，负责会址保卫工作的黄霖以屋主人的身份住在此处。党组织还给他"配备"了"主妇"梁文若、"母亲"朱姚、"弟弟""弟媳"，还有孩子。这孩子虽然还不到四岁，但很懂事聪明，他对"爸爸""妈妈""叔叔""婶婶"的身份都知道得清清楚楚。另外还有几位保卫人员，但他们不属于"家庭"成员。这个神奇的临时大"家庭"总共约十个人。组成"大家庭"后，大家租来沙发、桌椅，放上了花瓶、茶具，布置得像一般人家一样。同时，还买来石灰和十来根一尺多长的铁棍，计划如遇到危险，随时和敌人搏斗。

准备好会所后，就开始迎接代表们的到来。代表一般都是两三个人一批，由省委组织部长或省委巡视员带来，而且一般都是半夜才到。大家不分白天黑夜守在前门和后门，听到暗号才开门。到会代表共有六十五名，其中有苏区红军代表、东北义勇军代表、工人、农民、学生、十九路军士兵代表等，还有国际反战大会派来的代表。

代表们到达后就悄悄地上楼，在地板上或睡或坐，鸦雀无声，不能随便走动，不能开窗，不能在窗前眺望，也不能跑到楼下，更不能出大门，只有大小便才能离开房间到厕所。由于这是新房子，水电还未安装，大家大多以面包充饥。

直到30日凌晨两三点钟，梁文若才把宋庆龄接来。当时宋庆龄家四周也被国民党特务监视起来，她们好不容易才甩掉密探，坐着出租汽车赶来。

喝彩，为一切人间正义

1933 年 9 月 30 日，早餐后，大会正式开始。会场设在二楼的一个大房间，宋庆龄、外国代表和其他代表都盘腿坐在楼板上。

大会选举九人组成主席团，宋庆龄为执行主席。宋庆龄主持会议并致开幕词。马莱作关于各国人民反对帝国主义战争的报告，痛斥了帝国主义侵略和法西斯的猖獗。接着各地各界代表纷纷发言。为防止暴露，大家都压低了嗓门说话，鼓掌也不能出声，只准做鼓掌的样子。

十二点，宣布休会。代表们就坐在地板上吃面包，吃完面包后又接着开会。他们一个接一个地发言，首先是宋庆龄作《中国的自由与反战斗争》的演讲，她强烈呼吁"在整个远东，尤其在中国，发动一个强有力的运动，反对帝国主义战争!"大会最后通过了几项宣言和决议，其中有《上海反对帝国主义战争大会开幕宣言》《反对白色恐怖的抗议》《反对帝国主义和中国军阀进攻中国红军的抗议》等，还成立了中国反战大同盟，选举宋庆龄为主席。

宋庆龄撰文《中国的自由与反战斗争》

太阳渐渐地降落了，会议圆满结束。宋庆龄宣布散会。代表们按照事先的规定分头从前后两个门疏散，一个门走两三个人，五分钟走一批。就这样，代表先走，外国同志再走，宋庆龄殿后，一个钟头左右，所有代表全部撤出，一点没有惊动敌人。之后，会所保卫人员将租来的家具也陆续搬走。

过了几天，代表们纷纷在各大报刊上报道了会议精神，街头也出现了庆祝会议胜利的标语传单，敌人才发现在紧贴着侦探头子的房子旁边居然召开了范围广、人数多的国际性会议。

远东反战大会的成功召开，把宋庆龄与中国共产党更加紧密地联系在一起，把国际反日统一战线与中国抗日民族统一战线联系在一起，赢得了国际社会和世界人民对中国抗战的广泛了解、同情和支持。此后，国内外反帝反法西斯运动更加蓬勃地开展起来。

左：《国际反战代表团成告别远东群众辞》

右：远东反战反法西斯代表大会总筹备会发表的《为庆祝远东反法西斯代表大会的胜利告全体民众书》

上海北火车站遗址（六二三运动集会地遗址）

要和平、反内战的震天呼喊

位于静安区天目东路200号，曾是沪宁车站（上海北火车站）所在地。1946年6月23日，参加六二三运动的各界人士在此集会。该地块现改建为上海铁路博物馆。遗址为静安区文物保护单位。

上海北火车站遗址（六二三运动集会遗址）今景

部分请愿代表在车厢前合影。左起：黄延芳、胡子婴（秘书）、盛丕华、张絅伯、阎宝航、雷洁琼、包达三、马叙伦

抗日战争胜利后，国内外矛盾交错，形势复杂。国民党当局不顾全国人民渴望和平的强烈愿望，坚持反共反人民的政策，制造各种事端，策划暴力事件，镇压和平民主运动。

针对当时国内形势，根据中共中央指示，中央南京局全力以赴建立广泛的统一战线。在周恩来的领导下，上海党组织积极开展统战工作。1946年5月5日，由中国民主促进会发起，联合民主同盟、民主建国会和各工会、学生团体、妇女团体、教育文化艺术团体、工商团体等成立上海人民团体联合会，发表成立宣言，呼吁和平，反对内战。但蒋介石对此置若罔闻，积极部署军队准备进攻中原解放区，全面内战一触即发，危险迫在眉睫。

随后，中央南京局决定由上海市各界群众团体选派代表赴南京请愿，并举行全市性的示威游行。上海党组织经研究决定：一方面由上海人民团体联合会和上海学生争取和平联

合会发动群众推选和平请愿团的代表；另一方面动员组织广
大群众去沪宁车站（上海北火车站）欢送请愿代表并游行示
威，扩大影响。上海党组织专门成立六二三运动秘密指挥所，
刘晓、刘长胜及中央青委书记冯文彬到现场指导，张执一、
张承宗等参加指挥和联络。

　　经过各方面的讨论协商，最终推选出马叙伦、黄延芳、
盛丕华、胡厥文、包达三、雷洁琼、张絅伯、阎宝航、吴耀
宗 9 名人民代表和陈震中、陈立复 2 名学生代表。6 月 23 日
清晨，上海各界群众 5 万余人从四面八方赶到沪宁车站，欢
送以马叙伦为团长的上海人民和平请愿团。林汉达、许广平、
田汉、叶圣陶、周建人、陶行知、沙千里等知名人士参加了
大会。陶行知在会上说："八天的和平太短了，我们需要永久
的和平！伪装的民主太黑了，我们需要真正的民主！"北火车
站广场到处是激昂的人群和迎风飘展的旗帜，反对内战的歌

云集在北火车站广场的欢送
请愿团的队伍

声、口号此起彼伏。

请愿团乘坐火车驶离沪宁车站后，各界群众以学生队伍带头举行了长达 5 小时的示威游行。浩浩荡荡的游行队伍一路高呼反对内战的口号，要求和平的呼声震天动地，得到了上海广大市民的热情支持，很多市民自动加入游行行列，队伍越来越壮大，士气越来越旺盛。经过数十里的行程抵达法国公园（今复兴公园），下午 4 时方才陆续散去。

六二三运动充分表达了上海各界人士反对内战、争取和平的强烈愿望和坚定决心，也是中国共产党人民民主统一战线的巨大成功。通过此次运动，上海人民更加紧密地团结在党的周围，巩固和扩大了人民民主统一战线，为将国民党统治区人民民主运动推向高潮奠定基础。

战斗的人民武装

上海人民保安队总指挥部旧址

位于黄浦区中山东一路13号海关大楼410、412、413室。1949年5月，上海人民保安队总指挥部曾设于此。旧址现为上海市文物保护单位。

外滩海关大楼左侧的上海人民保安队总指挥部旧址纪念浮雕

1949年5月27日，中纺十厂人民保安队队员与解放军战士共同守卫厂门

1949年，为了统一领导党的外围团体和其他各民主团体，广泛动员各界群众投入迎接解放的斗争，中共上海市委恢复了人民团体联合会的活动，并成立了总党组，书记张本，副书记唐守愚，成员有沈涵（工协党组书记）、钱李仁（学联党组书记）、方明（教协党组书记）。

人民团体联合会总党组由市委书记张承宗直接领导，主要开展上层统战、人民保安队、人民宣传队三方面的工作。1949年4月中旬，中共上海市委决定，将全市各企事业单位已普遍存在的护厂队、护校队、纠察队、消防队、自卫队等集中起来，在人民团体联合会的领导下，建立统一的人民保安队和人民宣传队，分别由沈涵、钱李仁负责。

人民保安队是人民解放斗争中以工人为主体的武装自卫组织，以产业工人、职业工人为主，联合学生、城市贫民、职员等组成，分为沪东、沪西、沪南、沪北、沪中及浦东6个区队，每一区队下设大队、中队、小队，以工厂、学校和地区为基层单位，共约6万人。

1949年5月24日晚，人民保安队将总指挥部设在海关大楼四楼原缉私课税务司办公室内，即现在的410、412、413号房间，开始办公。

人民保安队总指挥部还制定了《人民保安队队员须知》，对人民保安队的任务、组织、三大纪律八项注意、行动纲要、行动总则、看管须知等一一作了规定。人民保安队的任务是：（一）保护工厂，反对搬迁，完整保存

人民保安队臂章

左：上海人民保安队总指挥部旧址今景

右：《人民保安队总部安民布告》

机器、原料及制成品。（二）协助人民解放军解放上海，维持地方秩序，保护群众利益，减少人民损失。（三）团结群众，保护群众领袖和进步的群众组织。（四）瓦解反动武装，争取门警、保警、义警、警察及士兵等，把敌人的反动武装——人力、物力、火力变为替人民服务的力量。

　　1949 年 5 月 25 日，为迎接上海解放，人民保安队在海关大楼首先挂出了"欢迎人民解放军解放大上海"的大标语。江海关党支部则领导职工打开仓库取出武器，以主人翁姿态守卫海关总署及人民保安队总指挥部所在地——江海关大楼。27 日，上海全境宣告解放，人民保安队队员和解放军战士一起巡逻在街头，守护着即将接管的工厂、机关、仓库等。28 日，中共中央华东局和上海市委决定将"人民保安队"改名为"上海工人纠察队"，由即将成立的上海总工会筹备委员会纠察部领导。上海人民保安队就此胜利完成了历史使命。

红旗漫舞上海城

绮云阁——上海解放时南京路上第一面红旗升起处

位于黄浦区南京东路635号永安百货公司顶楼。1949年5月25日，为迎接解放军的到来和欢庆上海解放，永安公司的中共党员赶制了一面红旗，插上绮云阁。这是上海解放时南京路上升起的第一面红旗。

绮云阁

永安公司全貌

　　1949年5月25日，天蒙蒙亮，黄浦江上的太阳已经耐不住性子，急着探出头，照耀这片大地。永安公司的四名中共党员雷玉斌、黄明德、乐俊炎和唐仁开始忙碌起来，他们或是巡查商场各个楼面和主要入口，严防特务进出；或是紧张地刻写蜡纸，油印宣传品迎接上海解放；或是在一幅巨大的白布上用毛笔抄写《中国人民解放军布告》，准备在上海解放时将它高高悬挂在公司大楼面向南京路的墙上。

　　正在大家忙碌着欢迎解放军时，有人提议，是不是可以用升红旗的形式欢迎解放军的到来！大伙儿一想，一致认为这是个好主意，一则红旗是解放军的象征，二则红旗更可以告示人们胜利的曙光就在眼前。主意拿定后，大家从公司找来了一块大红布，赶制出一面红旗，而且还决定将红旗挂在

"绮云阁"。绮云阁，是永安公司楼顶一座巴洛克风格的三层塔楼，与先施公司的摩星楼遥相呼应，是南京路上的制高点之一，也是鸟瞰上海全景的最佳去处。在绮云阁上悬挂红旗无疑是最醒目的，当然也是最危险的。

时间一分一秒地过去，永安公司的四名青年党员收拾好行装，冒着枪林弹雨爬上了塔楼，准备把红旗挂在旗杆的钩子上升起。但爬上去后却发现钩子掉了，上面窄小的空间根本站不住人。此时，解放上海的战斗还在激烈地进行着，控制苏州河阜丰仓库的国民党残敌发现了绮云阁上的人影，便向绮云阁方向一阵扫射，幸好距离较远，子弹没有给年轻的党员们造成伤害，只在北侧的墙上留下一排弹痕。党员们没有被吓倒，而是急中生智，找出一根消防皮带来。乐俊炎趁着机枪声暂时停歇，用皮带将自己和旗杆绑在一起，腾出两手，将红旗系上旗杆。

终于，南京路上升起的第一面红旗在空中飘扬起来了！

之后，短短几个小时里，在南京路上的新新、大新、先施、国货等几大著名公司大楼上，在海关大楼、中国银行大楼等外滩标志性建筑上，一面面红旗冉冉升起，红遍了上海城。

99
凯旋电台旧址

链接《《《

凯旋电台旧址

位于黄浦区南京东路 720 号上海市第一食品商店五楼。

1927 年，新新公司开办屋顶花园游乐场，并在五楼新都饭店大厅创建中国第一家民营广播电台"凯旋电台"，播出新闻、广告、商情、音乐等。上海解放前夕，新新公司党支部为迎接解放，特派数名中共党员控制、掌握设在公司五楼的"凯旋电台"的关键技术。5 月 25 日凌晨，解放军队伍进入南京路，党支部按照原定计划占领电台，播音员向全市人民宣告"上海解放了"的胜利消息，发出人民之音第一声，并反复播放解放军布告《约法八章》和《解放区的天是明朗的天》等革命歌曲。

凯旋电台旧址今景

100
解放上海第一
宿营地旧址

链接《《《

解放上海第一宿营地旧址

　　位于万航渡路 1575 号华东政法大学内（原极司菲尔路圣约翰大学交谊楼）。

　　圣约翰大学是美国基督教圣公会在上海创办的一所教会大学。学校主要原建筑有怀施堂（韬奋楼）、六三楼、交谊楼等，多为中西合璧式建筑。交谊楼建于 1929 年。1949 年 5 月 26 日，中国人民解放军第三野战军进驻上海，曾把交谊楼作为宿营地之一。三野司令员陈毅、政委饶漱石和上海局书记刘晓在此会见上海局副书记刘长胜及中共上海市委部分负责同志，研究部署上海解放后的接管工作。

解放上海第一宿营地今景——圣约翰大学交谊楼

后　记

2020 年 11 月，习近平总书记在浦东开发开放 30 周年庆祝大会上指出："上海是一座光荣的城市，是一个不断见证奇迹的地方。"在迎接中国共产党成立 100 周年之际，为了生动再现党在这座光荣之城带领人民走向光明的恢弘史诗，中共上海市委党史研究室郑重推出《光荣之城：上海红色纪念地 100》一书。

本书自启动以来，即得到了中共上海市委有关领导的关心与支持。中共上海市委党史研究室高度重视本书的编写工作。严爱云主任全程主持研讨、写作和修改；谢黎萍副主任、曹力奋二级巡视员负责全书的组织、协调、推进、落实。马婉、张鼎分工完成各大版块的篇目写作任务。科研处处长年士萍、研究一处处长吴海勇对文稿的写作风格和史实把握进行悉心指导，并提出了许多宝贵意见。

在本书编写过程中，还得到了中共上海市委宣传部的大力支持。中共上海市委党校常务副校长徐建刚提供了许多珍贵照片；上海市文旅局提供了相关资料；各区委党史研究室和各大党史纪念场馆提供了相关照片；姜德福教授、邵雍教授等专家学者对文稿进行了审读；胡迎协助做了大量照片查找工作，姚吉安协助拍摄相关照片，王飞为本书手绘红色纪念地建筑图。学林出版社副社长楼岚岚为本书的尽早面世提供鼎力支持。责任编辑胡雅君、石佳彦亦付出了诸多努力，共襄其成。在此一并表示衷心感谢！

作为 80 后新生代党史人，作者深知学识有限，加之时间紧、涉及面广，本书难免存在疏漏和不足之处，恳请广大读者不吝批评指正。

"胸怀千秋伟业，恰是百年风华。"谨以此书庆祝中国共产党百岁华诞！

作者

2021 年 4 月

图书在版编目(CIP)数据

光荣之城:上海红色纪念地 100/中共上海市委党
史研究室编;马婉,张鼎著. —上海:学林出版社,
2021
ISBN 978 - 7 - 5486 - 1757 - 0

Ⅰ. ①光…　Ⅱ. ①中… ②马… ③张…　Ⅲ. ①革命纪
念地-介绍-上海　Ⅳ. ①K878.2

中国版本图书馆 CIP 数据核字(2021)第 038130 号

责任编辑　胡雅君　石佳彦
封面设计　姜　明

光荣之城
　——上海红色纪念地 100
中共上海市委党史研究室 编
马　婉　张　鼎 著

出　　版　学林出版社
　　　　　(200001　上海福建中路 193 号)
发　　行　上海人民出版社发行中心
　　　　　(200001　上海福建中路 193 号)
印　　刷　上海丽佳制版印刷有限公司
开　　本　720×1000　1/16
印　　张　26
字　　数　45 万
版　　次　2021 年 4 月第 1 版
印　　次　2021 年 4 月第 1 次印刷
ISBN 978 - 7 - 5486 - 1757 - 0/K · 218
定　　价　100.00 元

(如发生印刷、装订质量问题,读者可向工厂调换)